Rückgabe spätestens am

D1724962

Stadtwerke der Zukunft

ASEW-Fachtagung
Kassel, 1991

Reihe: Praxis der Energiedienstleistungen Band I

Ponte Press
Bochum 1992

Anschrift des Herausgebers:
ASEW (Arbeitsgemeinschaft kommunaler Versorgungsunternehmen zur
Förderung rationeller, sparsamer und umweltschonender
Energieverwendung und rationeller Wasserverwendung)
Volksgartenstraße 22
D-5000 Köln 1

ISBN 3-920328-01-9 Ponte Press Bochum

CIP Titelaufnahme der Deutschen Bibliothek:
Stadtwerke der Zukunft
ASEW-Fachtagung, Kassel 1991

Umschlagseite: mit freundlicher Erlaubnis von Dr. H.-J. Wagner, siehe S. 70
Photosatz: publishing partner, D-4630 Bochum 1
Druck: Druckerei Wiegmann, D-4690 Herne 2
Gedruckt auf chlorfrei gebleichtem Papier
Printed in Germany

Inhaltsverzeichnis

Vorwort

Unter dem Motto "Stadtwerke der Zukunft – Kompetenz für Energiedienstleistungen" führte die ASEW am 12./13. Juni 1991 in Kassel ihre erste große Tagung durch.

Die Themen dieser Fachtagung knüpften an die internationale und nationale Diskussion über Umweltbelastungen, insbesondere CO_2-Emissionen, und den Möglichkeiten ihrer Reduzierung an. Die neuesten Einschätzungen und Erkenntnisse der Wissenschaft zu dieser Problematik wurden in einem Beitrag über die gegenwärtige Klimadiskussion und den daraus abzuleitenden gesellschaftlichen Handlungsbedarf aufzeigt. Die politischen und wirtschaftlichen Rahmenbedingungen zur lokalen Umsetzung dieser Handlungsempfehlungen und die Handlungsspielräume der Energieversorgungsunternehmen bezogen auf die Reduktionsmöglichkeiten bis zum Jahr 2005 wurden in zwei Vorträgen unter verschiedenen Aspekten behandelt.

Beispiele aus der Praxis der ASEW-Unternehmen sollten die breite Palette der Energiedienstleistungsangebote darstellen. Es wurden als Schwerpunkte aufgegriffen:

– die Unternehmenskonzepte von Bremen, wo ausgehend von einer Zielvorgabe zur CO_2-Reduktion Szenarien zur Zielerreichung entwickelt wurden und Hannover, wo die Unternehmensstrategie der Energiedienstleistung eingebettet ist in ein Konzept 2000, welches auch andere Maßnahmen umfaßt,

– die Beispiele Lemgo und Paderborn, bei denen die Schadstoffreduzierung in erster Linie auf effizienteren Primärenergieeinsatz bzw. darauf abgestimmten Marktinstrumenten basiert,

– ein integrierter Beratungsansatz zur Energieeinsparung im Gebäudebereich, wie er in München verfolgt wird,

– finanzielle Anreize zum Energiesparen im privaten Haushalt am Beispiel Kiel, wo Minderverbrauch von Haushaltskunden belohnt wird.

Die Tagung stellte einen Ausschnitt dessen dar, was an Maßnahmen in den Unternehmen bereits in Angriff genommen wurde. Die Fachtagung sollte aber auch aufzeigen, daß neue Denkansätze erforderlich sind und weiter verfolgt werden müssen.

Die Information über die vielfältigen Möglichkeiten zur Energieeinsparung und rationellen Energie- und Wasserverwendung wurde den Teilnehmern der Fachtagung nicht nur über die Votragsveranstaltung vermittelt. In einer begleitenden Ausstellung waren auch Hersteller und Berater eingebunden, um den Erfahrungsaustausch und den Dialog zwischen der Anbieterseite und dem Stadtwerk zu intensivieren.

Die hier vorliegende Veröffentlichung ist eine Dokumentation dieser Veranstaltung. Diese Veröffentlichung ist der Band I der ASEW-Schriftenreihe "Praxis der Energiedienstleistung", in der in unregelmäßigen Abständen verschiedene Lösungsansätze für die praktische Umsetzung von Energiedienstleistungsangeboten aufgegriffen wird. Wir hoffen, den Lesern hiermit eine Schriftenreihe in die Hand zu geben, die im Laufe der Zeit alle wichtigen Themen der Bereitstellung von Energiedienstleistungen abdecken soll.

Köln, im April 1992   Dipl.-Ing. Peter Jörg Heinzelmann
                                           Geschäftsführer der ASEW

Grußwort

Dr. Harald Lührmann
Vorstandsvorsitzender der Städtischen Werke AG, Kassel

Meine Damen und Herren, ich begrüße Sie sehr gerne als Vorstandsvorsitzender der Städtischen Werke in Kassel hier und in Kassel. Ich hoffe, Sie sind sehr gut hergekommen. Ein Wunsch, den man in Kassel seit einigen Wochen oder seit 14 Tagen fast mit besonderer Betonung ausspricht, weil wir sehr stolz darauf sind, daß man jetzt sehr schnell zu uns hinkommen kann und auch sehr schnell und sehr bequem von uns wieder abreisen kann. Insofern habe ich die gute Hoffnung, daß man sich jetzt häufiger trifft in Kassel und ich unterstreiche das damit, daß natürlich auch bei den Städtischen Werken in Kassel genauso wie bei einigen, also bei den meisten von Ihnen, wir ein Schwesterunternehmen haben, die Kassler Verkehrsgesellschaft, und diese Kassler Verkehrsgesellschaft ebenfalls mit der Bundesbahn wetteifert, was Modernität und Bequemlichkeit angeht und insofern ist das ein Themenbereich, den ich schlicht nicht auslassen kann hier zur Begrüßung; gut zunächst war es ein Transportproblem, was zu bewältigen war.

Ich hoffe, Sie sind gut angekommen, wie gesagt, wir begrüßen sie gerne, nicht nur deswegen, weil wir Gründungsmitglied sind, sondern weil wir Gründungsmitglied der ASEW sind, begrüßen wir Sie sehr gerne zur ersten, auch für eine breitere Öffentlichkeit gedachte Fachtagung der ASEW hier in Kassel.

Ich will Sie nicht mit ausführlichen Daten über unser Unternehmen, das wir hiermit unterstützen durften, behelligen, aber doch drei Punkte hervorheben, die vielleicht nicht untypisch sind für das Vorzeichen, unter dem wir hier zusammengekommen sind. In Kassel ist von den Städtischen Werken, und mittlerweile übergegangen in die Kassler Fernwärme in den letzten 5 Jahren im Bereich der Fernwärme, ein zusätzliches Anschlußpotential von 100 Megawatt erschlossen worden. Also eine Steigerung von 29 auf 120 Megawatt, was ebenfalls einen Punkt ausmacht, der einerseits symbolisch ist, andererseits aber die Leistungskraft eines kommunalen Unternehmens unter Beweis stellt. Wir bemühen uns, seit einiger Zeit, dem Anspruch, der in dem Worte Energiedienstleistungsunternehmen steckt, auch auf einer ganzen Reihe von Fällen praktisch in die Tat umzusetzen. Aber wir stellen dabei fest, das Wort und der Gedanke ist einfach, die Praxis ist ausgesprochen schwierig, und wir freuen uns deswegen, daß dieser Diskussionsprozeß über Energiedienstleistungsunternehmen oder Stadtwerke der Zukunft intensiv geführt wird und auch in Kassel geführt wird. Einige von Ihnen, ich hatte das Vergnügen, einige von Ihnen auch vor einigen Wochen beim Kassler Energieforum mit einer ähnlichen Fragestellung zu begrüßen. Ich glaube, wir werden noch viele Foren dieser Art, wie diese Konferenz, wie diese Fachtagung heute, brauchen, um hier möglichst schnell voranzugehen. Ein dritter neuer Punkt ist vorhin von Herrn Heinzelmann bei der Eröffnung der begleitenden Ausstellung draußen bereits angesprochen worden. Wir in Kassel sind davon überzeugt, daß es nicht nur darauf ankommt, sich neue technische Lösungen auszudenken und die dem Kunden nahezubringen, sondern daß es stärker als bisher darauf ankommt, tatsächlich in einen Kommunikationsprozeß mit unseren Kunden zu treten, um das, was wir in unserem Energiekonzept den 'Faktor Mensch' nennen, für die Ziele einer rationellen und sparsamen Energie- und Wasserverwendung stärker einzusetzen, wenn Sie mir die Ausdrucksweise gestatten. Wir machen dies auch mit Hilfe von ausführlichen Befragungen in Kassel, und erstaunlich ist, daß bei diesen – ich will nur einen Punkt aus diesen Befragungsergebnissen zitieren – erstaunlich ist die Antwort, die die Kassler Bürger auf die Frage geben: Wie soll ein Energieunternehmen sein in der Zukunft? Drei Antworten waren möglich. Wie ein privatwirtschaftliches Unternehmen, letztendlich gewinnmaximierend, möglichst viel Energie zu möglichst hohen Preisen. Eine mögliche Antwort. Die zweite Antwort war, bedarfsgerechte, möglichst preiswerte Energie. Eine dritte mögliche Antwort war, stark auf rationelle und sparsame Energieverwendung hinweisen. Bevor ich sage, was die Bürger in Kassel dazu gesagt haben, will ich noch einfügen, daß diese Frage auch den Multiplikatoren, wie man so sagt, den Meinungsbildner in Kassel gestellt worden ist, und zwar wurde sowohl, nach deren eigener Meinung gefragt, als auch nach der Meinung der Bürger.

Ich sage das jetzt extra vorweg, denn wenn Sie jetzt fragen, wie die Antwort wohl aussieht, gehören Sie ja zweifellos zu den Meinungsbildner. Die Meinungsbildner waren der Auffassung, die Bürger würden zu einem sehr guten Teil, sehr großen Teil bedarfsgerechte preiswerte Energie wollen. Die Meinungsbildner haben sich geirrt. Die Bürger waren zu 75 % der Auffassung, die Energieunternehmen sollten sich um eine rationelle sparsame Energieverwendung bemühen. In anderen Fragen wurde auch abgefragt, inwiefern ein Eigenbeitrag der Bürger denkbar ist. Auch diese Frage wurde überaus erstaunlich positiv beantwortet. Aber mein Vorredner hatte schon darauf hingewiesen, Bewußtsein und Wollen ist das eine, es muß noch was da hinzukommen, damit es zum tatsächlichen Handeln wird, aber Bewußsein ist eine Voraussetzung und insofern, glauben Sie mir wahrscheinlich noch eher, daß es mehr ist als eine Floskel, daß ich mich freue, daß wir jetzt hier eineinhalb Tage miteinander diskutieren können. Ich wünsche Ihnen und uns fruchtbare Diskussionen auf dem Weg zu den Stadtwerken der Zukunft.

Einführung

Dr. Erich Deppe
Obmann des ASEW-Leitausschusses
Mitglied des Vorstandes der Stadtwerke Hannover AG

Vor dem Hintergrund der Probleme des Weltklimas sowie der Endlichkeit der Ressourcen stehen die Unternehmen der ASEW für eine Kurskorrektur der Energiepolitik ebenso wie zu den drängenden Fragen der Erhaltung der Wasserqualität. Aber Bewußtsein alleine führt noch nicht zur Veränderung. Erst Bewußtsein, gepaart mit der Verantwortung, auch entsprechend zu handeln, ist Voraussetzung zu Veränderungen gerade und in besonderem Maße bei den kommunalen Stadtwerken. Wie richtig der Gedanke einer verstärkten Kooperation im Sinne einer besseren Zeit- und Zieleffizienz war, zeigt das bisherige Egebnis der konkreten Arbeit der ASEW.

Die große Resonanz unserer Tagung werten wir also als Hinweis, daß wir mit unserem Anliegen auf dem richtigen Wege sind und ein gegenwärtig aktuelles Thema ansprechen. Wir hoffen, mit dieser Tagung den theoretischen, aber vor allem den praktischen Inhalten zur Verbesserung der Umwelt einen weiteren wichtigen und auch notwendigen Impuls zu geben. Wir bitten Sie alle, sich in dieses Thema einzubringen und hoffen, über die vielen Vorträge hinaus, auf interessante Diskussionen und anregende Gespräche. Hierzu vielleicht noch einige Gedanken und Stichworte, die das Thema begleiten können und die sich auch in den Voträgen wiederfinden werden.

Es ist noch nicht solange her, daß die Energieversorgungsunternehmen vor allem technisch orientiert, und in ihren Planungen auf langfristige Unternehmensstrategien ausgerichtet waren. Das Energiewirtschaftsgesetz gab einen verläßlichen und belastbaren Rahmen vor, die Zielvorgabe einer sicheren und preisgünstigen Energieversorgung war eindeutig, wobei vor allem die Parallelität von Wirtschaftswachstum und Energieverbrauch die notwendige Planungssicherheit vermittelte. Die Ölkrise oder die Energiekrise Anfang der 70er Jahre erschütterte erstmals dieses Selbstverständnis und setzte erhebliche Innonationsreserven frei mit dem Ergebnis, daß die bisher als zwangsläufig angesehene Korrelation zwischen Wirtschaftswachstum und Energieverbrauch aufgelöst wurde. Die gleichzeitig einsetzende Diskussion über die

Grenzen des Wachstums führte zu einer höheren Sensibilisierung über die Frage des Umweltschutzes und der Ressourcenschonung. Es war zunächst ein quantitatives Problem, in dessen Folge die Kapazitätsplanung angepaßt wurde. Zunehmend traten aber auch qualitative Anforderungen in den Mittelpunkt und brachten den gesamten Wirtschaftsbereich argumentativ in eine stark defensive Position.

Die Unsicherheit über die Frage nach einer überlebensfähigen Unternehmenspolitik kam dabei nicht nur aus dem Innenbereich der Unternehmen, sondern auch aus zum Teil unklaren oder auch widersprüchlichen Anforderungen der Gesellschaft, der Bundes- bzw. Landespolitik und kommunalpolitischen Ansprüchen. Zwar sehen große Teile der Energiewirtschaft – selbst heute noch – die Energieversorgung wie früher als Teil der Wirtschaftspolitik, praktisch ist sie aber inzwischen längst zum Teil der Umwelt-, teilweise sogar zur Sozialpolitik geworden. Erkennbar wurde, daß im Interesse einer langfristigen Existenzsicherung auch Energieversorgungsunternehmen den Wandel sozusagen als ständigen Begleiter akzeptieren müssen. Die damit ausgelöste Unruhe bei den Mitarbeitern, aber auch von draußen, führte und führt auch noch heute in einer Phase der Umorientierung, im günstigsten Fall in eine Phase der kreativen Unordnung mit einer grundsätzlich neuen Anforderung auch an Unternehmensleitbilder.

Dieser Wandel dokumentiert sich z. B. auch im rechtlichen Ordnungsrahmen mit neuen und zum Teil verschärften Auflagen. Die immer wieder zur Diskussion gestellte Form des Energiewirtschaftsgesetzes zeigt darüber hinaus, daß die Auseinandersetzung über die Rahmenbedingungen der Energiepolitik noch lange nicht abgeschlossen ist. Der VKU veröffentlichte kürzlich eine Untersuchung über die Führungsorganisation kommunaler Unternehmen und hat auch die Frage angesprochen, inwieweit Unternehmensleitbilder bei den Unternehmensvorständen und Geschäftsführungen etabliert seien. Es ist nicht überraschend, daß hierauf 90% der Vorstände und Geschäftsführungen antworteten: selbstverständlich bestünden diese Leitbilder, und dabei sicher an Satzungen und Inhalte dachten, die natürlich öffentlich diskutiert werden. Überraschender ist aber die Antwort auf die Frage, inwieweit diese Vorstellungen schriftlich fixiert seien und hierauf nur 5% aller Unternehmen eine schriftliche Fassung angaben.

Vor diesem Hintergrund muß die Frage erlaubt sein, welche Bedeutung Unternehmensziele, Unternehmensvorgaben haben, die zwar in den Köpfen der Vorstände oder einiger leitender Miterbeiter vorhanden, aber nicht erkennbar für die Öffentlichkeit und die Mitarbeiter sind. Damit besteht unmittelbar die Gefahr, daß sie möglicherweise auch opportunistisch zu leicht den jeweiligen gesellschaftlichen,

2

politischen Wetterlagen angepaßt werden können. Ich meine, daß auch hier die Mitgliedsunternehmen der ASEW auf dem richtigen Wege sind, über die Zielformulierung in der Satzung der ASEW hinaus, die Ziele verbindlich in die Unternehmen hineinfließen zu lassen und damit den Schritt in nachvollziehbare Unternehmensstrategien zu vollziehen. Es entspricht dem Selbstverständnis der ASEW-Unternehmen, daß ein Konsens dahingehend besteht, daß Unternehmensleitbilder fortgeschrieben werden müssen und, daß darin die Verantwortung für die zukünftigen Generationen sowie für einen sorgsamen Umgang mit den Ressourcen allgemein ihren Niederschlag finden muß.

Unternehmensintern wird in diesem Zusammenhang auch in der Diskussion mit Betriebsräten immer wieder die Frage aufgeworfen, ob diese Einsparstrategie nicht eine Politik ist, die letztlich die Gefahr mit sich bringt, den Ast abzusägen, auf dem man sitzt. Zugegeben, noch ist nicht allen Mitarbeitern und allen beteiligten Gruppen bis hinauf zum Aufsichtsrat immer die Notwendigkeit zu vermitteln, daß hiermit lediglich zukünftigen Anforderungen begegnet wird, noch ist hier sicher einige Aufklärung erforderlich.

Ähnlich differenziert sind Reaktionen außerhalb des Unternehmens. Noch viel zu oft wird die Unternehmensleistung mit der Frage bewertet, was die Kilowattstunde, was der Kubikmeter kostet, ohne dahinter die Energiedienstleistung des Unternehmens zu sehen. Es muß nachzuvollziehen werden, daß es nicht nur auf die technische Dimensionierung ankommt. Ein Unternehmen, das durch intensive Beratung der Kunden eine Verbrauchsrechnung mitgestaltet, die nicht 3 000 kWh/a für den typischen Haushalt ausweist, sondern nur 2 500, darf vielleicht für die Kilowattstunde auch einen etwas höheren Preis verlangen, weil insgesamt die Rechnung niedriger ist. Auch dies ist ein langwieriger Prozeß bis hin zur Preisaufsicht und zum Kartellrecht. Ich weiß, wovon ich rede, wenn ich z. B. an die Satdwerke Hannover denke. Mit anderen Worten, der Ordnungsrahmen muß beachtet werden, aber nicht festgeschrieben, sondern entsprechend den neuen Anforderungen unter Berücksichtigung z. B. der Vorgaben der Enquete-Kommission zur "Vorsorge zum Schutz der Erdatmosphäre".

Dies bedeutet unvermeidlich eine fortlaufende Auseinandersetzung über unsere Zielvorgaben, bedeutet, Überzeugungsarbeit zu leisten und aufzuzeigen, wo praktizierter Umweltschutz auch unmittelbar Kostenvorteile bringen kann. Dies bedeutet auch die Fähigkeit zu entwickeln, sich interdisziplinär und vernetzt mit den Problemen auseinaderzusetzen. Diese Fähigkeit ist noch nicht sehr entwickelt. Vielleicht liegt auch hierin das Problem, daß sich bisher die Durchsetzung einer

3

ökologisch orientierten sozialen Marktwirtschaft so schwer tut.

Noch decken wir Wirtschaftswachstum ohne Berücksichtigung der Umweltkosten. Noch beanspruchen rund 22% der Weltbevölkerung in den Industrieländern insgesamt 71% des jährliche Weltenergieverbrauchs, wogegen den restlichen 78% der Bevölkerung in den Unterentwickelten bzw. in den Schwellenländern lediglich rund 29% des Energieverbrauchs bleibt. Die Forderung der Konferenz von Toronto, den CO_2-Ausstoß bis zum Jahre 2005 global um 20% zu reduzieren, bedeutet für die Industrienationen eine weit höhere prozentuale Vorgabe, wenn man den Hauptanteil der Verursachung berücksichtigt. So fordert z. B. die Enquete-Kommission für die Bundesrepublik eine Minderung des CO_2-Austoßes von 30% bis zum Jahre 2005 und um 80% bis zum Jahre 2050. Wenn wir uns diesen Fragen nicht freiwillig stellen und uns das notwendige Handwerkszeug zur Bewältigung der sich abzeichenenden Klimakatastrophe nicht rechtzeitig, d. h. kurzfristig erarbeiten, wird uns die Natur die Lösung dieses Problems nach ihren eigenen Mechanismen von selbst aus der Hand nehmen.

Prof. Dr. Dr. h.c. Paul J. Crutzen
Direktor am Max-Planck-Institut für Chemie, Mainz.
Zur Person:
Geboren in Amsterdam, Studium der Meteorologie an der
Universität Stockholm, Promotion.
Nach verschiedenen Lehraufträgen an der Universität
Stockholm , Assistent der European Space Research
Organization an der Universität Oxford. 1974–1977 Berater
der National Oceanic and Atmospheric Administration in
Boulder, Colorado (USA).
1977–1980 ranghöchster Wissenschaftler und Direktor der
Abteilung für Luftqualität an diesem Forschungszentrum.
Parallel dazu Honorarprofessor an der Colorado State
University in Fort Collins.
Seit 1980 Mitglied der Max-Planck-Gesellschaft zur
Förderung der Wissenschaften und Direktor der Abteilung
Chemie der Atmosphäre des MPI für Chemie in Mainz.
Teilzeitprofessor an der University of Chicago (USA), Abteilung Geophysikalische Wissenschaften.
Herausgeber der wissenschaftlichen Zeitschrift "Journal of Atmospheric Chemistry".
Mitglied in zahlreichen wissenschaftlichen Kommitees in internationalen Gremien der
Atmosphären-Chemie.
Zahlreiche internationale Ehrungen und Veröffentlichungen.
Die Arbeiten von Prof. Crutzen haben u.a. wesentlich zu den Ergebnissen der Enquete-Kommission
des Deutschen Bundestages "Vorsorge zum Schutz der Erdatmosphäre" beigetragen.

Menschliche Einflüsse auf das Klima und die Chemie der globalen Atmosphäre *

Paul J. Crutzen

1. Einleitung

Abgesehen von variablen Beimischungen Wasserdampf (bis zu etwa 1–2% nahe der Erdoberfläche), besteht die Atmosphäre zu mehr als 99,9 % Volumenprozenten aus molekularem Stickstoff (N_2), Sauerstoff (O_2) und dem Edelgas Argon (Ar). Diese Gase sind chemisch so stabil, daß sie sogar bis zu Höhen von etwa 100 km gut durchmischt in Volumenverhältnissen von etwa 78, 21 und 1% vorkommen. Erst in größeren Höhen führen die Schwerkraft der Erde und die Wirkung der intensiven solaren Ultraviolettstrahlung (UV-Strahlung) zu deutlichen Veränderungen der relativen Häufigkeiten von N_2, O_2 und Ar.

An den wichtigsten chemischen Prozessen in der Atmosphäre sind hauptsächlich Gase beteiligt, deren Konzentrationen um viele Größenordnungen geringer sind als die von Stickstoff, Sauerstoff und Argon. Das wichtigste dieser Gase ist Ozon (O_3). Es kommt hauptsächlich in der Stratosphäre oberhalb von 10–15 km vor und erreicht bei ungefähr 30 km Höhe ein maximales Mischungsverhältnis von nur etwa zehn auf eine Million Luftmoleküle. In der Troposphäre, dem unteren Stockwerk der Atmosphäre, das sich bis zu etwa 10 km Höhe in mittleren Breiten und bis 16 km in den Tropen erstreckt, ist die relative Häufigkeit von Ozon etwa 100–1000 Mal geringer als in der Stratosphäre. Dennoch sind sowohl das troposphärische Ozon, obwohl eigentlich ein Schadgas, als auch die UV-Strahlung, obwohl biologisch schädlich, von größter Bedeutung für die Reinhaltung unserer atmosphärisch-chemischen Umwelt. Auf diesen merkwürdigen Sachverhalt werden wir in diesem Artikel noch zurückkommen.

Ozon ist das einzige Gas in der Atmosphäre, das UV-Strahlung von der Sonne im Wellenlängenbereich von 240–310 nm (1 nm = 1 Milliardstel Meter) in nennenswertem

* Dieser Beitrag ist eine erweiterte Fassung des von Prof. Crutzen auf der ASEW-Tagung gehaltenen Vortrages. Er wurde zuerst veröffentlicht in dem Band "Das Ende des blauen Planeten?" Herausg. von Crutzen/Müller im C.H. Beck Verlag München, Beck'sche Reihe 385, 3. Aufl. 1991. Wir danken dem C.H. Beck Verlag für die Abdrucksgenehmigung. Der Beitrag wurde vom Autor für diese Fassung aktualisiert.

Umfang absorbieren kann; zuviel von dieser Strahlung wäre schädlich für das Leben auf der Erde. Sie verursacht z. B. Hautkrebs und grauen Star bei Menschen, es hemmt die Photosynthese in vielen Pflanzen und kann besonders empfindlich das Meeresplankton schädigen. Man kann mit Sicherheit davon ausgehen, daß das Leben auf der Erde, wie wir es jetzt kennen, ohne den Ozonschutz gegen UV-Strahlung nicht möglich gewesen wäre. Wieviel von dieser UV-Strahlung bis auf den Erdboden durchdringen kann, hängt außerordentlich empfindlich von der Gesamtmenge des Ozons in der Atmosphäre ab. Könnte man das gesamte atmosphärische Ozon auf den Druck am Erdboden komprimieren, ergäbe sich eine Luftschicht, die im Mittel nur etwa 3 mm dick wäre. Wie wir in diesem Artikel zeigen werden, kann dieser "Ozon-Schild" gegen die UV-Strahlung durch menschliche Einwirkungen stark angetastet werden.

Die Absorption der solaren UV-Strahlung durch Ozon ist außerdem eine wichtige Energiequelle für die Stratosphäre, die bewirkt, daß die Temperaturen dort – bis zu etwa 50 km – mit der Höhe zunehmen. Eine solche sogenannte Temperaturinversion stabilisiert die Atmosphäre, es hemmt den vertikalen Luftaustausch, es führt deshalb zu langen Verweilzeiten in der Stratosphäre, und es verhindert außerdem das Eindringen von Gewittern in die Stratosphäre. Das stratosphärische Ozon hat deshalb auch eine erhebliche Bedeutung für die Niederschlagsprozesse und das Klima der Erde.

Ozon in der Stratosphäre entsteht aus der Photodissoziation des molekularen Sauerstoffs durch Einwirkung der solaren UV-Strahlung mit Wellenlängen kürzer als 240 nm; die entstehenden Sauerstoffatome verbinden sich dann mit molekularem Sauerstoff zu Ozon. Man kann die photochemischen Reaktionen, die so stattfinden, mit folgender Formel vereinfacht zusammenfassen:

$$3\,O_2\,(+\,\text{UV-Strahlung}) \longrightarrow 2\,O_3 \qquad\qquad \text{(Schema 1)}$$

Da der Sauerstoff in der Atmosphäre zum größten Teil in der Form von O_2 vorliegt, muß es offensichtlich Prozesse geben, die O_3 wieder in O_2 zurückverwandeln. Die Forschung hat in den letzten 20 Jahren gezeigt, daß einige relativ selten vorkommende Bestandteile der Luft eine wesentliche Rolle beim chemischen Abbau des stratosphärischen Ozons spielen. Die Reaktionsketten, die dabei ablaufen, lassen sich durch folgendes Schema zusammenfassen:

$$2\,O_3 + X + XO + \text{Sonnenstrahlung} \longrightarrow 3\,O_2 + XO + X \qquad\qquad \text{(Schema 2)}$$

8

In dieser Reaktionskette wird eine chemische Verbindung X in XO und XO wieder in X umgewandelt, wobei X und XO für bestimmte reaktive Gase stehen, welche im folgenden noch näher vorgestellt werden. Somit dienen X und XO als Katalysatoren, die die Umwandlung von O_3 zu O_2 sehr stark beschleunigen, ohne dabei selbst verbraucht zu werden. Es handelt sich hierbei ausschließlich um Radikale, d. h. Atome und Bruchstücke von Molekülen mit einer ungeraden Anzahl an Elektronen und deshalb sehr reaktionsfreudig. In der natürlichen Stratosphäre sind die wichtigsten Katalysatoren die Stickoxide NO und NO_2 (d.h. in Schema 2; X=NO und XO=NO_2). Sie entstehen bei der Oxidation von Lachgas (N_2O), das hauptsächlich durch bakterielle Prozesse zusammen mit N_2 und NO, als flüchtige gasförmige Zwischenprodukte, im Stickstoffkreislauf der Böden erzeugt wird und von dort in die Atmosphäre entweicht. N_2O ist ein sehr stabiles atmosphärisches Gas, das erst in der Stratosphäre durch UV-Strahlung von der Sonne angegriffen wird und deshalb eine durchschnittliche Lebensdauer von 150–200 Jahren in der Atmosphäre hat. Die Stickoxide NO und NO_2, oft zusammengefaßt als NO_x, die an der Erdoberfläche, besonders auch durch menschliche Aktivitäten, in großen Mengen erzeugt werden, können dagegen nicht in die Stratosphäre gelangen, da ihre Aufenthaltszeit in der Atmosphäre nur einige Tage beträgt. Sie bilden deshalb keine Gefahr für die stratosphärische Ozonschicht. Jedoch, wie wir noch besprechen werden, spielen sie eine wichtige Rolle bei der Bildung des Ozons in der Troposphäre. Obwohl die gesamte Abgabe der NO_x-Gase erheblich größer ist als die von N_2O, ist das durchschnittliche Mischungsverhältnis von N_2O etwa 300, dagegen das von NO_x weniger als 0,1 auf eine Milliarde Luftmoleküle.

Wie das Lachgas sind auch mehrere vollständig halogenierte, industriell erzeugte organische Verbindungen chemisch so stabil, daß sie nur in der Stratosphäre durch ultraviolette Sonnenstrahlung abgebaut werden können. Von besonderer Bedeutung sind CCl_4 und die sogenannten Fluorchlorkohlenwasserstoffe (FCKW)-Gase $CFCl_3$, CF_2Cl_2 und $C_2F_3Cl_3$, die weltweit jährlich mit einer Gesamtmenge von fast einer Million Tonnen in die Atmosphäre abgegeben werden, meist als Kühlmittel in Kühlaggregaten, zum Aufschäumen von Schaumstoffen, sowie bis vor wenigen Jahren auch als Treibgase in Spraydosen. Die Emission dieser Gase führt seit etwa 30 Jahren zu einer ständigen Zunahme ihrer Konzentrationen in der Atmosphäre. Von besonderer Gefährdung für die Ozonschicht in der Stratosphäre sind dabei $CFCl_3$ und CF_2Cl_2, deren atmosphärische Konzentration zur Zeit mit etwa 2% jährlich zunehmen. Sie können erst in Höhen oberhalb von 25 km durch die UV-Strahlung von der Sonne zerstört werden; dabei werden Chloratome (Cl) freigesetzt. Pro Molekül

gerecht sind Cl und seine Sauerstoffverbindung ClO bei der katalytischen Ozon-Zerstörung ($X=Cl$; $XO=ClO$ in Schema 2) sogar noch wirksamer als NO und NO_2. So kann ein Cl-ClO-Paar, zusammengefaßt ClO_x, in der Stratosphäre um die hunderttausend Ozonmoleküle vernichten, bevor es wieder aus der Atmosphäre entfernt wird. Modellrechnungen ließen deshalb schon seit längerer Zeit erwarten, daß die ständig steigenden Konzentrationen der FCKW-Gase zu beträchtlichen Abnahmen der Ozon-Konzentration in der Stratosphäre, besonders oberhalb von 25 km Höhe, führen dürften. Für niedrigere Höhen waren die Aussagen viel unsicherer und ließen bis vor kurzem sogar eine Erhöhung des Ozon-Gehaltes vermuten. Dies erklärte sich u.a. dadurch, daß die ozonbildende solare UV-Strahlung dank der geringeren Ozon-Konzentration in den oberen Schichten dann auch tiefer in die Atmosphäre eindringen kann, um dort Ozon zu bilden; dazu kommen die chemischen Wirkungen erhöhter atmosphärischer Methan (CH_4)-Konzentrationen, die das ClO_x-Radikalpaar stärker in die chemisch viel stabilere Salzsäure (HCl) umwandeln, sowie anderer ziemlich komplexer chemischer Zusammenhänge, auf die wir hier nicht weiter eingehen wollen. Man sollte an dieser Stelle bemerken, daß es in der unteren Stratosphäre, unterhalb von 30 km, noch sehr an Messungen zum Testen der theoretischen Modellrechnungen mangelt. Bis vor einigen Jahren wurde aber erwartet, daß die Höhenverteilung des Ozons sehr stark, dagegen die Gesamtsäule Ozon viel weniger, durch die Zunahme der FCKW-Gase abnehmen würde. Das plötzlich auftretende Ozonloch hat aber anderes gezeigt und alle Atmosphären-Chemiker völlig überrascht.

2. Der große Schock: das Ozonloch

Seit Beginn des Internationalen Geophysikalischen Jahres 1958–1959 werden regelmäßige Messungen des Gesamtozons an mehreren Bodenstationen in der Antarktis durchgeführt. Als besonders wichtig haben sich Langzeitmessungen an der britischen Station Halley Bay (76° S, 27° W) erwiesen. Wie Abbildung 1 zeigt, sind im antarktischen Frühlingsmonat Oktober seit Ende der 70er Jahre drastische Abnahmen des Gesamtozons eingetreten, wie sie bis dahin nicht beobachtet wurden. Messungen von Satelliten aus haben gezeigt, daß die starken Ozonabnahmen über dem ganzen antarktischen Kontinent auftreten. Weitere wichtige Informationen lieferten Messungen der vertikalen Ozonverteilungen, die ebenfalls über Halley Bay ausgeführt wurden. Sie zeigen Abnahmen der Ozonkonzentration in den Monaten August-September, besonders in der unteren Stratosphäre zwischen etwa 13 und 22 km Höhe. Es ist klar, daß an Stelle des gewöhnlichen Ozonmaximums in diesem Höhenbereich

10

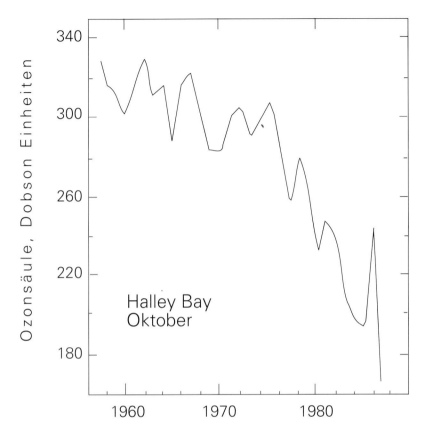

Abbildung 1: Die mittlere Gesamtsäulendichte von Ozon des Monats Oktober über der britischen antarktischen Station Halley Bay (76° S) zwischen den Jahren 1957 und 1984. (100 Dobson Einheiten entsprechen 1 mm Ozon bei Normaldruck von einer Atmosphäre).

innerhalb von zwei Monaten ein Minimum entstanden ist, das sogenannte Ozonloch (s. Abbildung 2). Selbstverständlich hat die Ursache für diese ungewöhnlich drastische Entwicklung die Stratosphärenforscher in den vergangenen Jahren sehr stark engagiert. Durch gezielte innovative Forschung wurden innerhalb nur weniger Jahre die hauptsächlichen Ursachen für das plötzliche Auftreten des antarktischen Ozonlochs aufgedeckt. Zunächst geben wir eine kurze Darstellung dieser Ursachenzusammenhänge, um gleichzeitig einige Verwirrungen auszuräumen, die in den letzten Jahren durch verschiedene Presseberichte entstanden sind.

Obwohl Ozon durch photochemische Prozesse erzeugt wird, wurde schon vor etwa

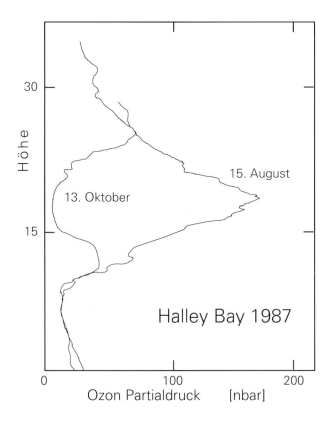

Abbildung 2: Die über der britischen antarktischen Station Halley Bay (76° S) gemessenen Höhenprofile der Ozonkonzentration am 15. August und am 13. Oktober 1987.

60 Jahren erkannt, daß die Abhängigkeit des Gesamtozons von Breite und Jahreszeit nur durch dynamische Prozesse in der unteren Stratosphäre erklärt werden kann. Es lag deshalb nahe, daß als Hauptursache für die beobachteten Ozonabnahmen zuerst geänderte meteorologische Bedingungen in der unteren Stratosphäre vorgeschlagen wurde. Dabei wurde das beobachtete Ozonminimum vor allem auf einen Aufwärtstransport ozonarmer Luft aus der Troposphäre in die Stratosphäre zurückgeführt. Messungen einiger Spurenstoffe troposphärischen Ursprungs in der unteren Stratossphäre, die während der Meßkampagnen amerikanischer Wissenschaftler in der Antarktis in 1987 und 1988 durchgeführt wurden, schließen aber eine derartig

geänderte Dynamik der unteren Stratossphäre als Hauptursache für das Ozonloch eindeutig aus. Falls nämlich eine Aufwärtsbewegung aus der Troposphäre in die Stratosphäre stattgefunden hätte, hätte man auch eine Zunahme charakteristischer troposphärischer Gase beobachten müssen. Dies ist aber nicht der Fall. Beobachtungen von Lachgas (N_2O) zeigen stattdessen ungewöhnlich niedrige Konzentrationen dieses Gases in der unteren Stratosphäre, welche eindeutig auf Abwärtstransport aus höheren Schichten schließen lassen. Da ein solcher Transport eigentlich zu einer erhöhten Gesamtsäulendichte des Ozons führen müßte, ergibt sich, daß in den Monaten September und Oktober über der Antarktis ein starker chemischer Abbau des Ozons stattfinden muß. Die seit vielen Jahren stark angestiegenen Konzentrationen der FCKW-Gase gerieten bald in den Verdacht, das Ozonloch verursacht zu haben.

3. Die stratosphärischen Auswirkungen der FCKW-Gase

Unter natürlichen Bedingungen entstanden in der Stratosphäre anorganische gasförmige Chlorverbindungen nur aus Methylchlorid (CH_3Cl), das mit einem Mischungsverhältnis von etwa 0,6 ppb (1 ppb entspricht einem Molekül auf eine Milliarde Luftmoleküle) in der Atmosphäre vorkommt und wohl hauptsächlich durch Meeresalgen gebildet wird. Durch industrielle Aktivitäten sind der Atmosphäre in den letzten 30 Jahren soviele organische Chlorverbindungen wie CCl_4, CH_3CCl_3 und die FCKW-Gase $CFCl_3$, CF_2Cl_2 und $C_2F_3Cl_3$ zugeführt worden, daß die Konzentrationen der anorganischen Chlorgase (HCl, ClO_X, $ClONO_2$) in der Stratosphäre bis heute auf das vier- und fünffache des natürlichen Gehalts gestiegen ist. 1974 hatten die amerikanischen Forscher Molina und Rowland zuerst davor gewarnt, daß in Zukunft der weitere Ausstoß von FCKW-Gasen zu starken Ozonabnahmen führen würde. Heute wachsen die Konzentrationen der FCKW-Gase in der Stratosphäre jährlich um etwa 4%, obwohl die Emissionsraten weltweit kaum mehr zunehmen. Dieser für den Laien vielleicht etwas überraschende Tatbestand läßt sich dadurch erklären, daß augenblicklich noch immer 5–6 Mal so viel dieser Gase in die Atmosphäre abgegeben wird, als in der Stratosphäre durch UV-Strahlung abgebaut wird.

Die Chemie der Stratosphäre ist äußerst komplex. So ist die Ozonzerstörung durch die wachsende Konzentration der NO_X ($\sim 0,2-0,3\%$ pro Jahr) und vor allem der ClO_X-Radikale ($\sim 4\%$ pro Jahr) nicht nur eine einfache Addition individueller Effekte. Es finden vielmehr wichtige Rückkopplungen statt, die das Ozon teilweise vor Zerstörung schützen, insbesondere durch die Reaktion:

$$\text{ClO} + \text{NO}_2 + \text{M} \longrightarrow \text{ClONO}_2 + \text{M} \quad \text{(Schema 3)}$$

und das Reaktionspaar

$$\text{ClO} + \text{NO} \longrightarrow \text{Cl} + \text{NO}_2$$
$$\text{Cl} + \text{CH}_4 \longrightarrow \text{HCL} + \text{CH}_3 \quad \text{(Schema 4)}$$

Sowohl ClONO$_2$ (Chlornitrat) wie auch HCl (Salzsäure) reagieren nicht mit Ozon, so daß die oben erwähnten Reaktionen das Ozon vor stärkerer Zerstörung als sonst möglich schützen. Solche weniger reaktiven Moleküle wie HCl und ClONO$_2$ werden oft als "Reservoir"-Moleküle bezeichnet, da sie nur durch weitere, relativ langsame Reaktionen wieder in reaktive ClO$_x$- und NO$_x$-Radikale umgewandelt werden können. Zugleich zeigt sich aus obenstehender Gleichung, daß auch Methan eine günstige Auswirkung auf die stratosphärische Ozonkonzentration haben kann. Auch dieses atmosphärische Spurengas nimmt durch menschliche Aktivitäten um etwa 1 % pro Jahr weltweit zu.

Insgesamt zeigt sich, daß die beschriebene chemische Wechselwirkung mit den NO$_x$-Radikalen dazu beiträgt, den katalytischen Abbau des Ozons durch die stark zunehmenden Konzentrationen von ClO$_x$-Radikalen zu bremsen, obwohl die NO$_x$-Radikale selber auch zum Ozonabbau beitragen und in der natürlichen Atmosphäre sogar die Ozonbilanz fast total bestimmten. Der Effekt wird noch dadurch verstärkt, daß NO$_2$ und HNO$_3$ gemeinsam durch katalytische Reaktionen OH-Radikale abbauen und dadurch eine entscheidende Zurückbildungsreaktion HCl + OH $\longrightarrow$ Cl + H$_2$O für die ozonabbauenden ClO$_x$ (= Cl + ClO)-Radikale bremsen.

4. Chemische Erklärung für das Auftreten des Ozonlochs

Seit Ende der 70er Jahre hat man durch damals angefangene Satelliten-beobachtungen entdecken können, daß sich in polaren Gebieten, und insbesondere über der Antarktis, in der normalerweise sehr trockenen und wolkenfreien Stratosphäre im Winter und frühen Frühjahr dünne Wolkenschleier von großer Ausdehnung bilden können. Es hat sich inzwischen gezeigt, daß diese sogenannten polaren stratosphärischen Wolken (Polar Stratospheric Clouds) bei der Bildung des Ozonlochs in folgender Weise eine große Rolle spielen. Während der langen Polarnacht werden zuerst NO und NO$_2$ durch Oxidationsreaktionen mit Ozon in N$_2$O$_5$ umgewandelt. Die N$_2$O$_5$-Moleküle werden dann bei den vorherrschenden tiefen Temperaturen durch Reaktion an den Oberflächen der Wolkenteilchen in

14

Salpetersäuremoleküle (HNO_3) umgewandelt, welche in den Wolkenteilchen eingebaut werden. Außerdem wurde neuerdings entdeckt, daß bei sehr tiefen Temperaturen sich Salzsäure an den Eispartikeln absetzen kann. An den Oberflächen der Partikel können danach die Reservoir-Moleküle $ClONO_2$ und HCl durch die Reaktion

$$ClONO_2 + HCl \text{ (Eis)} \longrightarrow Cl_2 + HNO_3 \text{ (Eis)} \quad \text{(Schema 5)}$$

und durch die nachfolgende Photolyse des gasförmigen Cl_2 durch ultraviolette Sonnenstrahlung

$$Cl_2 + UV\text{-Strahlung} \longrightarrow 2\,Cl \quad \text{(Schema 6)}$$

im antarktischen Frühling sehr effektiv in stark reaktive ClO_x-Radikale umgewandelt werden. Durch Schema 5 hängt die Aktivierung der ClO_x-Radikale quadratisch vom stratosphärischen Chlorgehalt ab.

Die Kombination der oben erwähnten Prozesse führt während des antarktischen Frühjahrs zu einer außergewöhnlich starken Anreicherung von ClO_x-Radikalen, die das Ozon in der unteren Stratosphäre besonders zwischen etwa 12–22 km durch eine katalytische Reaktionskette nach Schema 2

$$
\begin{aligned}
ClO + ClO + M &\longrightarrow Cl_2O_2 + M \\
Cl_2O_2 + UV\text{-Strahlung} &\longrightarrow 2Cl + O \\
Cl + O_3 &\longrightarrow ClO + O_2 \\
Cl + O_3 &\longrightarrow ClO + O_2 \\
\text{Netto: } 2\,O_3 &\longrightarrow 3\,O_2 \quad \text{(Schema 2)}
\end{aligned}
$$

sehr effektiv abbauen können. Die Effizienz dieser Ozonabbaukette hängt quadratisch von der Konzentration an ClO – und diese wiederum quadratisch von dem atmosphärischen Chlorgehalt – ab und steigt somit sogar um etwa 4 x 4%, d. i. 16%, pro Jahr. Optische Messungen vom Boden aus, die über der amerikanischen Forschungsstation McMurdo gemacht wurden, haben in der Tat gezeigt, daß dort ungewöhnlich hohe Konzentrationen von ClO und vom Folgeprodukt OClO vorkommen können. Insbesonders aber haben Prof. James Anderson und seine Mitarbeiter von der Harvard University im vergangenen September in der antarktischen Stratosphäre sehr hohe Konzentrationen des ClO-Radikals genau im

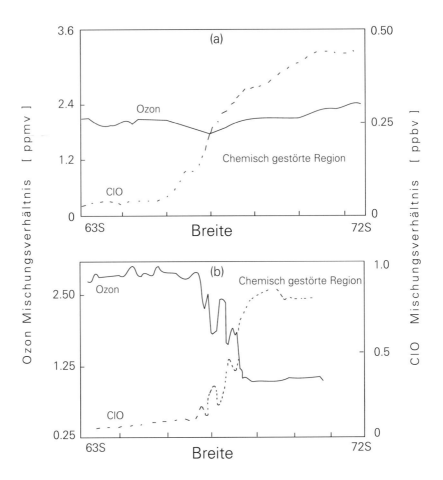

Abbildung 3: Darstellung der auf etwa 18 km Höhe im Breitengürtel 63° S–72° S gemessenen Mischungsverhältnisse von Chlormonoxid (ClO) (in ppb, d.i. Moleküle ClO pro Milliarde Luftmoleküle) und Ozon (in ppm: Moleküle Ozon pro Million Luftmoleküle) Ende August und Mitte September. Die Messungen wurden von Wissenschaftlern der Harvard Universität an Bord eines Forschungsflugzeugs der amerikanischen Raumbehörde NASA durchgeführt.

Ozonloch nachgewiesen, wie sie die beschriebenen photochemischen Prozesse erwarten lassen. Diese Messungen sind in Abbildung 3 schematisch zusammengefaßt. Sie zeigen am Ende des polaren Winters gegen Ende August schon das Vorkommen von ungewöhnlich hohen ClO-Radikal-Konzentrationen, aber noch keine starke Ozonabnahme. Ein ausgeprägtes Ozonloch hat sich aber einige Wochen später sehr deutlich entwickelt. Der Abbau des Ozons fordert außer dem Vorkommen relativ großer Konzentrationen von ClO auch die Sonnenstrahlung, da die ClO_x-Radikale aus der Photolyse von Cl_2 und Cl_2O_2 entstehen. Das Auftreten sehr kalter Temperaturen begünstigt die Aktivierung der Chlorchemie, da sie die Bildung der stratosphärischen Eisteilchen begünstigen. Die gemessenen ClO-Radikal-Konzentrationen sind mehrere hundert Mal höher als ohne die Gegenwart der Eisteilchen möglich gewesen wäre. Das bedeutet aber auch, daß meteorologische Prozesse einen Einfluß auf die Ozonlochbildung haben, da sie die vorherrschenden Temperaturen mitbestimmen.

Alles spricht also dafür, daß das Ozonloch, das während der letzten 10 Jahre im antarktischen Frühjahr aufgetreten ist, primär auf die stark gestiegenen Konzentrationen der FCKW-Gase ($CFCl_3$, CF_2Cl_2, CCl_4, $C_2F_3Cl_3$) zurückzuführen ist. Wegen der langen Verweilzeit der FCKW-Gase in der Atmosphäre muß man leider erwarten, daß das Ozonloch sich erst in etwa 100 Jahren wieder schließen dürfte. Glücklicherweise hat sich eine derart drastische Ozonabnahme im Nordpolargebiet noch nicht entwickelt. Dies ist damit zu erklären, daß hier die Temperaturen viel seltener so tief sinken, so daß sich viel weniger stratosphärische Wolkenteilchen

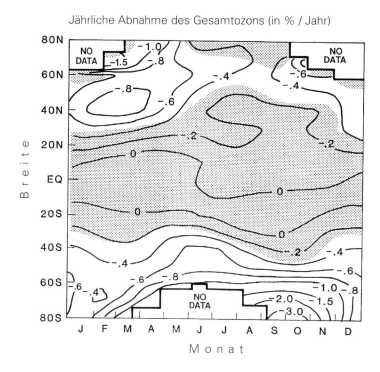

Jährliche Abnahme des Gesamtozons (in % / Jahr)

Abbildung 4:
Gemessene durchschnittliche, jährliche Abnahme der Gesamtsäule des stratosphärischen Ozon zwischen den Jahren 1979 und 1990 für verschiedene Monate und Breiten. Über Europa hat im Durchschnitt in den Monaten Januar bis April eine Gesamtabnahme um etwa 10 % stattgefunden (nach Messungen der Raumfahrtbehörde NASA der USA).

Quelle: Geophysical Res. Letters 18 (6), Juni 1991.
(American Geophysical Union)

bilden können. Dennoch hat eine umfassende Analyse der Ozontrends auf der Nordhalbkugel für die Jahre 1979 – 1989 eine Ozonabnahme bis zu 10% gezeigt (s. Abbildung 4)

Diese Abnahmen, vor allem die im Winter, sind größer, als es die Modellrechnungen vorhersagen; möglicherweise finden also auch über unsere Köpfe hinweg chemische Reaktionen statt, die den Abbau des Ozons über Erwarten beschleunigen. Es ist außerdem nicht auszuschließen, daß der Vulkanstaub der Pinatubo-Eruption im Juni 1991 für die nächsten 2 – 3 Jahren die Aktivierung der Chlorgase und den Abbau von Ozon verstärken kann.

Die ernsten Ozonabnahmen, welche im Verlauf der letzten zehn Jahren aufgetreten sind, haben dazu geführt, daß bis zur Jahrhundertwende ein fast völliger, weltweiter Verzicht auf die FCKW-Produktion erfolgen wird. Aber auch unter diesen Bedingungen würde es trotzdem mehr als 100 Jahre dauern bis das stratosphärische Ozon wieder etwa seinen natürlichen Pegel erreichen könnte. Die industrialisierte Welt hat hier ein groteskes globales Umweltproblem erzeugt, vor dessen Folgen Wissenschaftler schon seit fast 15 Jahren gewarnt haben. Erst in jüngster Zeit wurden von Politik und Industrie die ersten, zögernden Maßnahmen zur Beschränkung der FCKW-Emissionen beschlossen.

5. Chemische Belastungen der globalen Chemie der Troposphäre

Obwohl eine Überdosis an UV-Strahlung schädlich für das Leben ist, ist die normale UV-Strahlung andererseits auch von außerordentlich positiver Bedeutung für die chemische Reinhaltung der Atmosphäre. Dabei spielt auch die verhältnismäßig geringe Menge des Ozons in der Troposphäre, die nur einen Anteil von etwa 10% am Gesamt-Ozon ausmacht, eine wesentliche Rolle. Dieselbe UV-Strahlung mit Wellenlängen kürzer als etwa 310 nm, die lebende Zellen schädigt, zerlegt nämlich auch Ozon in ein Sauerstoffmolekül und ein energiereiches Sauerstoffatom (O*) Dieses O-Atom kann mit atmosphärischem Wasserdampf reagieren und erzeugt dabei reaktionsfreudige Hydroxyl-Radikale (OH):

$$O_3 + \text{UV-Strahlung} \longrightarrow O^* + O_2 \ (\leq 310 nm)$$
$$O^* + H_2O \longrightarrow 2\,OH \qquad \text{(Schema 7)}$$

Die meisten Gase, die von der Natur oder durch menschliche Aktivitäten erzeugt werden, wie z.B. wasserstoffhaltige organische und anorganische Gase, Kohlenmonoxid, die NO_x-Gase und Schwefeldioxid, werden durch OH-Radikale angegriffen.

18

Tabelle 1: Klima- und ozonrelevante atmosphärische Gase, deren atmosphärische Konzentrationen, mit Ausnahme derer von C_5H_8 (Isopren), durch menschliche Aktivitäten beeinflußt werden.

	Mischungs-verhältnis	Verweilzeit	Jährliche Zunahme	ODP	GWP
CO_2	347 ppm	≈100 Jahre	0,4–0,5 %	–	1
CH_4	1,7–1,8 ppm	10 Jahre	0,8–1 %	–	4–5
C_5H_8	0–5 ppm	einige Stunden	–	–	–
CO	≈50–200 ppb	1–6 Monate	?	–	–
NO_x	0–100 ppb	einige Tage	0,2–0,3 % (Stratosphäre)	0,25	–
N_2O	310 ppb	170 Jahre	0,2–0,3 %	0,05	240
CH_3CCl_3	140 ppt	6–7 Jahre	3–4 %	0,15	–
CHF_2Cl	70 ppt	17–20 Jahre	12 %	0,05	2000
$CFCl_3$	225 ppt	55–70 Jahre	4 %	1	8600
CF_2Cl_2	385 ppt	100–150 Jahre	5 %	1,0	18000
$C_2F_3Cl_3$	40 ppt	90–110 Jahre	10 %	1,0	22000
CCl_4	140 ppt	50–70 Jahre	2 %	1,2	≈4000 (?)
CF_2ClBr	2,2 pptv	25 Jahre	≈10 %	2–3	–
$CBrF_3$	2,1 ppt	110 Jahre	≈15 %	5–8	–

ppm, ppb, ppt: Volumanteile der betreffenden Gase pro eine Million, eine Milliarde und eine Billion Luftmoleküle.

ODP: Effizienz der pro Gewichtseinheit verursachten Ozonzerstörung im Vergleich zu der durch CFCl3 verursachten Ozonreduzierung.

GWP: Klima-Erwärmungsfaktor im Vergleich zu dem von CO_2 verursachten, gewichtet mit der atmosphärischen Verweilzeit. Dieser Faktor, wie in der Tabelle angegeben, bezieht sich also auf die atmosphärischen Emissionen. Wenn man die Konzentrationen als Maßstab nimmt, würde sich der GWP-Wert für CH_4 um den Faktor 10 erhöhen.

Die Lebensdauer der meisten Gase wird daher in der Atmosphäre durch ihre Reaktionsfreudigkeit mit OH bestimmt. Man kann deshalb OH ohne weiteres als das Waschmittel der Atmosphäre bezeichnen. Das geschätzte weltweite Mittel der OH-Konzentration liegt bei etwa 8×10^5 Molekülen pro cm^3, d. h. bei einem Mischungsverhältnis von nur etwa 3 OH-Radikalen pro 100 Billionen Luftmoleküle. Dies ergibt sich aus Modellrechnungen und besonders aus Studien der globalen Konzentrationen von Methylchloroform (CH_3CCl_3). Dieses Gas, dessen Konzentrationen in der Atmosphäre gut bekannt sind, wird weltweit nur durch industrielle Prozesse und in relativ gut bekannten Mengen freigesetzt. Der Unterschied zwischen dem gesamten Ausstoß in die Atmosphäre in der Vergangenheit und den jetzt beobachteten Gesamtmengen ergibt somit den Methylchloroform-Verlust und damit ein Maß für die weltweit gemittelten OH-Konzentrationen. Es ist sehr erstaunlich, daß die Effizienz der Oxidationsvorgänge in der Atmosphäre in erster Linie von einem Gas mit einer so außerordentlich geringen Konzentration bestimmt wird, obwohl Sauerstoff 21% der Atmosphäre ausmacht. Sauerstoff ist aber verglichen mit Hydroxyl viel weniger reaktiv.

Unter Verwendung dieser Information läßt sich die Lebensdauer für einige wichtige Gase in der Atmosphäre abschätzen (Tabelle 1), welche im Bereich von Jahren bis hinunter zu wenigen Stunden liegt. Dies bedeutet, daß ein Gas wie Methan (CH_4), das eine Lebensdauer von etwa 10 Jahren hat, weltweit ziemlich gleichmäßig verteilt ist, während Isopren (C_5H_8) und sonstige organische Verbindungen, die von der Vegetation in großen Mengen abgegeben wird, nur in der Nähe von Waldgebieten in meßbaren Konzentrationen gefunden werden können. Der Abbau von Methan und anderen Kohlenwasserstoffen wie Isopren führt über längere Reaktionsketten, auf die hier nicht weiter eingegangen werden kann, zu der Erzeugung von Kohlenmonoxid (CO). Kohlenmonoxid wird seinerseits durch Reaktion mit OH innerhalb weniger Monate zu Kohlendioxid (CO_2) oxidiert. Die Lebensdauer von CO in der Atmosphäre ist also verhältnismäßig kurz, und die Konzentrationen dieses Gases können damit ziemlich stark schwanken. Auf der Nordhalbkugel findet man im Durchschnitt 2–3 Mal mehr CO als auf der Südhalbkugel, weil die Produktion hier höher ist. Solche Gase, die nicht mit OH reagieren, haben eine sehr lange Lebensdauer, wie z. B. die von der Industrie erzeugten FCKW-Gase, die eine mittlere atmosphärische Lebensdauer in der Größenordnung von 60–120 Jahren haben und deren verheerenden Einfluß auf die stratosphärische Ozonschicht wir schon besprochen haben.

Ozon und OH sind somit von grundlegender Bedeutung für die Chemie der Atmosphäre. Durch verschiedene Tätigkeiten bewirkt die Menschheit Änderungen auch in der Chemie der Troposphäre. Diese Änderungen wirken sich u. a. stark aus auf Ozon, OH, die Stickoxide NO und NO_2, Methan und Kohlenmonoxid. Diese Gase stehen über chemische Prozesse miteinander in enger Beziehung. Ozon kann zum Beispiel während der Oxidation von Kohlenmonoxid zu Kohlendioxid erzeugt oder vernichtet werden, je nachdem, wieviel NO_x sich in der Atmosphäre befindet. Die Oxidation kann über zwei Kreisprozesse ablaufen, bei denen OH, HO_2, NO und NO_2 als Katalysatoren wirken;

20

entweder via

$$CO + OH + O_2 \longrightarrow CO_2 + HO_2$$
$$HO_2 + NO \longrightarrow OH + NO_2$$
$$NO_2 + \text{UV-Strahlung} \longrightarrow NO + O \ (\leq 400\,nm)$$
$$O + O_2 + M \longrightarrow O_3 + M$$
$$\text{Netto: } CO + 2O_2 \longrightarrow CO_2O_3 \qquad \text{(Schema 8)}$$

oder via

$$CO + OH + O_2 \longrightarrow CO_2 + HO_2$$
$$HO_2 + O_3 \longrightarrow OH + 2O_2$$
$$\text{Bilanz: } CO + O_3 \longrightarrow CO_2 + O_2 \qquad \text{(Schema 9)}$$

Durch die untere Gruppe von Reaktionen wird Ozon vernichtet; die obere Reaktionskette, die Ozon erzeugt, wird ab einem Verhältnis von NO zu O_3 von etwa 1:4000 wichtiger als die untere. Diese Zahl entspricht nahe der Erdoberfläche einem Volumen-Mischungsverhältnis von NO von ungefähr 10^{-11} (das sind 10 NO-Moleküle pro Billion Luftmoleküle). Weil die Stickoxide eine Lebensdauer von nur etwa einem Tag haben und hauptsächlich durch menschliche Aktivitäten in mittleren Breiten auf

Tabelle 2: Durch menschliche Aktivität verursachte und natürliche globale Quellen der Stickoxide (NO_x). Der anthropogene Anteil beträgt etwa 60 %.

Quellen	Jährliche Quellenstärken (Millionen Tonnen als Stickstoff)
Industrie	15–25
Flugzeuge	0,15–0,3
Verbrennung von Biomasse	3–10
Produktion in der Stratosphäre	0,5–1,5
Blitzentladungen	2–10
Böden	5–15

der Nordhalbkugel erzeugt werden (Tabelle 2), sollte in den mittleren und höheren Breiten der Nordhalbkugel eine erhöhte Erzeugung des Hintergrund-Ozons auftreten. In den Gebieten der Nordhalbkugel mit den größten industriellen Aktivitäten, wie in Europa und den USA, können die Ozonkonzentrationen besonders während sommerlicher Hochdruck-Wetterlagen, zeitweise sehr stark ansteigen. Dies führt zum sog. "photochemischen Smog", weil dort dann über die Oxidation reaktionsfreudiger Kohlenwasserstoffe unter dem Einfluß der NO_x-Katalysatorgase und Sonnenstrahlung eine schnelle Bildung von Ozon stattfindet. Wegen ihrer kurzen Lebensdauer in der Atmosphäre können diese reaktionsfreudigen Kohlenwasserstoffe aber in entfernteren Gebieten kein Ozon erzeugen. Im überwiegenden Teil der Troposphäre verursacht sonst die Oxidation von Kohlenmonoxid und von Methan den größten Anteil an der Erzeugung von Ozon, falls die dafür notwendigen Katalysatorgase NO und NO_2 in genügendem Maße vorhanden sind; andernfalls wird Ozon zerstört. Leider weiß man noch viel zu wenig von der Verteilung der Stickoxide, um eine gesicherte globale Ozon-Bilanz aufstellen zu können.

6. Die Bedeutung der Methanzunahme

Die beobachtete relativ stetige Zunahme des Methan-Gehalts der Atmosphäre um etwa 1% pro Jahr dürfte in den Reinluftgebieten der Troposphäre weitere wichtige chemische Änderungen auslösen. Weil die Reaktionsketten ziemlich umfangreich und komplex sind, werden wir hier nur ihre Netto-Auswirkungen auf die Bilanz von Ozon und OH geben. In Reinluftgebieten bewirkt die Oxidation eines Methan-Moleküls über die Bildung von Kohlenmonoxid zu Kohlendioxid einen Verlust von OH- und von Ozon-Molekülen, während in belasteteren Gebieten OH- und Ozon-Moleküle gebildet werden. Das Schwergewicht der photochemischen Oxidationsfähigkeit der Atmosphäre verschiebt sich deshalb aufgrund der Zunahme des Methans in der Atmosphäre allmählich von der unbelasteten "Hintergrund"-Atmosphäre, besonders in den Tropen, zu den mehr mit NO_x belasteten Gebieten der mittleren Breiten auf der Nordhalbkugel. Dies könnte die Trends der bodennahen Ozon-Konzentrationen erklären, die in Pt. Barrow, Alaska (+0,78% pro Jahr zwischen 1973 und 1985), auf der Vulkan-Gipfelstation Mauna Loa in Hawaii (+1,20% pro Jahr zwischen 1974 und 1985) und auf der Insel Samoa bei 14° S im Pazifik (−0,70% pro Jahr zwischen 1976 und 1985) gemessen wurden.

Für die beobachtete weltweite Zunahme des CH_4-Gehalts in der Atmosphäre sind ohne Zweifel sich ausweitende menschliche Aktivitäten verantwortlich. CH_4 entsteht bei der Zersetzung von organischem Material unter Luftabschluß. Es wird also von

Tabelle 3: Quellen und Senken von Methan (in Millionen Tonnen CH4 pro Jahr). In dieser Tabelle kompensieren sich die Quellen und Senken nicht, da die atmosphärische Methan-Konzentration steigt und die Größenordnung vieler Quellen und Senken nicht genau bekannt ist. Dennoch geht aus den Tabellenwerten deutlich hervor, daß der überwiegende Teil des Methans wahrscheinlich aus anthropogenen Quellen entsteht.

Natürliche Quellen	
Feuchtgebiete	30–170
Termiten und sonstige Insekten	5–30
Ozeane	7–13
Fermentation durch wildlebende Wiederkäuer	2–6
Seen	2–6
Anthropogene Quellen	
Mülldeponien	30–70
Fermentation durch Wiederkäuer	80–110
Verbrennung von Biomasse	30–100
Reisfelder	60–140
Verluste bei Öl- und Erdgasgewinnung	
und Verteilung	60-120
Kohlebergbau	30-40
Jährliche Zunahme (≈1% pro Jahr)	**50–60**
Senken	
Abbau durch OH-Radikale	375–445
Aufnahme durch Bodenorganismen	10–30

natürlichen Sumpf- und Überschwemmungsgebieten, von Reisfeldern, von Wiederkäuern (vor allem von Rindern und Schafen) und aus Mülldeponien in die Atmosphäre abgegeben. Eine zusätzliche Methanquelle ist die Verbrennung von Pflanzenmaterial, besonders in den Tropen. Atmosphärische Messungen des ^{14}C-Gehalts von CH_4 haben gezeigt, daß mit großer Wahrscheinlichkeit etwa 20–25% des Methangases in Kohlengruben, bei der Öl- und Erdgasförderung und durch Lecks in Erdgasleitungen entsteht. Wie aus der in Tabelle 3 zusammengefaßten Darstellung der heutigen Kenntnisse der CH_4-Quellen hervorgeht, dürfte der von Menschen beeinflußte Teil erheblich bedeutender sein als der natürliche Anteil, so daß die CH_4-Zunahme in der Atmosphäre nicht überraschend erscheint. Da die durchschnittliche atmosphärische Verweilzeit von Methan, verglichen mit der von anderen klimarelevanten Spurengasen, verhältnismäßig kurz ist, etwa 10 Jahre (s. Tabelle 1), würden Maßnahmen, die zu einer Reduzierung der CH_4-Emissionen führen, relativ rasch ihre Wirkung zeigen.

7. Einflüsse zunehmender Treibhausgasemissionen auf das Klima

Die beobachtete Zunahme der Häufigkeiten atmosphärischer Spurengase beeinflußt nicht nur die Chemie, sondern auch beträchtlich das Klima an der Erdoberfläche und die Temperaturen in der Atmosphäre. Gase wie CO_2, CH_4, N_2O, O_3, $CFCl_3$ und CF_2Cl_2 spielen eine wesentliche Rolle bei der Wärmebilanz der Atmosphäre. Diese Gase sind durchlässig für Sonnenstrahlung, so daß sie unsichtbar sind. Sie absorbieren aber einen beträchtlichen Anteil der Wärmestrahlung, die von der Erdoberfläche ausgestrahlt wird, und senden einen erheblichen Teil dieser Leistung wieder zur Oberfläche zurück. Dadurch erhöhen sich die Temperaturen der Erdoberfläche, verglichen mit denen, die der Fall wären, wenn die Erde keine Treibhausgase besäße. Schätzt man mit Hilfe von Klimamodellen die gesamte globale gemittelte zeitliche Zunahme der Aufheizwirkung der oben aufgeführten Gase, so erhält man eine Erhöhung der globalen mittleren Temperatur seit der vorindustriellen Zeit um etwa +0,7° C. Dieser Wert ist verträglich mit den Temperaturzunahmen, die sich aus klimatischen Beobachtungen erschließen lassen, wobei auch natürliche Klimaschwankungen von Bedeutung sind und schwer von den anthropogen verursachten zu trennen sind. Während des nächsten Jahrhunderts müßte man mit einer weiteren globalen durchschnittlichen Erwärmung der Erdatmosphäre um Werte zwischen 3 und 6° C rechnen, wenn man den Klimamodellen die heutigen Trends der Emissions- und Zuwachsraten der oben erwähnten Gase zugrunde legt. Mehr als die Hälfte dieser Erwärmung würde in der Zukunft von CO_2 verursacht werden.

Man wird also weltweit die Emissionen von CO_2 reduzieren müssen, um einer möglichen Klimakatastrophe entgegen zu wirken, z.B. durch Energiesparen oder durch die Entwicklung alternativer Energieformen (Sonnenenergie!), die nicht auf der Verbrennung von fossilen Brennstoffen beruhen. Aber auch die Ausstöße der übrigen Treibhausgase, z.B. CH_4 und N_2O, müssen stark verringert werden, wenn man die erwartete, ungeheure Aufheizung des Klimas mildern will. Andernfalls müßte man vielleicht schon gegen Ende des nächsten Jahrhunderts mit einer solchen Aufheizung rechnen, wie sie für eine Verdopplung des CO_2-Gehaltes in der Atmosphäre nach Abbildung 5 mit einem der weltweit besten Klimaforschungsmodelle, dem des britischen Meteorologischen Dienstes, berechnet wurde. Wenn man berücksichtigt,

24

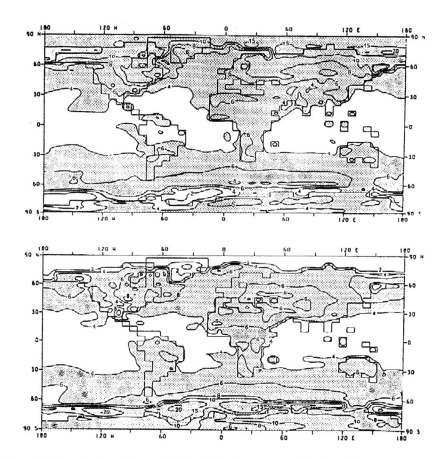

Abbildung 5: Die mit dem Klimamodell des britischen meteorologischen Dienstes berechneten Erwärmungen am Erdboden in °C im Gleichgewicht unter der Bedingung einer globalen Verdopplung des CO_2-Gehalts in der Atmosphäre. Obere Abbildung: mittlere Erwärmung für die Monate Dezember–Februar untere: für Juni–August. Die Konturen der Kontinente kann man durch horizontale und vertikale gerade Linien schematisch erkennen. Man beachte, daß die Temperaturzunahmen besonders in polaren Gebieten in den Wintermonaten besonders stark ausgeprägt sind.

daß andere Gase den Treibhauseffekt von CO_2 noch verstärken könnten, wäre es nicht auszuschließen, daß solche enormen Änderungen, wie in Abbildung 5 gezeigt, sich zwischen Mitte bis Ende des nächsten Jahrhunderts einstellen könnten. Es handelt sich hierbei um Temperaturanstiegsraten, die um mehr als den Faktor 10 schneller ablaufen würden, als es seit dem Bestehen der Menschen auf der Erde je der Fall

25

gewesen ist. Der daraus entstehende Klimastreß würde Landwirtschaft und Ökosysteme in vielen Gebieten der Erde mit größter Wahrscheinlichkeit aus dem Gleichgewicht bringen. Außerdem würde sich der Meeresspiegel um bis zu einem halben Meter erhöhen und somit einen bedeutenden Anteil der Menschheit mit Überschwemmungen bedrohen. Da die industrialisierte Welt zu etwa 85% für diese Klimabedrohung verantwortlich ist, sollten Maßnahmen zur Verringerung der Emissionen klimarelevanter Gase in erster Linie von diesem Teil der Welt beschlossen werden.

8. Schlußfolgerungen

Es zeigt sich ohne Zweifel, welch enormen Einfluß die durch die Menschen verursachte Freisetzung von Gasen auf globale Prozesse der Umwelt haben kann. Das dramatischste Beispiel für Fernwirkungen in der Atmosphäre ist das antarktische Ozonloch, das primär, dies steht jetzt fest, durch menschliche Aktivitäten, die fast buchstäblich am anderen Ende der Erde geschehen, verursacht wird. Außerdem sieht man an den Fluor-Chlor-Kohlenwasserstoffen mit ihrer langen Lebensdauer in der Atmosphäre, daß die Wirkungen heutiger menschlicher Aktivitäten die Atmosphäre jahrzehnte- oder sogar jahrhundertelang beeinflussen können. Obwohl viele Forscher vor den Folgen der FCKW-Emissionen seit vielen Jahren gewarnt hatten, hat es dennoch alle völlig überrascht, wie außerordentlich empfindlich und schnell die Atmosphäre auf diese Emissionen reagiert hat. Dies sollte eine Warnung sein. Derartige Überraschungen sind möglicherweise keine Einzelfälle. Um Ähnliches möglichst noch rechtzeitig vorherzusagen und verhindern zu können, sind erhöhte Anstrengungen bei der Forschung von größter Bedeutung. Aber noch wichtiger: Um Schlimmeres zu verhindern, muß von allen eingesehen werden, daß die Atmosphäre nicht weiter als gemeinsame Mülltonne für den Gas-Abfall menschlicher Aktivitäten benutzt werden darf. Dies fordert ein erhebliches Umdenken, wobei die Industrieländer die größten Verpflichtungen haben, da sie für 80–90% der hier angesprochenen globalen Probleme verantwortlich sind. Es ist daher von allergrößter Bedeutung, daß innerhalb der nächsten Jahre international ein Abkommen zum Schutz der Erdatmosphäre getroffen wird, in dem sich die Länder der Welt auf ein intensives Aktionsprogramm zur Verminderung der klimarelevanten Schadstoffemissionen einigen müssen.

Als die wichtigsten unmittelbaren Aktionspunkte sollte man sich nach meiner Meinung auf folgende Maßnahmen konzentrieren:

- Es sollte so weit wie möglich verhindert werden, daß bei der Öl- und Erdgasförderung sowie in den Erdgasverteilungsnetzen Methan in die Atmosphäre entweicht.
- Das Methan, das sich in Müllhalden bildet, sollte verbrannt werden. Dieses Verfahren kann sogar zur Energieerzeugung genutzt werden. Bei älteren Müllhalden, wo Abfackeln schwierig sein könnte, sollte man dafür Sorge tragen, daß das Methan in einer oxidierenden Schicht an der Oberfläche der Müllhalde zu CO_2 oxidiert wird. Es muß hier darauf hingewiesen werden, daß dabei nur in sehr geringem Maße eine Zunahme des atmosphärischen CO_2 verursacht werden könnte, da das meiste organische Material in den Müllhalden aus früherer Vegetation entstand.
- Die Rinderbestände auf der Welt sollten nicht mehr anwachsen, da sie eine wichtige Quelle für das atmosphärische Methan darstellen.
- Die Stickstoffdüngung sollte so effektiv eingesetzt werden, daß nur geringe Mengen in die Ökosysteme entweichen können, wo sie Schäden (Eutrophierung) anrichten können. Dies würde auch die Emission von N_2O in die Atmosphäre verringern.
- Um die Abgabe von CO_2 an die Atmosphäre zu verringern, muß dringend eine sparsamere Energienutzung auf allen Sektoren der Gesellschaft, einschließlich dem Straßenverkehr, angestrebt werden.
- Die Entwicklung alternativer Energiequellen, die nicht auf Verbrennung von fossilen Brennstoffen beruhen, sollte vorrangig gefördert werden. Die größte Hoffnung für die Zukunft ist die Entwicklung der Sonnenenergienutzung.
- Der Ausstoß der NO_x-Gase, die in der Troposphäre zur Ozonbildung führen, sollte durch Energieeinsparungen, besonders auf dem Sektor Autoverkehr, und technische Maßnahmen stark reduziert werden.
- Der tropischen Waldrodung sollte entgegengewirkt werden. Dies könnte einerseits durch einen Importstop gewisser tropischer Edelhölzer aus Waldrodungen, andererseits durch gezielte technische und finanzielle Entwicklungshilfe geschehen .
- Es sollte untersucht werden, inwieweit Reisanbaumethoden entwickelt werden können, die zu geringeren Abgaben von Methan in die Atmosphäre führen.
- Der starke Zuwachs der Bevölkerung in vielen Entwicklungsländern sollte erheblich verringert werden.

Diskussion zum Vortrag von Prof. Crutzen

Brandt, Gesellschaft für umweltfreundliche Technologie, Kassel:
Es wird in der Diskussion um den vermehrten Einsatz des Erdgases immer wieder auf die Leckageverluste der Erdgasnetze hingewiesen und auf die CO_2-Emissionen bei der Entschwefelung des Gases. Wie hoch schätzen Sie den Anteil dieser Leckageverluste an der gesamten Methanproblematik?

Prof. Crutzen:
Der Methangehalt in der Atmosphäre liegt bei 1,7 ppm. Die Zunahme liegt bei 0,8% pro Jahr. Etwa 20% des weltweiten Methanausstoßes inklusive also natürlicher Ausstöße kommen wahrscheinlich aus der fossilen Brennstoffwirtschaft. Wir wissen nicht genau, wo es herkommt, aber es sind um die 100 Millionen Tonnen pro Jahr. Wir wissen, daß aus Kohlenzechen ca. 35 Millionen Tonnen kommen, d.h. 65 Millionen haben einen anderen Ursprung. Die Leckageraten, die offiziell in den OECD-Ländern abgeschätzt worden sind, betragen weniger als 1%, d.h. die würden sicher nicht diese 65 Millionen Tonnen ausmachen. Bei der Ölförderung wird auch etwas Methan freigesetzt, das wird hauptsächlich abgefackelt, aber nicht immer, es wird auch manchmal in die Atmosphäre abgeblasen. Diese Zahl wird auf 10 Millionen Tonnen geschätzt. Aber es fehlen immer noch 50 Millionen Tonnen. Dies können Lecks in Erdgasleitungen sein. Es werden im Augenblick die Ostländer, besonders die Sowjetunion beschuldigt, dafür verantwortlich zu sein, aber richtig geklärt ist diese Frage nicht. Wir müssen die globale Emission von Methan um 50% reduzieren, das sind also um 75 Millionen Tonnen. Wenn wirklich 50 Millionen Tonnen aus Erdgaslecks oder aus Lecks bei der Ölförderung freigesetzt werden, dann kann man dort direkt eingreifen und ein Großteil oder fast das ganze Problem erledigen. Man kann Methan besser verwenden, als es einfach in die Atmosphäre zu blasen.

Bröker, Stadtwerke Bremen AG:
Sie haben dargelegt, daß der Ozean eine Senke für CO_2 ist und es gibt ja auch Aussagen und Theorien, daß sich das eines Tages ändern könnte und der Ozean nicht mehr eine Senke, sondern eine Quelle darstellt. Wie schätzen Sie denn diese Problematik ein?

Prof. Crutzen:
Es ist schwer zu glauben, daß, solange wir Menschen soviel CO_2 in die Atmosphäre abgeben, die Ozeane eine Quelle für CO_2 werden. Aber wenn wir mit der CO_2-Emission in die Atmosphäre aufhören, dann dauert es natürlich sehr lange, bevor die Konzentration des

atmosphärischen CO_2 wieder abgefangen wird, eben deshalb, weil soviel CO_2 in den Oberflächengewässern gespeichert ist. Und 15% des Kohlendioxids geht in die Ozeane und hat eine Lebensdauer von vielen Tausend Jahren.

Professor Dr. Peter Hennicke
studierte Chemie und Volkswirtschaftslehre an der
Universität Heidelberg. Während seiner Tätigkeit als wis-
senschaftlicher Assistent an den Universitäten Heidelberg
und Osnarbrück befaßte er sich mit Wirtschafts- und
Entwicklungstheorie, sowie mit Wirtschafts- und Energie-
politik. Nach seiner Habilitation mit dem Schwerpunkt
Wirtschaftspolitik/Energiewirtschaft wurde Prof.
Hennicke als Professor (auf Zeit) an die Universität
Osnarbrück berufen. Praktische Erfahrung bei der
Umsetzung und anwendungsbezogenen Weiterent-
wicklung energiewirtschaftlicher Konzepte sammelte Prof.
Hennicke während einer längeren Zeit der Beurlaubung von der Hochschule durch
Tätigkeiten in der Unternehmensplanung eines regionalen Versorgungsunternehmens sowie
als Referent für Grundsatzfragen der Energiepolitik im Hessischen Ministerium für Umwelt
und Energie. Seit März 1988 arbeitet er als Professor an der Fachhochschule Darmstadt.
Professor Hennicke war Mitglied des Vorstandes des "Institutes für angewandte Ökologie
e.V." (ÖKO-Institut/Freiburg) und des "Energiebeirats" der freien Hansestadt Bremen. Seit
Dezember 1987 Mitglied der Enquete-Kommission "Vorsorge zum Schutz der
Erdatmosphäre" des 11. Deutschen Bundestages. Seit 1991 Mitglied der Enquete-
Kommission "Schutz der Erdatmosphäre" des 12. Deutschen Bundestages.

Rahmenbedingungen und Chancen für die lokale Umsetzung der Aussagen der Enquete-Kommission zum Schutz der Erdatmosphäre

Peter Hennicke

Im folgenden sollen für die "Stadtwerke der Zukunft" zwei zentrale Fragen zu beantwortet werden:

1. Welche veränderten Rahmenbedingungen könnten sich für kommunale EVU aus der angekündigten Klimaschutzpolitik der Bundesregierung ergeben?
2. Welche (betriebs-) wirtschaftlichen Chancen und Risiken bestehen für eine aktive Einsparpolitik von EVU?

I. Rahmenbedingungen

1. Politische Rahmenbedingungen:

–   Mit ihrem Beschluß zur CO_2-Reduzierung vom 7.11.1990 (mindestens 25% bis zum Jahr 2005) hat die Bundesregierung implizit beschlossen, das Marktvolumen für alle fossilen Energieträger durchschnittlich pro Jahr um etwa 2% bis 2005 zu senken.

–   Etwa 3/4 (1,5% p.a.) dieser Mengenreduktion für Öl, Gas und Kohle kann und muß nach den Studien der Enquete-Kommission durch Einsparen erfolgen.

–   Eine weitgehende Substitution zwischen fossilen Energieträgern (z.B.Kohle durch Gas) wäre ressourcenpolitisch inakzeptabel; ein Mehreinsatz von Atomenergie würde bestehende Risiken weiter verschärfen.

–   Die Bereitstellung der leitungsgebundenen Energieträger Strom, Erdgas und Fernwärme verursacht etwa 50% der gesamten CO_2-Emissionen (etwa 33% allein aus der Stromerzeugung): durch die Geschäftspolitik von EVU können weitere 20–25% der CO_2-Emissionen aus Heizöl im Wärmemarkt beeinflußt werden.

Fazit: Wenn die Bundesregierung ihr Ziel erreichen will, muß auch der Absatz von Elektrizität und Erdgas (in Einzelfeuerung ohne KWK) absolut gesenkt werden. Gleichzeitig entstehen neue Märkte für die rationellere Energienutzung, für Kraft-

Wärme/Kälte-Kopplung und Regenerative (vergleiche Schaubild 1 im Anhang).

2. Technisch-marktwirtschaftliche Rahmenbedingungen:

– die Existenz umfangreicher technischer Einsparpotentiale durchschnittlich bis zu 45 % verglichen mit 1987 – ist nachgewiesen (Enquete 1990; Schaubild 2),

– *bei Elektrizität* bestehen – je nach Sektor und Anwendungsform Einsparpotentiale zwischen 10 und 80 %, deren Grenzkosten pro Kilowattstunde durchweg geringer sind als der durchschnittliche Strompreis (Enquete 1990; Schaubild 3),

– *bei Raumwärme* müßte der durchschnittliche langfristige Ölpreis (durch eine Energiesteuer) auf etwa 13 Pf/kWh angehoben werden: Dann könnten 50 % Heizenergie (bei 6 Pf/kWh: 35 %) im Gebäudebestand wirtschaftlich eingespart werden (IWU 1990; Schaubild 4).

Fazit: Die Energiekostenbelastung für die Volkswirtschaft muß durch eine CO_2-Minderungspolitik nicht notwendig steigen: Wenn die vorhandenen technisch-wirtschaftlichen Einsparpotentiale erschlossen würden, könnte die Energierechnung sinken.

3. Das Grundproblem: Betriebs-und gesamtwirtschaftliche Rationalität müssen zur Deckung gebracht werden:

– Die technisch-wirtschaftliche Umwandlungskette "Primärenergie-Endenergie-Nutzenergie-Energiedienstleistung" kann wirtschaftstheoretisch als zweistufiger Prozeß analysiert werden (vergl. die Publikation des Energiewirtschaftlichen Instituts/Köln: Herppich et al 1989): Auf der ersten Stufe stellen die EVU Endenergie bereit. Auf der zweiten Stufe "erzeugen" die Verbraucher mithilfe von Endenergie, Wandlerleistung und Know-how die eigentlich benötigte Energiedienstleistung (z.B. warme oder gekühlte Räume).

– Die marktwirtschaftliche Effizienzbedingung für die beiden Stufen der Energiebereitstellung und -nutzung lautet:

In dieser Situation werden die Gesamtkosten zur Bereitstellung von Energiedienstleistungen minimiert und der soziale Nutzen maximiert (zur Berechnung von Grenzkosten der Energieeinsparung (siehe Kasten 1/Anhang).

– Eine nur effiziente Endenergiebereitstellung (Grenzkosten = Energiepreis) ist demnach nur notwendig. aber nicht hinreichende Bedingung für eine marktwirtschaftlich effiziente Energienutzung: Es reicht nicht, aus Strom, Gas und

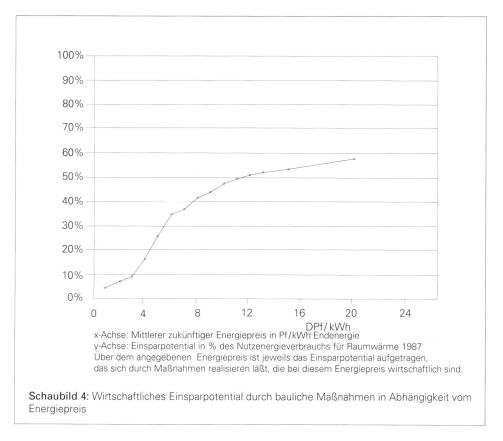

x-Achse: Mittlerer zukünftiger Energiepreis in Pf/kWh Endenergie
y-Achse: Einsparpotential in % des Nutzenergieverbrauchs für Raumwärme 1987
Über dem angegebenen Energiepreis ist jeweils das Einsparpotential aufgetragen,
das sich durch Maßnahmen realisieren läßt, die bei diesem Energiepreis wirtschaftlich sind.

Schaubild 4: Wirtschaftliches Einsparpotential durch bauliche Maßnahmen in Abhängigkeit vom Energiepreis

Fernwärme "so billig wie möglich" (Präambel des EnWG) bereitzustellen. Solange die Grenzkosten für Einsparpotentiale ("NEGAWatt") billiger sind als die Grenzkosten für Angebotskapazitäten ("MEGAWatt"), sind auch betriebswirtschaftlich rentable Investitionen zur Ausweitung des Energieangebots im marktwirtschaftlichen Sinne ineffizient.

– Die wichtigste Ursache für diese Ineffizienzen ist die Tatsache, daß die Verbraucher Maßahmen der Energieeinsparung durch Mehreinsatz von Wandlerleistung, die ihre Gesamtkosten senken würden, nicht erkennen, nicht nutzen können oder nicht nutzen wollen. Weil somit die Nachfrage nach Energie höher ausfällt als bei einer effizienten Kapital-Allokation erforderlich, müssen auch entsprechend mehr Angebotskapazitäten vorgehalten werden.

– Im Gegensatz zu sichtbaren, d.h. zur Abdeckung von Spitzenlast nicht notwendigen Überkapazitäten ist das Auftreten dieser verdeckten ineffizienten Kapitalal-

33

lokation beim Energieangebot nicht durch Fehleinschätzungen der Energie-
nachfrage verursacht, sondern sie ist Folge eines nicht funktionsfähigen Substi-
tutionswettbewerbs zwischen Energie und Kapital (Techniken rationellerer
Energienutzung): Solange die Nachfrage nach Endenergie wegen nicht realisierter
wirtschaftlicher Einsparpotentiale überhöht ist, wäre es jedoch betriebswirtschaftlich irrational und eine Verletzung der Versorgungspflicht, wenn die "am Markt"
auftretende Übernachfrage nicht durch ein entsprechendes Energieangebot befrie-
digt würde.

Fazit: Offensichtlich besteht hier ein Widerspruch: Auch betriebswirtschaftlich rentable Investitionen in mehr Energieangebot führen bei nicht funktionsfähigem Substitutionswettbewerb zu einer im marktwirtschaftlichen Sinn ineffizienten Kapital-Allokation. Das betriebswirtschaftlich Vernünftige muß offensichtlich mit einer auch
gesamtwirtschaftlich effizienten und ökologisch verträglichen Investitionstätigkeit in
Einklang gebracht werden. Die Auflösung dieses Widerspruchs ist eine zentrale
Aufgabe staatlicher Energiepolitik und Least-Cost Planning ist hierfür eines der erfolg-
versprechendsten Instrumente.

II.Chancen und Risiken einer betrieblichen Einsparpolitik

Least-Cost Planning spielt in den USA und zunehmend auch in Europa (z. B.
Norwegen, Schweden) für eine effektive staatliche Regulierung wie auch als
Instrument innovativer Unternehmensplanung, die hier im Mittelpunkt steht, eine
wichtige Rolle. Ehe genauer auf die neuen Chancen und Risiken betrieblicher
Einsparpolitik auf Basis von LCP eingegangen werden kann, sollen einige wesentliche
Grundzüge des Konzepts kurz skizziert werden.

1. Innovative Unternehmensplanung durch Least-Cost Planning

– Die Grundidee von LCP ist einfach; sie basiert auf der konsequenten Anwendung
des Begriffs Energiedienstleistung (EDL) und der damit verbundenen Ausweitung
des Handlungsfeldes von EVU und staatlicher Aufsicht auch auf die rationellere
Nutzung von Energie: Nicht Energie, sondern EDL (z. B.behaglich beheizte Räume)
sollen so billig wie möglich bereitgestellt werden. Es nutzt dem Hauseigentümer
wenig, wenn er teure Energie in das ungedämmte Haus einführt, seine Energierechnung kann dennoch sehr hoch sein. Auch bei höheren Energiepreisen kann
andererseits eine gute Dämmung die Energierechnung senken, allerdings entsteht
dann ein zusätzlicher Kapitalaufwand für Dämminvestitionen.

– Offenbar wird ein ökonomisch handelnder Verbraucher versuchen, die Gesamtkosten – das "Paket" aus Energiezuführung und Energiesparinvestition – so klein

34

wie möglich zu halten. Diese "Pakete" aus Energie, Kapital und Know How sind – je nach Verbraucher und je nach Energieanwendung – sehr unterschiedlich und betreffen mehr oder weniger komplexe Entscheidungsprobleme; z. B. kann es dabei um den Kauf einer Energiesparleuchte statt einer Glühbirne bei einem Haushalt oder um Investitionsalternativen für mehr oder weniger energieintensive Produktionsprozesse in einem Industriebetrieb gehen.

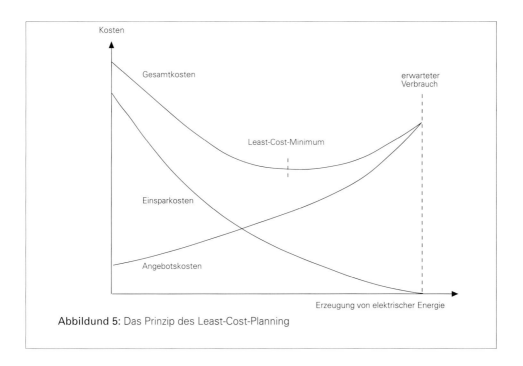

Abbildund 5: Das Prinzip des Least-Cost-Planning

Abbildung 5 veranschaulicht, wie ein bestimmtes Niveau an Energiedienstleistung im Prinzip jeweils mit steigenden Kosten durch ein vermehrtes Energieangebot und/oder durch immer aufwendigere Einsparinvestitionen (bis hin zum "Null"-Energiehaus) bereitgestellt werden kann.

- Neben der reinen Kostenoptimierung spielen zunehmend auch andere Zielsetzungen (z. B. CO_2-Reduktion) eine Rolle bei der Auswahl diese "Pakete".
- Wegen einer großen Anzahl von Hemmnissen und Marktunvollkommenheiten führen sich selbst überlassene Märkte und der Wettbewerb in der Regel nicht automatisch zu derartigen kostenoptimalen "Paket"-Lösungen. LCP zielt insbesondere

darauf ab, Wettbewerb dort zu simulieren ("den Wettbewerb planen"; vergl. Hennicke 1991), wo er nicht oder nur sehr unvollkommen funktionsfähig ist: als Substitutionsprozeß von Energie und Kapital. Durch gezielte Unternehmens- aktivitäten von EVU als auch durch Maßnahmen der staatlichen Regulierung sol- len die Verbraucher bei der kostenoptimalen Wahl der Pakete aus Energiezu- führung und -vermeidung aktiv unterstützt werden.

a. Ohne Zweifel ist LCP als Methode und theoretisches Konzept auf die leitungsge- bundene Energiewirtschaft in der Bundesrepublik übertragbar. Ein scheinbarer Einwand hiergegen ist, daß die für die USA nachgewiesenen Einsparpotentiale und Einsparerfolge auf die Bundesrepublik nicht übertragen werden könnten, weil hier der Pro-Kopf-Energie- und Stromverbrauch und die Energieintensität weit geringer sowie die effizientere Energienutzung in zahlreichen Anwendungbereichen weiter fortge- schritten sind als in den USA. Dieser Hinweis auf unterschiedliche Verbrauchshöhen und -strukturen ist zwar richtig, aber er ist für die Übertragbarkeit des theoretischen Konzepts irrelevant; dabei kommt es nicht auf die konkreten quantitativen Ergebnisse von Einsparprogrammen in den USA an, sondern vor allem auf die folgenden grundle- genden Voraussetzungen:

Erstens, ob auch in der Bundesrepublik in größerem Umfang technischwirtschaft- liche Einsparpotentiale existieren, die weder im marktwirtschaftlichen Selbstlauf noch durch eine eingriffsintensivere globale Steuerung z.B. über Steuern/Abgaben oder andere Instrumente schnell und effizient erschlossen werden können. Daß dies der Fall ist, hat das Studienpaket der Enquete-Kommission belegt (Enquete 1990).

Zweitens, ob die in den USA erfolgreich praktizierten Methoden und Instrumente des LCP innerhalb der bestehenden oder bei entsprechend zu reformierenden

---

Definition von Least-Cost Planning

Unter LCP wird in den USA ein regulatorisches und planerisches Konzept für die lei- tungsgebundene Energiewirtschaft (insbesondere Elektrizitätswirtschaft) verstanden, "das die EVU verpflichtet, vor einer Ausweitung ihres Angebots beim Energiekunden alle Maßnahmen der Energieeinsparung zu realisieren, deren Kosten unter den Kosten der Bereitstellung von Energie liegen. Das Konzept beabsichtigt nicht, die Kosten der End- energiebereitstellung, sondern jene der eigentlich nachgefragten Energiedienstleistung zu minimieren. Das EVU realisiert die Einsparpotentiale, indem es seinen Kunden Energiesparprogramme, das sind inbesondere Zuschüsse zu energiesparenden Investitionen, anbietet. Damit wandelt sich das EVU zum sogenannten Energiedienst- leistungsunternehmen" (Herppich, 1991, S. 65).

Rahmenbedingungen in der Bundesrepublik angewandt bzw.weiterentwickelt werden können. Auch diese Voraussetzung ist in der Bundesrepublik gegeben bzw.könnte geschaffen werden.

b. Die eigentlich interessante Frage ist daher nicht ob, sondern wie die Erfahrungen aus den USA auf die Bundesrepublik übertragen werden können. Dies ist vor allem deshalb bedeutsam, weil durch die kritische Auswertung der nun fast 10jährigen Praxis erfolgreicher und gescheiterter US-Programme Fehler und unnötige Umwege vermieden, Kosten eingespart und die Dauer des Einführungsprozesses von LCP in der Bundesrepublik verkürzt werden können.

2. Einige Schlaglichter auf LCP-Programme

Schaubild 6 zeigt einen Ausschnitt für den Sektor "Effizientere Haushaltsgeräte" aus dem laufenden Einsparprogramm des größten amerikanischen EVU, Pacific Gas and Electric (PG&E).Im Rahmen eines "Statewide Collaborative Process" (eine gemeinsame Übereinkunft aller kalifornischen EVU mit Umwelt- und Verbraucherschutzverbänden sowie mit den Aufsichtsbehörden) hat PG&E im Jahr 1990 etwa 138 Mio $ in Einsparprogramme investiert, um damit (nach der Planung) insgesamt rd. 4,5 TWh Strom (118 MW Spitzenlast) und 4,7 TWh Gas einzusparen. Insgesamt plant PG+E bis zum Jahr 2000 etwa 3/4 seiner sonst zuwachsenden Spitzenlast durch Einsparprogramme zu vermeiden (Wallstreet Journal, Sunday/Nov. 4th, 1990).

Auf einer Tagung des Edison Electric Institute (Interessenverband der US-EVU) wurden der bisherige Umfang und die Ergebnisse von EVU-Einsparprogrammen in den USA wie folgt zusammengefaßt (vergl. auch Leprich 1991):

- Insgesamt gibt es derzeit 1300 von EVU finanzierte Einsparprogramme: 1977 waren es erst 134.
- Die Gesamtausgaben der EVU hierfür belaufen sich auf über 1,3 Mrd. $ pro Jahr; es wird erwartet, daß die Ausgaben pro Jahr um rd. 6% ansteigen.
- Seit 1977 wurden durch derartige Programme etwa 2100 MW eingespart; bis zum Jahr 2000 werden 43.000 MW geschätzt.
- Setzt man für vermiedene Spitzenlastkraftwerke etwa 500$/kW an, so sind bisher etwa 10 Mrd. $ für Kapazitätsausbau vermieden worden, bis zum Jahr 2000 wären es über 21 Mrd. $ (Electrical World, Oct.1990, 5.38).

Tabelle 1 gibt einen Überblick über den Anteil der LCP-motivierten Einspar-investitionen am Gesamtumsatz bei einigen aktiven amerikanischen EVU. Die Umsatzanteile von deutschen EVU für vergleichbare Aufwendungen liegen – auch bei engagierten EVU – generell noch unter 1%.

Zwei amerikanische EVU haben jetzt erstmalig eine erhebliche CO_2-Reduktion (ohne Ausweitung von Atomenergie) als Ziel ihrer Unternehmenspolitik angekündigt. So berichtet die New York Times vom 21.5.1991: "Die Southern California Edison Company (SCE) und das kommunale EVU, das Los Angeles versorgt, haben beschlossen ihre CO_2-Emissionen in den nächsten 20 Jahren um 20% zu senken...Die Unternehmen, die ersten amerikanischen EVU mit einer derartigen Ankündigung, sagten, daß diese Reduktion vor allem durch verbesserte Effizienz der Stromnutzung bei Beleuchtung, Kühlung, Heizung und anderen Verwendungsformen erreicht würde. Weitere Reduktionen resultierten aus modernisierten Gaskraftwerken und aus dem Ankauf von mehr Energie aus Wind, Solarenergie und Geothermik". Der Chairman von SCE wird damit zitiert, daß diese Reduktionen auf einer "No regret policy" basierten: "Zu einer effizienteren Nutzung von Elektrizität zu ermuntern ist generell billiger als neue Kraftwerke zu bauen" (eigene Übersetzung).

3. Gegensteuern, Anpassen oder Vorwegnehmen?

Unsere These lautet: LCP sollte auch in der Bundesrepublik als neues Planungs- und Entscheidungsinstrument eine zentrale Rolle spielen, damit die staatliche Aufsicht, aber insbesondere die Unternehmensplanung auf die zukünftig erheblich sich wan-

Tabelle 1: Selected Utility DSM Programs				
Utility	1990 Total DSM Budget (Million $)	1990´ DSM Budget Percentage of Renenues	1990 Projected Energy Impact (GWh)	1990 Projected Peak Impact (MW)
Bonneville Power Administration	108	6,0	3330	35
Boston Edison	26	2,4	30	5
Central Maine Power	26	3,7	130	30
Consolidated Edison	40	1,0	100	92
Florida Power	40	2,5	35	650 *
Long Island Lighing Company	38	2,1	172	158
New England Electric Systems	65	4,0	130	160
New York State Electric & Gas	16	1,5	6	15
Niagara Mohawk	31	1,5	130	150
Northeast Utilities	45	1,8	140	35
Pacific Gas & Electric	138	2,6	370	120
Portland General Electric	1	1,0	1	1
Puget Sound Power & Light	24	2,7	70	0
Southern California Edison	90	1,6	900	200
Texas Utilities	15	0,3	40	50
Wisconsin Electric	42	3,5	200	50

Notes: *Cumulative Megawatt (MW) Reduction
Source: Cambridge Energy Research Associates

delnden Rahmenbedingungen flexibler reagieren können (vergl. auch Deppe 1991 sowie Lührmann, 1991). Angesichts veränderter gesamtwirtschaftlicher Rahmenbedingungen kann die betriebliche Unternehmenspolitik sich prinzipiell wie folgt orientieren:

a. gegen den Markttrend steuern: den Absatz auszuweiten versuchen,
b. an den Markttrend anpassen: den Absatz zu verteidigen versuchen,
c. den Markttrend vorwegnehmen: Diversifizierung und Produktveredelung aktiv vorantreiben.

Gegen den Markttrend zu steuern könnte für kommunale EVU ruinös werden,die nicht ins "Ost-Geschäft" einsteigen können wie die Verbund-EVU. Erfahrungen aus anderen von Strukturkrisen betroffenen Branchen (z. B. Stahl, Werften) zeigen: Nur wer den Markttrend richtig vorwegnimmt, hat gute Chancen. Strategischer Rückzug aus schrumpfenden Energiemärkten und dabei die betriebliche Substanz durch den Aufbau neuer Geschäftsbereiche festigen – so lautet die Perspektive für "Stadtwerke der Zukunft".

Der Diversifizierungsprozeß bisheriger reiner Energieanbieter kann idealtypisch in drei Richtungen erfolgen:

a. Geschäftsbereiche ohne Verbindung zum bisherigen Unternehmenszweck: Diese Entwicklung ist bei großen Energiekonzernen üblich,für Stadtwerke aber - auch aus kommunalrechtlichen Gründen - kaum praktikabel.
b. Geschäftsbereiche mit Erweiterung des bisherigen Unternehmenszwecks: Typisch ist die Weiterentwicklung zum vollen Querverbund (z.B. Aufnahme der Nah- und Fernwärmeversorgung), der Aufbau neuer Bereiche wie z.B. "Entsorgung" oder Gründung von Consulting-Tochterunternehmen für Beratung, Planung, Finanzierungs- und Wirtschaftlichkeitsanalysen, Projektierung, Bau bis hin zur Geschäftsführung und Betriebsführung von Energie- und Verkehrsanlagen (Beispiel: Kommunal-Systeme/Stadtwerke Saarbrücken).
c. Konkurrierende Geschäftsbereiche zum bisherigen Unternehmenszweck: Die Förderung, Finanzierung, Projektierung und Durchführung von Energiespar-maßnahmen z.B. in der Form des Contracting (vergl. zum Contracting: Energie-Spektrum 1988; ISI 1988; Berliner Senat 1990). Diese Entwicklung ist nicht nur der eigentliche Kern des Wandels zum Energiedienstleistungsunternehmen und aus Gründen der Risikominimierung (Klimaschutz, Ressourcenschonung,Vermeidung atomarer Unfälle) notwendig. Er bedeutet auch für die Unternehmensplanung die größte Herausforderung, weil sich hierbei neue rentable Geschäftsfelder ("das Geschäft hinter dem Zähler") mit Strategien, die quasi "den eigenen Ast absägen",

verbunden werden müssen.

4. "Wer zuletzt kommt, den bestraft das Leben"

Unter vollkommenen Marktbedingungen würden idealtypische Verbraucher weniger "Energie" und mehr "Effizienz" kaufen, solange "Effizienz" billiger ist als "Energie". Das "Glück" der EVU besteht darin, daß die realen Verbraucher es nicht oder nur sehr langsam tun (die kurzfristige Realisierung aller kosteneffektiven NEGAWatt-Potentiale würde zum Bankrott vieler EVU führen!). Aber auf lange Sicht und im Durchschnitt für alle EVU hat A. Lovins recht, wenn er schreibt: "The only question is who will sell them the efficiency. It is sound business strategy to sell customers what they want before someone else does. Utilities' only choice is between participation and obsolence". Autonome (energiesparende) Investitionstrends, verschärfte bundeseinheitliche Standards (z.B. Wärmeschutzverordnung; Höchstverbräuche für Haushaltsgeräte), neue Akteure wie Energieagenturer, oder private Contracting-Firmen (energy sercvice companies) werden, wenn das EVU/EDU nicht zuvor aktiv wird, die Marktdurchdringung von NEGAWatts vorantreiben.

(Anmerkung: Das aus ökologischen und ökonomischen Gründen langfristig sinkende Marktvolumen für nicht erneuerbare Energiequellen schließt nicht aus, daß kurzfristig und in bestimmten Versorgungsgebieten eine Absatzförderung betriebswirtschaftlich die profitablere, wenn auch umweltpolitisch inakzeptable Unternehmensstrategie darstellen kann).

5. Das "Geschäft hinter dem Zähler"

Um den Handlungsbereich von LCP und die hieraus ableitbaren Diversifikationspotentiale für die Unternehmenspolitik eines EVU umfassend zu erfassen, sollte die Marktanalyse nicht bei der Nutzenergie abgebrochen werden. So wäre es z.B. sinnvoll, das Rottweiler Nutzenergie-Konzept mit Wärmedämmkonzepten von Gebäuden zu verbinden. Das "Geschäft hinter dem Zähler", in das EVU nach dem Vorbild von Energieagenturen einsteigen können, umfaßt nicht nur die Optimierung des Nutzenergieeinsatzes (z.B. durch innovative Heizsysteme), sondern auch die damit sinnvollerweise zu verbindende simultane energetische Sanierung von Gesamtprozessen (z.B. Gebäudedämmung).

Das folgende Schaubild 7 veranschaulicht, wie sich EVU in Kooperation und/oder im Wettbewerb mit den bisherigen Anbietern (Handwerk, Bauindustrie, Ingenieurbüros etc.) in dieses zur Kostenoptimierung von EDL zweckmäßige "Geschäft hinter dem Zähler" beteiligen können.

Allerdings muß realistisch eingeschätzt werden, daß eine zur Substanzerhaltung

Schaubild 7:	Schema der stufenweisen Bereitstellung von Energiedienstleistungen (EDL)			
Techn. Umwandlung	Primärenergie ⟶ (z.B.Kohle)	Endenergie ⟶ (Strom)	Nutzernergie ⟶ (Kühlung)	EDL kühler Raum)
Wandler- leistung	Kraftwerk	Klimatisierung	Gebäudehülle	
Märkte: –Produkte	Energieträger	"Pakete":Energie/Wandlerleistung		
–Optimierung	Preis pro kW	Gesamtkosten pro EDL		
Anbieter: –bisher	EVU	Handwerk	Baufirmen	
–möglich	EVU ."	EVU/J Handwerk/Baufirmen gemeinsam "Das Geschäft hinter dem Zähler"		

langfristig notwendige Diversifikationsstrategie nicht ausschließlich auf dem "Geschäft hinter dem Zähler" aufgebaut werden kann. So wünschenswert eine derartige vorrangige NEGAWatt-Akquisition durch EDU/EVU aus Umwelt- und Ressourcengründen auch sein mag, so müssen doch die Randbedingungen genau durch Machbarkeitsstudien untersucht werden, unter denen tatsächlich Deckungsbeitrage für die traditionellen Energiesparten erwirtschaftet werden konnen. Grundsätzlich existieren eine Reihe von markt(gesamt-) wirtschaftlich effizienten Optionen, die auch für EVU betriebswirtschaftlich rentabel sein konnen. Hierzu gehören z.B.

– Substitutions- und Einsparmaßnahmen bei nicht leitungsgebundenen Energieträgern (Öl- und Kohleheizungen) oder im Versorgungsbereich anderer EVU/EDU, durch die der eigene Absatz nicht tangiert wird.

– Direktinvestitionen von EDU in NEGAWatt, die aus den eingesparten Energiekosten der Verbraucher refinanziert werden und zusätzlich mögliche entgangene Erlöse kompensieren können (Ausnutzung der geringeren Transaktions-, Informations- und Finanzierungskosten des EDU; Abwicklung durch Contracting);

– Nutzenergie-Angebote (Nutzwärme bzw. -licht), wenn z.B. die Umrüstung von konventioneller, Heizsystemen auf BHKW bei konstanten oder sinkenden Nutzenergiepreisen refinanziert werden kann;

– das "Wegsparen" von Ersatz -oder Erweiterungskapazitäten, deren Grenzkosten höher sind als die entgangenen Erlöse zuzüglich der Grenzkosten der Einsparung (incl. Programmkosten); dies wird in der Regel – ohne Preiserhöhung – nur bei der Vermeidung von Spitzenlast möglich sein.

Im folgenden wollen wir uns auf Wirtschaftlichkeitsfragen von Stromsparprogrammen konzentrieren.

6. Was "rechnet sich" für wen?

Eine wachsende Zahl von EVU in der Bundesrepublik fördert aktiv das Energiesparen, ohne eine genaue betriebswirtschaftliche Kosten-Nutzen-Rechnung aufzustellen (vergl. hierzu z.B. die auf der ASEW-Tagung gehaltenen Vorträge).

Die Motive für solche Aktivitäten sind vielfältig: z.B. spielen Imagepflege, Öffentlichkeitsarbeit, Umweltschutz, öffentlicher Auftrag eines kommunalen Unternehmens eine Rolle. LCP bedeutet, diese Aktivitäten systematisch und evolutionär zum NEGAWatt-Marketing weitzuentwickeln. Über kurz oder lang wird jedoch dann der Punkt erreicht werden, wo diese Aktivitäten quantitativ einen Umfang erreichen, daß ihre Auswirkungen auf das Unternehmensergebnis spürbar werden. Spätestens dann müssen in einem integrierten Planungsansatz die Kosten und der Nutzen von Einsparprogrammen systematisch untersucht und ihre Auswirkungen auf das Unternehmensergebnis auch quantitativ ermittelt werden.

Das ÖKO-Institut erstellt derzeit eine Vorstudie ("Entwicklung eines methodischen Instrumentariums für ein örtliches/regionales "Least-Cost Planning"-Modell [incl. CO_2-Reduktionskonzept"]) im Auftrag der SW Hannover und der Berliner Kraft- und Licht (BEWAG)-Aktiengesellschaft sowie des Berliner Senats, wie eine derartige integrierte Ressoucenplanung unter den spezifischen Randbedingungen der betreffenden Versorgungsgebiete durchgeführt werden könnte.

In diesem Zusammenhang kann nur auf einige dabei auftretende Grundsatzfragen der Wirtschaftlichkeit von Stromsparprogrammen eingegangen werden. Einige typische Maßnahmen, wie im Rahmen von LCP die Akquisition von Einsparpotentialen erfolgen kann, zeigt die Aufstellung in Schaubild 8.

Das folgende Schaubild 9 veranschaulicht, daß sich z.B. ein EVU-Förderprogramm für stromsparende Haushaltsgeräte (bei Einspar-Grenzkosten unter dem Arbeitspreis) für die Programmteilnehmer immer, aber für das EVU cet.par. häufig nicht "rechnet". Es sei denn, wie im Contracting-Fall, daß EVU und Kunde sich den Nettoüberschuß aus eingespartem Grenzerlös und Einsparkosten teilen können. Denn selbst wenn die durch Einsparung vermiedenen Grenzkosten der Erzeugung deutlich höher liegen als die Technik-und Programmkosten: Bei Einsparmaßnahmen entgeht dem EVU – im

Schaubild 8: Typisierte LCP-Maßnahmen

Durchführung	EDU	Kunde	EDU	EDU	EDU/Dritte
	Information	Zuschuß	Direkt-investition	Contracting bilateral	mit Dritten
Finanzierung	EDU	EDU	EDU	EDU/Kunde	EDU/Dritte
Beispiel	Hitliste "weiße Ware"	Prämie f. eff. Kühl-Schränke	kostenlose PR- u. Sozial-programme	EDU Instal-liert NEGA-Watt-Invest.	EDU beauf-tragt Dritte

Schaubild 9: Wirtschaftliche Auswirkungen typisierter LCP-Maßnahmen
(vereinfachtes Modell pro gesparte bzw. erzeugte Kilowattstunde Strom)

	Information	Zuschuß	Direkt-investition	Contracting bilateral	mit Dritten
Wirkung auf:					
EDU Nutzen	+17	+17	+1	+17+8	+17+2
EDU Kosten	−18−4	−18−4−3	−18−4−6	−18−6	−18
Gewinn/Verlust	−5	−8	−11	+1	+1
Kunde Nutzen	+18	+18+3	+18	+4	+2
Kunde Kosten	−6	−6	0	0	0
Gewinn	+12	+15	+18	+4	+2
Anreiz für EDU	entgangene Erlöse und Programmkosten nach BTOElt § 12 anerkennen			rentable NEGAWatt-Investition	

Annahmen: Grenzerlös = 18 Pf/kWh; Grenz(erzeugungs)kosten = 17 kWh; Grenz- (einspar)kosten = 6 Pf/kWh; Programmkosten/EDU = 4 Pf/kWh; Prämie = 3 Pf/kWh; Profit-Sharing (EVU:Kunde) = 8 Pf/kWh : 4 Pf/kWh bzw. (EVU : Kunde : Dritte = 2 : 2 : 8)

Vergleich zu einer Strategie der Absatzförderung – der Grenzerlös in Höhe des Arbeitspreises (ca. 18 Pf/kWh bei zweigliedrigen Tarifen; bei linearem Tarif noch mehr).

Dieses Schema ist zwar stark vereinfacht, es beinhaltet aber eine wichtige Aussage: Da sich marktwirtschaftlich effiziente Einsparprogramme betriebswirtschaftlich häufig nicht "rechnen", müssen über öffentliche Regulierung und/oder Förderung Anreize für die EVU geschaffen werden. Im Grundsatz läuft dies z.B. bei der Tarifgenehmigung (siehe weiter unten) darauf hinaus, daß dem EVU zumindest die Überwälzung seiner Einsparaufwendungen gestattet wird, aber trotz der dann möglicherweise steigenden Preise die Stromrechnung für die Kunden sinkt. Nach den US-Erfahrungen erscheint dies als ein vielversprechender Weg, wie die bisherigen noch eher marginalen Einspar-aktivitäten von EVU quantitativ so ausgeweitet werden können, daß sie zu einem Eckpfeiler einer risikominimierenden Klimaschutzpolitik werden, ohne die betriebliche Substanz in Frage zu stellen.

7. An Stromsparprogrammen verdienen

Eine Beschränkung der Energie- und Unternehmenspolitik auf die derzeit für EVU/EDU rentablen NEGAWatt-Programme wäre weder marktwirtschaftlich rational noch zielführend für eine Klimastabilisierungspolitik. Durch politische Vorgaben und durch Anreize bzw. Sanktionen ist sicherzustellen, daß – einerseits EVU-Investitionen in gesamtwirtschaftlich effiziente Einsparprogramme auch betriebswirtschaftlich attraktiv werden (Stichwort: Profit-Sharing) und – andererseits eine ineffiziente Ausweitung des Energieangebots ökonomisch entmutigt wird (Stichwort: Risk-Sharing).

Ein derartiger innovativer Regulierungsrahmen wird nicht geschaffen werden kön-nen, solange sich die staatliche Aufsicht über die leitungsgebundene Energiewirtschaft (nach dem EnWG, GWB, BTOElt) konzeptionell und praktisch *ausschließlich auf die Regulierung der ersten Stufe* – die Bereitstellung von Endenergie - beschränkt. Vielmehr muß das Konzept des "Als-Ob-Wettbewerbs" konsequent auch auf die zweite Stufe, auf den Substitutionswettbewerb zwischen Endenergie und Wandlerleistung, ausge-dehnt werden. Diese konzeptionelle Erweiterung würde erhebliche praktische Konsequenzen haben:

- *beim EnWG:* Im § 4-Verfahren würde keine Genehmigung mehr für einen konven-tionellen Kraftwerksneubau gegeben werden, solange es für EVU wirtschaftlich zumutbar ist, billigere Stromspar-Investitionen oder Investitionen in Kraft-Wärme-Koppelung selbst vorzunehmen oder zu initiieren (vergl. das "Borken-Verfahren"; Regulierungspraxis in einigen US-Bundesstaaten; Hennicke 1991);

44

- *beim GWB:* Der Marktpreis als Vergleichsparameter für die (Umwelt)-Leistung eines EDU ist grundsätzlich in Frage zu stellen. Das billigste EVU könnte langfristig das "schmutzigste" sein und würde mißbräuchlich handeln, wenn es seine marktbeherrschende Stellung zur Behinderung der preisgünstigeren Beschaffung von Elektrizität durch Einsparinvestitionen oder Kraft-Wärme-Koppelung mißbraucht;
- *bei der BTOElt:* Maximale Kundenanreize zur rationellen und sparsamen Verwendung von Elektrizität sowie zur Ressourcenschonung und geringen Umweltbelastung durch entsprechend strukturierte lineare, zeitvariable Stromtarife müßten geschaffen werden. Bei Preisgenehmigungen (∫ 12 a) müßten bei Prüfung der "elektrizitätswirtschaftlich rationellen Betriebsführung" auch Stromspar-Investitionen systematisch mitberücksichtigt und für die Konzipierung und Umsetzung von Einsparprogrammen Anreize geschaffen werden.

In den USA wird seit einiger Zeit intensiv über die Frage diskutiert, wie die negativen Anreize für private EVU bei der Durchführung von Einsparprogrammen durch die öffentliche Preis- und Gewinnregulierung zumindest abgebaut, am besten aber durch positive Anreize ersetzt werden können. Im Kontext der etwa zu 3/4 durch reine Privatunternehmen beherrschten Elektrizitätswirtschaft in den USA ist die Frage, wie Einsparprogramme für EVU rentabel gestaltet werden können, für die Umsetzung einer staatlichen Einsparpolitik noch grundlegender wie für die mehr öffentlich gebundene Energiewirtschaft in der Bundesrepublik. Gleichwohl können aus der amerikanischen Umsetzungspraxis mit solchen Anreizmodellen wichtige Erfahrungen gesammelt werden, wie die Preisaufsicht über die Stromtarife für das Ziel der Stromeinsparung genutzt werden kann.

Im Grundsatz laufen Anreizmodelle darauf hinaus, EVU-Aufwendungen für Einsparprogramme (Technik- und Programmkosten sowie entgangene Erlöse) analog wie Aufwendungen für neues Energieangebot bei Tarifgenehmigungen anzuerkennen und (zumindest) durchschnittlich zu verzinsen (vergl. Kasten 2 sowie Leprich 1991), d.h. also *Energiedienstleistungen elektrizitätswirtschaftlich rationell bereitzustellen.*

Für ein derartiges innovatives Tarifgenehmigungsverfahren kommen die folgenden Eckpunkte in Betracht (vergl. auch Schulte Janson 1991):

a. "Entkoppeln von Umsätzen und Gewinnen" (Stabilisierung der Gewinne durch Einrichtung eines Ausgleichskontos):

- Nachträgliche Anerkennung der durch EVU-Einsparprogramme entgangenen Erlöse als Betriebsausgaben.
- Nachträgliche Reduzierung des Gewinns bei ungeplantem Mehrabsatz.
- Periodische Überprüfung der Abweichungen von Soll und Ist bei Erlösen/Gewinn.

b. Anerkennung aller kosteneffektiven Stromsparmaßnahmen als Betriebsausgaben und/oder als Teil des betriebsnotwendigen Vermögens sowie mehr als durchschnittliche Verzinsung für EVU-Einsparinvestitionen.

c. Als Gegenstück zu dem Anreizmechanismus unter a. und b. (profit-sharing) ist eine gestufte Begrenzung der Überwälzbarkeit von nicht kosteneffektiven Kraftwerksinvestitionen zu erwägen ("risk-sharing") z.B. im Rahmen der folgenden Alternativen:

– Verweigerung der Kostenüberwälzung bei nachgewiesener Fehlinvestition für den Kapazitätsausbau (Kriterium in USA: "not used and not useful").

– Nichtanerkennung der Baukosten vor Inbetriebnahme,

– Überwälzung der Investitionskosten ohne Verzinsung des Kapitals,

– Überwälzung der Investitionen mit reduzierter Verzinsung des Kapitals,

d. Tariferhöhung nur unter der "auflösenden Bedingung", daß

– Einsparprogramme aufgelegt und finanziert werden, die die Energierechnungen der Kunden senken,

– vom EDU ein LCP-Plan vorgelegt wird (Übergangsfristen notwendig!).

e. Einrichtung eines "Runden Tisches für Strompreise" (unter Einbeziehung von Umwelt-, Verbraucher- und anderer Interessenverbänden und mit institutionalisierter Öffentlichkeitsbeteiligung nach amerikanischem Vorbild).

Da sich diese Anreizmaßnahmen nur auf den Tarifkundenbereich beziehen, sind – ohne eine generelle Strompreisreform – im Sondervertragsbereich flankierende Fördermöglichkeiten für Stromsparprogramme von EVU/EDU notwendig z.B.:

– Förderung des Abschlusses von freiwilligen Vereinbarungen über Stromsparmaßnahmen zwischen der Energieaufsicht und EVU/EDU (bzw. deren Verbände) einerseits sowie zwischen den EVU/EDU und deren Kunden (insbesondere der örtlichen Industrie) andererseits.

– Landesförderung für Kommunen/EVU für Stromsparmaßnahmen insbesondere im Sondervertragsbereich oder für die Bildung eines kommunalen Stromsparfonds (Beispiel Zürich) aus der zweckgebunden Verwendung von Teilen der Konzessionsabgabe.

– Bezuschussung von Initital beratung und betrieblichen Stromsparkonzepten und hieraus resultierender Stromsparinvestitionen (auch für EDU/Dritte bei Contracting).

III. Schlußbetrachtung: Über die betriebswirtschaftliche Ebene hinaus

Die betriebswirtschaftlichen Chancen und Risiken einer Energieeinsparpolitik sind sicherlich von besonderer Bedeutung, weil sie die Unternehmenspolitik einer Gruppe von Hauptakteuren, die EVU, unmittelbar beeinflussen. Gleichwohl wäre es angesichts des öffentlichen Auftrags und der Verpflichtung gerade von Stadtwerken auf die Wahrnehmung öffentlicher Interessen verfehlt, nur die betriebswirtschaftliche Perspektive zu diskutieren. Bei diesem verengten Blickwinkel werden vor allem auch die volks- und regionalwirtschaftlichen Vorteile einer Einsparpolitik vernachlässigt. Dies soll abschließend am Beispiel Bremen dargestellt werden.

Der vom Senat der Freien Hansestadt Bremen eingesetzte "Energiebeirat" hat am Beispiel der Stadtwerke Bremen ein Projekt "Stadtwerke der Zukunft" durchführen lassen. Dabei war zu untersuchen, ob der Wandel der Stadtwerke zum EDU und die Umsetzung einer regionalen "EDU-Strategie" betriebswirtschaftlich vertretbar und für die Verbraucher, die regionale Wirtschaftskraft sowie die Umwelt vorteilhaft ist. Ausgangspunkt dieses Projekts waren Szenario-Analysen von DIW/ISP für Bremen. Das für die "Stadtwerke der Zukunft" ausgewählte Szenario 4 (Sz 4; "Forcierte Einspar- und Nah- bzw. Fernwärmeausbaupolitik") sollte in seinen (regional)-wirtschaftlichen und umweltrelevanten Implikationen mit dem Szenario 1 (Sz 1: "Trend-Energiepolitik") verglichen werden. Dabei wurde davon ausgegangen, daß die Stadtwerke im Rahmen einer LCP-orientierten Unternehmensstrategie wesentlich zur Realisierung des Sz 4 beitragen.

Die verfügbare Datenbasis und der Zeitrahmen reichten nicht dazu aus, ein optimiertes Konzept im Sinne von "Least-Cost Planning" durchzurechnen.Das Szenario 4 ist daher auch kein "Idealszenario", sondern einfach eine Kombination von wesentlichen Aktionsfeldern zur quantitativen Demonstration einer "EDU-Strategie" sowohl auf der Angebots- (forcierter Nah- und Fernwärmeausbau) als auch auf der Nachfrageseite (forciertes Einsparen). Die in dieser Kombination liegenden möglichen wirtschaftlichen Risiken konnten daher auch nicht durch einen optimierten LCP-Ressourcenplan eingegrenzt werden. Die Ergebnisse lassen sich wie folgt zusammenfassen:

Tabelle 2: Verminderte Emissionen im Szenario 4 im Jahr 2010 (in 1000 t)

| | im Vergleich | | |
	zum "Trend"-Szenario 1	zum Jahr 1986	in Prozent
CO_2	– 2348	– 2361	– 49
SO_2	– 2,6	– 11,6	– 87
NO_x	– 2,5	– 7,5	– 78

Quelle: DIW/ISP 1988

1. Durch eine Mehrinvestition von etwa 2,6 Mrd DM in Sz 4 gegenüber Sz 1 (bis 2010) – hauptsächlich in Wärmedämmaßnahmen sowie in den Ausbau von Nah- und Fernwärme (plus 400%) und Windkraftanlagen (im Umland) könnte der Primärenergieverbrauch bis 2010 um etwa 40% gesenkt werden.

2. Aus der Multiplikatorwirkung dieser Mehrinvestitionen und durch die Verminderung des Kaufkraftabflusses aus der Region ergeben sich im Sz 4 kräftige Impulse für die regionale Wirtschaft: etwa 1800 zusätzliche Arbeitsplätze könnten dauerhaft geschaffen werden.

3. Das Betriebsergebnis der Stadtwerke könnte – inbesondere wegen der zusätzlichen Wärmeverkäufe trotz der erheblichen Absenkung des Strom- und Gasabsatzes - noch deutlich ansteigen. Die Summe der Transferzahlungen (KA, Gewinnabführungen, Steuern) der Stadtwerke an den öffentlichen Haushalt würden in etwa konstant bleiben.

4. Um die Einsparpolitik auch für die Stadtwerke finanzierbar zu gestalten, müßten die Strompreise im Haushaltsbereich bis zum Jahr 2010 etwa um 4 Pf/kWh mehr angehoben werden als im Trend-Szenario. Dennoch "rechnet" sich dieses Szenario nicht nur für die Kunden (ihre Energierechnungen sinken) und durch die steigende Wirtschaftskraft für die Region (Energieimporte werden durch regionale Wertschöpfung substituiert), sondern insbesondere auch in volkswirtschaftlicher Hinsicht durch die vermiedenen Umweltschäden.

5. Erwartungsgemäß liegen die herausragenden Vorteile einer EDU-Strategie im Vergleich zum Trend in der erheblich verbesserten Emissionsbilanz des regionalen Energiesystems (vergl. folgende Tabellen).

Gegenüber 1986 könnten somit die CO_2-Emissionen bis zum Jahr 2010 im Sz 4 um fast 50% reduziert werden.

Die Studie bewertet die vermiedenen Emissionen auf Basis der geschätzten externen Kosten der Stromproduktion nach Hohmeyer (1988), der vermiedenen SO_2-Emissionen nach OECD (1981) sowie auf Basis des Vermeidungskosten-Konzepts nach Fritsche u.a. (für CO_2; SO_2; NO_x; Staub; 1989). Der kumulierte und monetarisierte Gesamtnutzen der Emissionsvermeidung im Szenario 4 gegenüber Szenario 1 für den gesamten Zeitraum (1986–2010) beträgt dann nach den jeweiligen Berechnungskonzepten:

– nach OECD rd. 210 Mio DM
– nach Hohmeyer rd. 390 Mio DM

– nach Fritsche rd. 3390 Mio DM

Damit liegt der monetarisierte Nutzen vermiedener Umweltschäden (nach Fritsche) bei der EDU-Strategie mit etwa 3,4 Mrd. DM deutlich über den Mehrinvestitionen (rd. 2,6 Mrd. DM) für dieses Szenario im Vergleich zum Trend-Szenario.

Für die Einschätzung der grundsätzlichen Übertragbarkeit dieser Ergebnisse auf andere ähnlich strukturierte Ballungsgebiete ist zu beachten:

Der Eigenerzeugungsanteil bei Strom ist in Bremen mit rd.90% sehr hoch; andererseits besitzt Bremen unter allen Städten in der Bundesrepublik über 500 000 Einwohner mit etwa 6% (Ölanteil etwa 50%; 1986) den geringsten Anteil an der Fernwärmeversorgung. Der Umbau/Ausbau von Kraftwerken auf Basis von KWK, eine massive Ölverdrängung sowie eine Kompensation der weggesparten Strom-und Gaserlöse durch entsprechende Zuwächse bei Nah- und Fernwärme bieten sich daher an.

Einen Indikator für die globale Wirtschaftlichkeit der Investitionen in Sz 4 liefert eine Gegenüberstellung der bis 2010 kumulierten Investitions*mehr*kosten und mit dem errechneten Endenergie*minder*verbrauch im Haushaltsektor: Das Bündel der in Sz 4 zusätzlich durchgeführten Einspar-Investitionen ist – bei angenommener technischer Lebensdauer zwischen 15 – 20 Jahren – im großen und ganzen entweder schon heute oder bei moderaten Energiepreissteigerungen in naher Zukunft für die Verbraucher wirtschaftlich (spezifische Einsparkosten zwischen 4,1 und 4,9 Pf/kWh). Viele Indizien sprechen dafür,daß die Verbraucher von einer reinen forcierten Energiesparstrategie am meisten profitieren würden. Wenn allerdings das Stadtwerkeergebnis als eine zentrale Determinante der regionalen Wirtschaftsentwicklung und weitere regionale Indikatoren wie die Umweltsituation und die Arbeitsplatzeffekte mit einbezogen werden, zeigt sich die Überlegenheit einer kombinierten Strategie aus Einsparung und einer gleichzeitigen ökologischen Modernisierung des Energieangebots.

Literatur

1. Cambridge Energy Research Associates, Lightening the Load: Electric Utilities and Demand Side Management, Cambridge/Mass., November 1990

2. Energie Spektrum/TIG, Contracting, Finanzierung, Bau, Betrieb und Wartung. Vorträge und Diskussionen zu neuen Betreibermodellen für Industriekraftwerke, IO. März 1988, Düsseldorf

3. Enquete-Kommission, Dritter Bericht der Enquete-Kommission. "Vorsorge zum Schutz der Erdatmosphäre" zum Thema Schutz der Erde, BTDrS 11/8030; vergl. auch die Veröffentlichung des Studienpakets unter dem Titel "Energie und Klima" in 10 Bänden im Economica Verlag und Verlag C.F.Müller

4. Deppe, R.,Energiepolitische Anforderungen an Energiedienstleistungsunternehmen zu Beginn der 90er Jahre, in: Elektrizitätswirtschaft 13, 1991

5. Feist, W., Wirtschaftlichkeit von Maßnahmen zur rationellen Nutzung von elektrischer Energie im Haushalt, Darmstadt 1986

6. Fritsche, U., Rausch, L., Simon, K.H., Umweltwirkungsanalyse von Energiesystemen: Gesamt-Emissions-Modell Integrierter Systeme (GEMIS), Darmstadt/Kassel 1989)

7. Hennicke, P., Alber, G. (Hrsg.), Energiesparen. Handbuch für rationelle Energienutzung in Kommune und Industrie, Bonn (Verlag Bonner Energie-Report) 1991

8. Hennicke, P. (Hrsg.), Den Wettbewerb im Energiesektor planen. Least-Cost Planning als neue Methode zur Optimierung von Energiedienstleistungen, Heidelberg, New York, Tokyo 1991

9. Herppich, W., Neuere Entwicklungen auf dem Gebiet des Least-Cost Planning in Kalifornien. Frankfurt, 1991

10. Hohmeyer, O., Social Costs of Energy Consumption, Berlin/Tokyo, 1988.

11. InnoTec, Least-Cost Planning für Schleswig-Holstein, im Auftrag des Ministeriums für Soziales, Gesundheit und Energie des Landes Schleswig-Holstein und gefördert durch die DG XVII, Berlin/Kiel 1991

12. Institut für Systemtechnik und Innovationsforschung (ISI), Konzeptstudie zu einer Energie-Agentur in NRW, Karlsruhe 1988

13. Institut Wohnen und Umwelt (IWU), Energiesparpotentiale im Gebäudebestand, Darmstadt 1990

14. Leprich U.,Least-Cost Planning and staatliche Aufsicht über EVU in der Bundesrepublik, in: Hennicke, P. (Hrsg.), Den Wettbewerb im Energiesektor planen, a.a.O.

15. Lührmann, H., Der Wandel zum Energiedienstleister, in: Tagungsbericht des Kasseler Energieforum "Strategisches Controlling – die Antwort auf neue Probleme". Hrsg.von der Kasseler Verkehrs- und Versorgungs-GmbH sowie Baumgartner & Partner, April 1991

16. OECD, The Cost and Benefits of Sulphur Oxide Control, Paris 1981

17. Öko-Institut, Brohmann, B., Fritsche, U., Leprich, U., Energiedienstleistungs-Unternehmen und Least-Cost Planning, Kurzstudie im Auftrag der Enquete-Kommission "Vorsorge zum Schutz der Erdatmosphäre", Freiburg 1989

18. ÖKo-Institut, Entwicklung eines methodischen Instrumentariums für ein örtliches/regionales "Least-Cost Planning"-Modell (incl.CO_2-Reduktionskonzept).Gefördert durch die Stadtwerke Hannover, die Berliner Kraft- und Licht (BEWAG)- Aktiengesellschaft und den Berliner Senat,

Freiburg 1991 (Veröffentlichung im Januar 1992)

19. Senatsverwaltung für Stadtentwicklung und Umweltschutz (Hrsg.), Energieagentur Berlin. Konzeptstudie, Neue Energiepolitik für Berlin, Heft 2, Berlin Juli 1990

20. Schulte Janson, D.,Hilfen zum Least-Cost Planning von EVU durch neue Preisaufsichtsmechanismen, in: Dokumentation zum Weiterbildungsseminar zu Least-Cost Planning durch das FORUM, Institut für Management, Heidelberg 1991.

Anhang

I. Einige Argumente und Gegenargumente zu LCP

1. LCP führt zu mißbräuchlich hohen Preisen?

- "spürbar höhere Preise" nach GWB erst ab 5% Preisabweichung
- Vertikal- oder Horizontalentschließung nicht anwendbar,weil besondere Gründe (NEGAWatt-Investitionen) vorliegen
- Preise enthalten Aufwand für Umweltdienstleistung; keine höheren Gewinne für das EVU und sinkende Rechnungen der Kunden
- Preise würden bei steigenden Grenzkosten für neues Angebot oder bei Fehlinvestitionen eventuell noch mehr steigen

2. LCP beeinträchtigt die Wettbewerbsfähigkeit?

- bei NEGAWatt-Umsatzanteilen zwischen 2–6% wie in den USA nicht ausschlaggebend
- höhere Preise nur bei Überwälzung von Standardangeboten, sonst individuelle Abrechnung bei Großkunden möglich mit sinkenden Rechnungen
- Wettbewerb mit industriellen/kommunalen Eigenerzeugern/"independent producers" erwünscht, soweit hierdurch EDL preisgünstiger und umweltverträglicher bereitgestellt werden
- hinsichtlich des Leistungswettbewerbs zwischen benachtbarten EVU oder beim Wettbewerb um Versorgungsgebiete nur stichhaltig, wenn ein EVU auf Dauer allein und im wesentlichen Umfang einspart; Gegenstrategie: Vorreiterrollen mit dem Ziel, freiwillige Vereinbarungen aller EVU auf Landes-/Bundesebene oder gesetzliche Verpflichtungen durchzusetzen.

3. EnWG hat Bindungswirkung für Preisgenehmigung?

- eine intensive ex ante Kostenprüfung (incl. Alternativen) findet bei §4-Verfahren nicht statt (wer diese Intensivkontrolle im übrigen ablehnt, kann sich bei Preisgenehmigungen auch nicht darauf berufen!)
- selbst wenn sie ex ante stattfände, sind regelmäßige ex post-Prüfungen während des Betriebes etwas völlig anderes.
- §4-Verfahren kann nicht den Sinn haben, jedes Kosten- und Marktrisiko ab Frei-

gabebescheid auf den Kunden zu verlagern.

4. EDL-Konzept im Energierecht läuft auf Investitionsgebot und staatliche Risikoübernahme hinaus?

- kein Gebot, sondern nur der Investitionskorridor wird umwelt- und sozialverträglicher eingeengt
- Auflagen und Gebote z.B.nach BImSch/GFAVO werden bereits praktiziert und sind gegenüber privaten EVU auch in USA gang und gäbe

5. Höhere Preise und Rechnungen für Nichtteilnehmer führen zur Ungleichbehandlung?

- jeder sollte durch Programmdauer und Zielgruppenorientierung die Wahl haben, an einem Einsparprogramm teilnehmen zu können
- besondere Programme für einkommensschwache Gruppen sind notwendig, weil deren Zugang zu Einsparprogrammen begrenzt ist
- keine Asymmetrie zwischen NEGA -und MEGAWatt-Investitionen: auch beim Bau zusätzlicher Kraftwerkskapazität findet eine allgemeine Kostenüberwälzung auf Kunden ohne Mehrbedarf statt.

6. LCP unnötig, weil Standards effektiver sind?

- nur der Energieverbrauch von Massenprodukten (insbesondere Haushaltsgeräte) ist durch Standards regelbar (Probleme vor allem bei industriellen Prozessen).
- Standards beziehen sich in der Regel auf Neuinvestitionen; die energetische Sanierung des Bestandes läßt sich nicht standardisieren.
- Standards sind Mindestgrenzen beim Stand der Technik: LCP-Programme dienen der Dynamisisierung und der beschleunigten Markteinführung neuer Techniken.

II. Vor-und Nachteile von EVU-induzierten Stromsparprogrammen

a. Mögliche Vorteile

- modular veränderbare im Vergleich zu Kapazitätssprüngen (und sprungfixen Kosten) beim Kraftwerksbau
- schrittweise Anpassung an die Bedarfsentwicklung; Vermeidung von Über-

kapazitäten

- relativ kurze Planungs- und "Bau"-perioden; geringere Finanzierungs und Liquiditätsprobleme
- geringere Abhängigkeit von Energieimporten und von Änderungen der Brennstoffpreise
- gesamt- und regionalwirtschaftlich häufig die billigeren Ressourcen; positive wirtschaftliche und beschäftigungspolitische Nettoeffekte
- Vermeidung von "lost opportunities" (nicht wahrgenommene Einsparchancen bei ohnehin anstehender Erneuerung/Neuanschaffung); Beschleunigung der Marktdiffusion effizientere Technologie
- Minimierung von Umweltschäden und Ressourcenverbrauch; Vermeidung nachträglicher Auflagen zur Emissionsminderung
- positive Akzeptanz bei Bevölkerung und Energieaufsicht statt Probleme bei Standortgenehmigung und Trassenplanung
- Verbesserung des Unternehmens-Image und der Mitarbeitermotivation

b. Mögliche Nachteile

- fehlender Gewinnanreiz bei heutigen Rahmenbedingungen
- "entgangene Erlöse" nicht sicher überwälzbar
- steigende Preise und eventuell sinkende Wettbewerbsfähigkeit, wenn keine Verallgemeinerung stattfindet
- Konflikte mit dem Wettbewerbsrecht (Preise als Vergleichsmaßstab)
- Mangelnde Datenbasis; Prognose der technisch möglichen Einsparpotentiale unsicher
- Unwägbarkeiten im Kundenverhalten und beim Marketing von Einsparressourcen ("Free rider")
- Meßprobleme und Diskrepanz zwischen errechneten und tatsächlichen Ersparnissen
- "Verfügbarkeit" nach Arbeit und Leistung gegenüber Angebotstechniken eingeschränkt
- Unsicherheiten bei der Schätzung der Implementationskosten und der Wirkung von Umsetzungsinstrumenten
- Stand der Technik und Entwicklungstendenz bei energieeffizienten Geräten unsicher
- mehr unternehmerische Risikobereitschaft notwendig in einem bisher risikoarmen

Geschäft

c. Abwägung und Konsequenzen
in wirtschaftlicher Hinsicht:

–   aus markt- und gesamtwirtschaftlicher Perspektive überwiegen die Vorteile von NEGAWAtts
–   aus betriebswirtschaftlicher Perspektive überwiegen derzeit noch die Nachteile; aber: erst ab Umsatzanteilen von mehreren Prozent für NEGAWatts gravierend!

> *Also:* 1) den Widerspruch zwischen einzel- und gesamtwirtschaftlicher
>   Rationalität durch neue Rahmenbedingungen lösen (Anreize; Preisrecht; Abgaben)
>   2) mit LCP-Studien/Software + Pilotprojekten + Aufbau gemeinsamer
>   Datenbanken beginnen

In pschologischer Hinsicht:

–   Kraftwerke kann man vorzeigen,"Einsparkraftwerke" nur messen
–   Manager denken in Zuwächsen und werden danach beurteilt

> *Also:* 1) Aus- und Weiterbildung der Mitarbeiter
>   2) Aufbau einer "ökologischen Erfolgsrechnung"
>   3) Koppelung von Managergehältern an Einsparerfolge
>   4) "Runde Tische" und Kommunikationskonzepte

III. Kommt Least-Cost Planning?
Aktivitäten laufen auf den folgenden Ebenen:
EG/OECD:
–   Empfehlung für LCP in der Mitteilung der EG-Kommission "Energie und Umwelt"
–   Förderung von 10–15 Pilotstudien im Rahmen von SAVE
–   OECD-Projekt: "Urban Energy Management"
–   UNEP/ICLAI: "URBAN CO_2-Project"
Bund:
–   UMK vom 16./17.1989: "Verpflichtung der EVU nach dem LCP vorzugehen"
–   Empfehlung von LCP in der Anlage zum Kabinettsbeschluß vom Juni 1990

- Klima-Enquete-Kommission empfiehlt: "Optimierung der Reduktionspotentiale....
  im Sinne einer Minimalkostenplanung"
- Energiegesetzentwürfe bzw. Initiativanträge der SPD und der GRÜNEN
- Einstimmiger SPD-Parteitagsbeschluß (Bremen Juni 1991):"Einführung wirtschafts-
  wissenschaftlicher Bewertungsverfahren über die Effizienz und Kosten der Alternativen "Einsparen" oder "Zubau" (Minimalkostenplanung)".

Länder:
- Hessen: "Borken-Entscheidung" nach LCP (1987); EDU/LCP möglicher Förder
  schwerpunkt der neuen Landesregierung (ab 1991).
- Schleswig-Holstein: LCP-Modellstudie
- Aufbau von Energieagenturen: Saarland, NRW, Schleswig-Holstein, Niedersachsen,
  Hessen und Berlin

Kommunen/Stadtstaaten:
- Bremer Energiebeirat: Projekt "Stadtwerke der Zukunft"
- Berlin/Hannover: ÖKO-Institut/"Vorstudie LCP"
- CO_2-Reduktions-Beschlüsse einiger Städte /"Klimabündnis" (Unterstützung von
  UN/OECD-Aktivitäten).

III. Abbildungen und Tabellen

Abbildung 1 zeigt die Ergebnisse der drei Szenarien der Enquete-Kommission

- Energiepolitik (konstante Atomenergiekapazität)
  Ausstieg bis zum Jahr 2005
- Ausbau der Atomenergie (etwa Verdoppelung bis 2005)

Der erhebliche Rückgang des Marktvolumens aller fossilen Energieträger und der im Jahr 2005 noch verbleibende Sockel an fossilen Energieträgern (etwa 235–243 Mio t SKE) ist in allen drei Szenarien wegen der notwendigen CO_2-Reduktion um rd. 30 % – in etwa gleich. Die Szenarienphilosophie (ob mit oder ohne Atomenergie) entscheidet also vor allem über die Höhe des gesamten Energieverbrauchs und damit über die Frage, wieviel Risiko sich unsere Gesellschaft (mit oder ohne Atomenergie) leisten will.

Kasten 1

Errechnung der Grenzkosten der Einsparenergie

Formel:

$$k = (a \times I + b \times E_{Brenn}) / E_{Strom}$$

Dabei ist a die Annuität, I die (zusätzliche) Investition für die Stromeinsparung, b der Brennstoffpreis, E_{Brenn} der jährliche Mehrverbrauch an Endenergie Brennstoff und E_{Strom} die mittlere jährliche Einsparung an elektrischer Energie.

Wichtig: Bei I handelt es sich um den Mehrpreis für das energieeffizientere Gerät im Vergleich zum Marktdurchschnitt zum Zeitpunkt der ohnehin notwendigen Anschaffung!

Beispiel: Ein Energiesparkühlschrank spart im Vergleich zum Marktdurchschnitt 83 kWh/Jahr:
11,11 %/a $\times$ 25 DM + 63 kWh/a $\times$ 0,075 DM/kWh = 7,50 DM/a

Die Kosten für die Einsparung vom 1 kWh Haushaltsstrom betragen daher

7,50 DM/a / (83 kWh/a) = 9 Pfg/kWh.

Quelle: Feist 1986

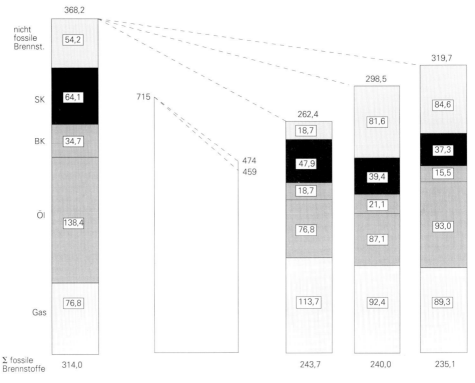

1 9 8 7		2 0 0 5			
energ. EV Mio t SKE	Emissionen Mio t CO$_2$	Emissionen Mio t CO$_2$	energetischer Energieverbrauch Mio t SKE		
			Ausstieg	Energiepolitik	Ausbau

368,2

nicht fossile Brennst.　54,2

SK　64,1

BK　34,7

715

Öl　138,4

474
459

Gas　76,8

Σ fossile Brennstoffe　314,0

262,4
18,7
47,9
18,7
76,8
113,7
243,7

298,5
81,6
39,4
21,1
87,1
92,4
240,0

319,7
84,6
37,3
15,5
93,0
89,3
235,1

Quelle: Enquete-Kommission 1990

Schaubild 1: Schematische Darstellung der Freiheitsgrade und der impliziten Zwänge einer CO$_2$-Reduktionspolitik nach Szenarien der Enquete-Kommission

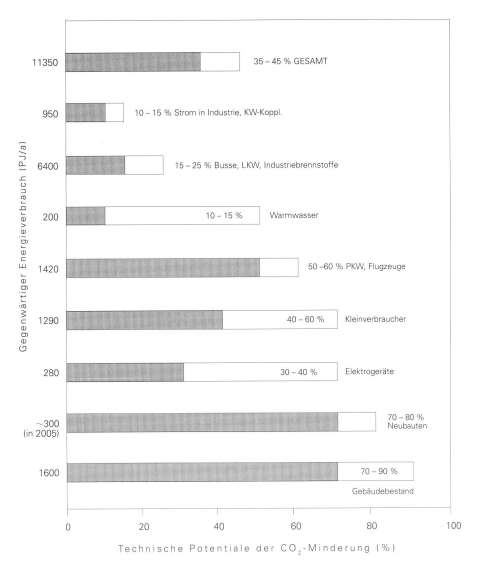

ohne ehemalige DDR; bezogen auf den jeweiligen
Energieverbrauch 1987;
Quelle: Klima-Enquete-Komission, 1990

Schaubild 2: Technische Potentiale rationeller Energienutzung in Deutschland, bezogen auf den
entsprechenden Energieverbrauch

Schaubild 3

Maßnahmen mit Tarif und Externen Kosten

Einsparkosten in DM/kWh Haushalte

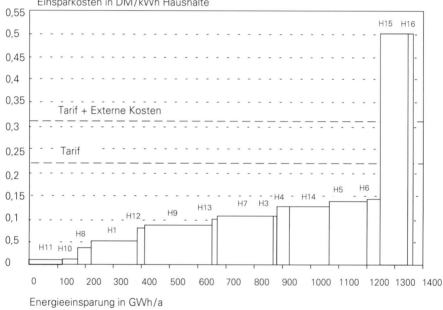

Energieeinsparung in GWh/a

Quelle: InnoTec 1991

Nr.	Maßnahme	Energie-einsparung MWh/a	spezif. Einsparkosten DM/kWh
H–11	Waschmaschine	117531	0.015
H–10	Spülmaschine	56251	0.018
H–8	Kühl-Gefier-Kombination	46350	0.038
H–1	Nachtspeicher-heizung	169183	0.053
H–12	Trockner	23155	0.079
H–9	Gefriergeräte	242937	0.084
H–13	Elektroherd	9473	0.085
H–7	Kühlschrank	206333	0.104
H–3	ElektrischeDirekt-heizung	19101	0.105
H–4	Elektrische Warmwasser-bereitung	39606	0.125
H–14	Beleuchtung	142675	0.127
H–5	Umwälzpumpe Heizung	126653	0.135
H–6	Zirkulationspumpe Brauchwasser	53016	0.135
H–2	Elektrische Wärmepumpen	2339	0.500
H–15	Fernseher	89425	0.500
H–16	Kleingeräte	15203	0.500
	Summe über alle Maßnahmen	1359231	

Schaubild 3: Maßnahmen im Bereich Haushalte im Vergleich zu den Tarifen und den externen Kosten
Quelle: InnoTec 1991

61

Schaubild 6: Zuschüsse, Planziele und budgetierte Ausgaben des "Residential Appliance Efficiency Program"

Gerät/Technologie	Zuschuß in $ je (Gerät	Planziel (Anzahl der Geräte)	Gesamtkosten in $
Kühlschränke (Größe 20 cubifeet = 570 l !)			
10% über Standard	50 *	45.000	2.250.000
−15% über Standard	100 *	5.000	500.000
Letztverkäufertraining*	−	37.500	143.000
Käuferanreiz für Wiederverkäufer*	35	10.000	350.000
Kleinkühlschränke*	30	8.000	240.000
Verkäuferanreiz für Gefriergeräte	10	5.000	50.000
Fensterklimaanlagen*	50	6.000	300.000
Zentrale Klimaanlagen*			
−12% über Standard	125	1.500	187.000
− 24% über Standard	275	1.500	412.000
− 30% über Standard	400	1.000	400.000
"Coupon offers"			
− Heizungsfilter	1	60.000	60.000
− sparsamer Duschkopf	5	5.000	25.000
− Energiesparlampe	7	100.000	700.000
− Isolation des Warm- wasserbereiters	5	6.400	32.000
High Efficient Hot Tubes*	50	5.000	250.000
Zimmerdeckendämmung	100	10.000	1.000.000
Summe			6.900.000

Die mit * gekennzeichneten Technologien bzw. Zuschußbeträge sind im Januar 1990, also in Verbindung mit dem "Collaborative" neu aufgenommen worden.

Quelle: Herppich 1991

Hilfen zum Least-cost planning von EVU durch neue Preisaufsichtsmechanismen
Dr. D. Schulte Janson

Um ein wirkungsvolles DSM durchführen zu können, bedarf es eines *finanziellen Aufwandes*, der *pro Jahr* zu Kosten von *3 % – 5 % des Umsatzes* führen kann.
Grundsätzlich sollten von der Preisaufsicht die Kosten für alle DSM-Programme in voller Höhe anerkannt werden, um dem Least-cost planning zu einem erfolgreichen Start auch bei unkonventionellen Lösungsansätzen zu verhelfen. Skepsis ist lediglich bei Programmen angebracht die beispielsweise nur ein "Lasttäler-Auffüllen" bezwecken (Elektroautos mit Nachtaufladung). Halbherzige und kurzatmige Programme bringen oft nur den vermeintlichen Beweis dafür, daß etwas nicht wirkt. Hier ist m. E. sinnvolles "Klotzen" besser als ängstliches "Kleckern". *Die Kosten für DSM können auf Wunsch des EVU aktiviert und abgeschrieben werden*; sie gälten dann als *betriebsnotwendiges Kapital* und erhielten eine *entsprechende Verzinsung* zugerechnet. Um hier *zusätzliche Hilfe* zu geben, *kann an einen Zuschlag zu der Höhe des Verzinsungssatzes für diesen Teil gedacht werden.*

Dr.-Ing. Hermann-Josef Wagner
Leiter der Programmgruppe Systemforschung und Technologische
Entwicklung (STE) des Forschungszentrums Jülich GmbH.
Zur Person:
geb. 1950, Studium der Elektrotechnik an der RWTH Aachen, dort
auch Promotion im Fachbereich Maschinenbau mit einer
Untersuchung zum Thema Erntefaktoren von Anlagen der
Energieversorgung.
1979–1983 Mitarbeit im Sekretariat der beiden Enquete-
Kommissionen "Zukünftige Kernenergiepolitik des Deutschen
Bundestages".
Die Arbeiten der letzten Jahre konzentrieren sich auf den
Themenbereich CO_2*-Emissionsbilanz der Bundesrepublik*
Deutschland und Möglichkeiten der Reduktion von CO_2*-*
Emissionen im Energiebereich, insbesondere durch technisch bedingte Maßnahmen. Zuarbeit und
Koordinator im Rahmen des Studienprogramms der Enquete-Kommission "Schutz der Erdatmosphäre"
Mitarbeit in derzeit durch die "Interministerielle Arbeitsgruppe Klimaschutz" initiierten
Forschungsprojekte des Bundes.

64

Handlungsspielräume der Energieversorgung bei CO_2-Minderungsstrategien

H.-J. Wagner und P. Markewitz

1. Ausgangslage

Insgesamt sechs verschiedene klimarelevante Spurengase oder Gruppen von Spurengasen werden für die globale Temperaturerwärmung ("Treibhauseffekt") verantwortlich gemacht. Dies sind neben dem Kohlendioxid (CO_2), Methan (CH_4), Distickstoffoxid (N_2O), troposphärisches Ozon, Wasserdampf sowie eine Gruppe von verschiedenen Fluorchlorkohlenwasserstoffen. Bei der Abschätzung der Wirksamkeit der einzelnen Spurengase spielt nicht nur die derzeitige Konzentration und ihre zeitliche Veränderung eine Rolle. Wichtig ist auch die Wirksamkeit eines Moleküls des betreffenden Spurengases und seine Verweilzeit in der Atmosphäre. Es wird geschätzt, daß bei den gegenwärtigen Konzentrationen Kohlendioxid etwa 50 % des Temperaturanstiegs bewirkt.

Im Jahre 1988 forderte die Toronto-Konferenz erstmals die Nationen auf, ihre CO_2-Emissionen bis zum Jahre 2005 um 20 % und langfristig bis zu 50 % zu reduzieren. Schätzungen einer von den Vereinten Nationen initiierten Arbeitsgruppe (IPCC = Intergovernmental Panel on Climate Change) gehen davon aus, daß eine Reduktion der anthropogenen CO_2-Emissionen von 60 % erforderlich ist, um die Konzentration des CO_2 in der Atmosphäre auf dem heutigen Niveau zu stabilisieren.

An den weltweit energiebedingten CO_2-Emissionen von ca. 21 Mrd. t sind allein 3 Emittenten mit zusammen mehr als 50 % beteiligt (USA 24 %, UdSSR 17 %, China 11 %). Die Bundesrepublik Deutschland in den neuen Grenzen trägt mit ca. 5 % zu den weltweiten CO_2-Emissionen bei und nimmt hinter Japan den 5. Platz in der Rangfolge der weltweit größten CO_2-Emittenten ein.

Die Bundesrepublik Deutschland war eine der ersten Industrienationen, die eine drastische Reduzierung der CO_2-Emissionen ankündigte. In einem Kabinettbeschluß vom 7. November 1990 bekräftigte die Bundesregierung, daß eine 25 %ige Minderung der energiebedingten CO_2-Emissionen in den alten Bundesländern sowie eine deutlich höhere prozentuale Minderung in den neuen Bundesländern bis 2005 bezogen auf das

Emissionsvolumen des Jahres 1987 anzustreben sei.

Die Umsetzung der angestrebten CO_2-Minderung setzt eine detaillierte Analyse des Status quo voraus, um Minderungspotentiale in den einzelnen Sektoren und Bereichen angeben zu können. In einem weiteren Schritt müssen die CO_2-Einsparpotentiale beziffert werden, wobei auf die zeitliche Umsetzung (kurzfristig, langfristig) geachtet werden muß.

CO_2-Emissionen in der Bundesrepublik Deutschland

In Tabelle 1 sind die energiebedingten CO_2-Emissionen, aufgeschlüsselt nach Energieträgern, für das Jahr 1987 enthalten. Während in den alten Bundesländern der Hauptanteil der CO_2-Emissionen (ca. 43%) durch den Einsatz von Mineralöl verursacht wird, werden ca. 80% der CO_2-Emissionen in den neuen Bundesländern durch die Verbrennung von Braunkohle freigesetzt. Es wird deutlich, daß die alten Bundesländer eine weitaus breitere Primärenergieträgerstruktur besitzen, als dies bei den neuen Bundesländern der Fall ist.

Die CO_2-Gesamtemissionen der ehemaligen Bundesrepublik Deutschland werden in verschiedenen Publikationen für das Jahr 1987 in einer Bandbreite von 695 bis 731 Mio. t angegeben. Vor dem Hintergrund einer vorgegebenen Minderungsquote von 25% ist dies ein nicht zu vernachlässigender Aspekt, der einer Klärung bedarf. Ursachen für die unterschiedlichen Emissionswerte sind:

- CO_2-Emissionen durch den nichtenergetischen Verbrauch lassen sich nur mit erheblichem Aufwand quantifizieren, belastbare Zahlen liegen noch nicht vor. Öfters wird aber, um eine Maximalabschätzung zu erhalten, der gesamte nicht-energetische Verbrauch in CO_2-Emissionen umgerechnet, was dem Recycling von Kunststoffen beispielsweise keine Rechnung trägt.
- Verwendung unterschiedlicher Emissionsfaktoren; d. h. es wird von verschiedenen Brennstoffzusammensetzungen und unterschiedlichen Brennstoffausbränden aus-gegangen.
- Verwendung verschiedener Energiebilanzen bzw. -strukturen.

Eine Aufschlüsselung der energiebedingten Emissionen nach Sektoren in den alten Bundesländern enthält Tabelle 2. Hierbei ist zwischen Emissionen unterschieden, die direkt beim Endverbraucher erzeugt werden sowie Emissionen, die indirekt im Um-wandlungsbereich freigesetzt werden und den einzelnen Sektoren zuzuordnen sind. Ca. 62% aller CO_2-Emissionen werden direkt durch den Endverbraucher verursacht (z.B. Ölheizungen, Pkw etc.), während die restlichen 38% im Umwandlungsbereich (Kraftwerke, Raffinerie) emittiert werden. Eine Verringerung der indirekten

Tabelle 1: Energiebedingte CO_2-Emission nach Energieträgern (1)

Energie-träger	bisherige Bundesländer		neue Bundesländer		Deutschland	
	Mio t CO_2	%	Mio t CO_2	%	Mio t CO_2	%
Braunkohle	101	14	272	80	373	35
Steinkohle	209	29	18	5	227	21
Mineralöl	314	43	35	10	349	33
Naturgas	102	14	18	5	120	11
Summe	726	100	343	100	1069	100

Anmerkung ([1]): einschließlich Müll und sonstiger fester Brennstoffe

Tabelle 2: Energiebedingte CO_2-Emission nach Sektoren in den bisherigen Bundesländern 1987 (Mio t CO_2) (1)

Sektor	Direkt beim Endverbraucher	indirekt im Umwandlungsbereich		Summe
Haushalte	118	84	202	(28 %)
Kleinverbraucher	65	66	131	(18 %)
Industrie	131	114	245	(34 %)
Verkehr	133	15	148	(20 %)
Summe	447 (62 %)	279 (38 %)	726	(100 %)

Emissionen läßt sich mit der Verbesserung von Kraftwerkswirkungsgraden sowie mit dem Verzicht von Energiedienstleistungen erzielen.

Die nachfolgende Betrachtung dient der Einordnung der Reduktionspotentiale in den neuen Bundesländern. Im Gegengatz zu den alten Bundesländern ist die Stromerzeugung in den neuen Bundesländern durch den Braunkohleneinsatz (ca. 80%) geprägt. Die durch die Stromerzeugung bedingten CO_2-Emissionen beliefen sich 1987 auf ca. 121 Mio. t (1), hiervon sind über 95% der Braunkohle zuzurechnen. Ausgehend von der Annahme, daß die bestehenden ostdeutschen Braunkohlen-Kraftwerke auf die gleiche Energieeffizienz wie die westdeutschen Kraftwerke gebracht würden, ließen sich alleine die CO_2-Emissionen der in den neuen Bundesländern befindlichen Braunkohlen-Kraftwerke um ca. 19% reduzieren. Geht man davon aus, daß 1987 der in der ehemaligen DDR erzeugte Strom mit der westdeutschen Erzeugungsstruktur sowie dem dazugehörigen technischen Standard produziert worden wäre, hätten die CO_2-Emissionen der DDR-Stromversorgung um ca. 47% niedriger gelegen. Gründe hierfür sind hauptsächlich das breitere Energieträgerspektrum der westdeutschen Stromversorgung, insbesondere der höhere Kernenergieanteil in der ehemaligen Bundesrepublik.

Die Beispiele verdeutlichen, daß bei der Stromversorgung der neuen Bundesländer selbst ohne Einsatz fortgeschrittener Kraftwerkstechnologien (z. B. Kombi-Kraftwerke) erhebliche Einsparpotentiale vorhanden sind.

Ein weiteres Beispiel, das die gesamten CO_2-Emissionen der ehemaligen DDR berücksichtigt, verdeutlicht jedoch, daß lediglich eine Anpassung an westdeutschen Standard nicht ausreicht, um die von der Bundesregierung vorgegebenen Minderungsvorstellungen erreichen zu können.

Geht man von der hypothetischen Vorstellung aus, daß durch die deutsche Vereinigung mittelfristig die gleiche Energie- und Verbrauchsstruktur in den neuen Bundesländern aufgebaut würde wie in den alten Bundesländern und somit der spezifische pro-Kopf-CO_2-Ausstoß der alten Bundesländer für die gesamte Bundesrepublik gelten würde, lägen die CO_2-Gesamtemissionen im gesamten Deutschland um ca. 13% unterhalb des momentanen Emissionswertes.

Um den Vorstellungen einer 25%igen Minderung nachkommen zu können, reicht eine Anpassung der in den neuen Bundesländern vorliegenden Strukturen an westdeutsche Verhältnisse nicht aus. Hierzu sind weitaus größere Anstrengungen erforderlich. Erwartungen für die langfristige Primärenergieträgerstruktur in den neuen Bundesländern gehen davon aus, daß der Braunkohlenanteil abnehmen und der Öl- und Gasanteil zunehmen wird. Bis zum Jahr 2010 erwartet man eine Zunahme des

Primärenergieverbrauchs in den neuen Bundesländern um ca. 24% (2) bezogen auf den Wert von 1990 (105 Mio. t SKE). Für die CO_2-Emissionen der neuen Bundesländer bedeutet dies, daß die durch die Veränderung der Energieträgerstruktur bedingte Reduzierung von CO_2-Emissionen durch einen Mehrverbrauch an Primärenergie kompensiert würde. Das Emissionsniveau im Jahre 2010 bliebe gegenüber 1990 fast unverändert.

2. CO_2-Einsparpotentiale

Die Energieversorgung der Bundesrepublik Deutschland ist wie die weltweite Energieversorgung zu über 80% auf fossilen Energieträgern aufgebaut. Die grundsätzlich vorhandenen Möglichkeiten zur Verringerung der CO_2-Emissionen sind in Abbildung 1 schematisch dargestellt. Neben einer geringeren Nachfrage nach Energiedienstleistungen können kohlenstoffreiche Energieträger durch kohlenstoffarme oder kohlenstofffreie Energieträger ersetzt werden. Durch technische Maßnahmen können alle Schritte der Energieumwandlung verbessert werden. Bei einer CO_2-Reduzierung dürften für kommunale Unternehmen der Bereich der technischen Maßnahmen sowie die Energiedienstleistungen von besonderem Interesse sein. Über die Strategien und Ausschöpfung der Minderungspotentiale gibt es jedoch unterschiedliche Auffassungen, wie entsprechende Minderungsszenarien zeigen, die im Rahmen der Enquete-Kommission "Vorsorge zum Schutz der Erdatmosphäre" des Deutschen Bundestages erarbeitet wurden. Ausgehend von unterschiedlichen energiepolitischen Randbedingungen wurde in drei Szenarien analysiert, wie eine vorgegebene CO_2-Minderung von 30%, bezogen auf die Gesamtemissionen des Jahres 1987, bis zum Jahr 2005 erreicht werden kann. Schlüsselt man die Minderungspotentiale des Endenergiesektors nach Verbrauchssektoren auf, wird deutlich, daß im Haushaltssektor sowie beim Kleinverbrauch die größten Minderungsbeiträge gesehen werden (Abbildung 2). In den Emissionswerten ist die Minderung durch den Ausbau der Kraft-Wärmekopplung nicht enthalten. Diese liegt für den gesamten Endenergiesektor je nach Szenario zwischen 12 und 29 Mio. t. Die Minderungspotentiale anderer Sektoren werden sehr unterschiedlich bewertet, teilweise prognostiziert man sogar eine Erhöhung der CO_2-Emissionen durch Zunahme der Nachfrage nach Energiedienstleistungen.

In allen Szenarien wird, bezogen auf den Gesamtemissionswert von 1987, eine CO_2-Reduktion von 5% durch energiebewußtes Verbraucherverhalten unterstellt. Zwar handelt es sich hierbei um eine pauschale Annahme, bei der auf eine szenario- und verbrauchsspezifische Differenzierung verzichtet wurde, jedoch kann davon aus-

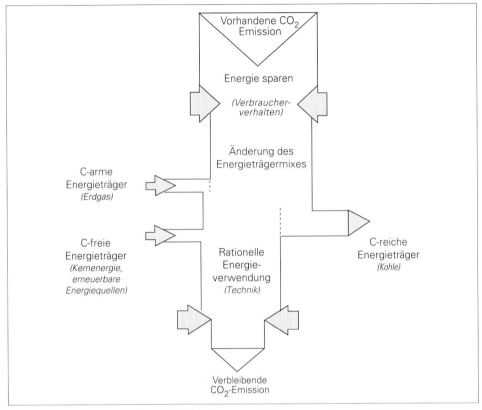

Abbildung 1: Grundsätzliche Möglichkeiten zur Verringerung der CO_2-Emissionen aus der Energieversorgung und Energienutzung (schematische Darstellung)

gegangen werden, daß eine CO_2-Reduzierung maßgeblich vom Verbraucherverhalten abhängt. Auch wenn bei der Bewertung der Einsparpotentiale noch unterschiedliche Auffassungen vorliegen, so besteht bei der Angabe der größten technischen Einsparpotentiale weitestgehend Übereinstimmung. Die Enquete-Kommission sieht die wichtigsten technischen Potentiale in folgenden Bereichen:

- Die größten technischen Potentiale rationeller Energieverwendung werden im Raumwärmesektor gesehen, die – je nach Gebäudetyp – mit 70 bis 90 % angegeben werden. Als wichtigste Maßnahme ist hier die verbesserte Gebäudewärmedämmung hervorzuheben.
- Im Verkehrssektor werden insbesondere bei Pkw und Flugzeug die technischen Potentiale mit ca. 50–60 % angegeben, die sich mit verbesserten Motoren-

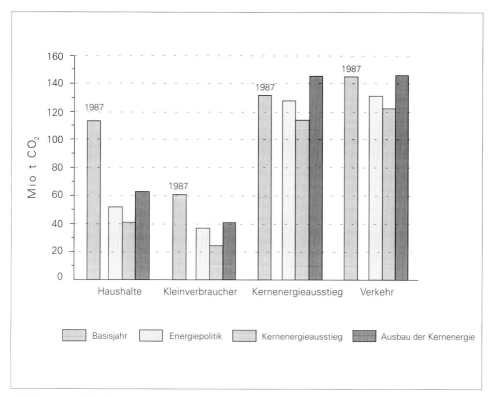

Abbildung 2: CO_2-Emissionen für den Endenergiesektor in den Szenarien der Enquete-Kommission für die alten Bundesländer (3)

konzepten, Gewichtseinsparungen etc. erreichen lassen. Dementgegen steht die prognostizierte Zunahme der Verkehrsleistungen.

– Große technische Einsparpotentiale (30 bis 50%) sind desweiteren zu finden bei Elektrogeräten, den prozeßwärmeintensiven Branchen des Kleinverbrauchs sowie dem Brennstoffverbrauch bei der Verbrauchsgüterindustrie.

– Technische Einsparpotentiale in einer Bandbreite von 15 bis 30% werden in verschiedenen Bereichen des Verkehrs (Lkw, Busse, Bahn), in vielen Industriebranchen sowie im Kraftwerkssektor gesehen.

3. Die zeitliche Umsetzung von Potentialen

Wie bereits eingangs erwähnt, wird eine Verminderung der CO_2-Emissionen um 25–30% in der Bundesrepublik Deutschland bis zum Jahr 2005 angestrebt, bezogen auf die CO_2-Emissionen des Jahres 1987. Dies bedeutet, daß zur Umsetzung der lokalisierten Einsparpotentiale lediglich ein Zeitraum von ca. 15 Jahren verbleibt. Darüber hinaus muß gesehen werden, daß nach 2005 eine weitere erhebliche Reduzierung der CO_2-Emissionen von der Enquete-Kommission für notwendig erachtet wird (bis 2050: 80%). Das heißt, heute eingeleitete Maßnahmen dürfen nicht nur unter kurzfristigen Aspekten gesehen, sondern müssen auch in einem längerfristigen Rahmen beurteilt werden. Die Palette der technischen Einsparpotentiale ist sehr vielfältig und umfaßt praktisch alle Geräte und technischen Ausrüstungen. Analysiert man die Potentiale hinsichtlich einer kurzfristigen Umsetzung bis 2005, stellt man jedoch in vielen Fällen fest, daß die bestehenden Hemmnisse, die gleiche Charakteristik aufweisen. Allgemein gilt, daß eine technische Einsparung in Zusammenhang mit der Bestandsveränderung gesehen werden muß. Das hieraus resultierende CO_2-Minderungspotential hängt damit von dem Verbraucherverhalten ab. Die Problematik technische Einsparung versus

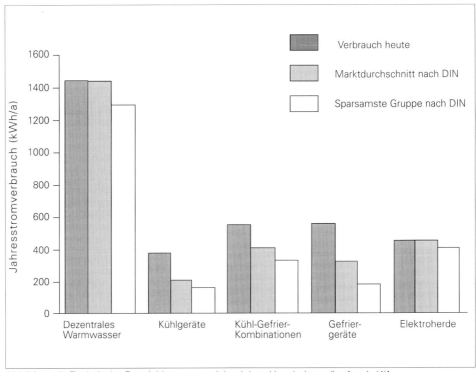

Abbildung 3: Technische Entwicklungspotentiale einiger Haushaltsgeräte [nach (4)]

Bestandsveränderung sei im nachfolgenden am Beispiel des Stromverbrauchs von Elektrogeräten verdeutlicht. Abbildung 3 enthält die technischen Einsparpotentiale einiger ausgewählter Haushaltsgeräte, die als Durchschnittswerte zu verstehen sind. Hierbei ist differenziert nach:

- dem Verbrauch heute eingesetzter Geräte,
- dem Durchschnittswert der heute am Markt angebotenen Geräte,
- dem Durchschnittswert, abgeleitet aus der sparsamsten Gruppe heute am Markt angebotener Geräte.

Die spezifischen Einsparpotentiale sind für die einzelnen Geräte sehr unterschiedlich. Während die Einsparung bei der dezentralen Warmwasserbereitung relativ gering ausfällt, werden die größten Potentiale bei den Kühl- und Gefriergeräten angegeben. Ausgehend von der Annahme, daß der gesamte Gerätebestand des Jahres 1987 durch Geräte ersetzt würde, die dem Marktdurchschnitt entsprechen, ließe sich der gesamte Stromverbrauch der betrachteten Geräte von 46,6 TWh auf 38,2 TWh reduzieren, was einer Minderung von ca. 18% entspricht (Abbildung 4). Anders ausgedrückt: Das Einsparpotential entspricht in etwa der jährlichen Stromproduktion von 2,5 Steinkohlekraftwerksblöcken (750 MM, 4500 Vollastbenutzungsstunden). Eine derartige Betrachtungsweise setzt jedoch voraus, daß der Gerätebestand komplett ausgetauscht wird, Altgeräte nicht mehr eingesetzt werden sowie der Gerätebestand (Sättigungsgrad) konstant bleibt. Legt man die von der EnqueteKommission (4) für das Jahr 2005 prognostizierten Gerätezahlen zugrunde, in denen die zukünftigen Sättigungszahlen enthalten sind, und berechnet das Stromeinsparpotential mit den Geräten, die dem heutigen Marktdurchschnitt entsprechen, ergibt sich ein fast identisches Einsparpotential wie im vorherigen Fall (siehe Abbildung 4). Zudem wird deutlich, daß die durch eine Verringerung des Gerätebestandes bedingten Stromverbrauchsrückgänge einiger Haushaltsgeräte durch Bestandssteigerungen anderer Geräte wiederum kompensiert werden. Würde man den Gerätebestand des Jahres 1987 durch Geräte der heute am Markt vorhandenen sparsamsten Gerätegruppe austauschen, reduzierte sich der Stromverbrauch, bezogen auf den Wert, der mit Geräten des Marktdurchschnittes berechnet wurde (38,2 TWh), noch einmal um ca. 15% auf ca. 32,6 TWh. Legt man dieser Berechnung den Gerätebestand des Jahres 2005 zugrunde, gelangt man zu einem fast identischen Einsparpotential.

Die durchschnittliche Gesamtnutzungsdauer der betrachteten Geräte liegt in einer Bandbreite von 10–14 Jahren (4). Berücksichtigt man die Zeiträume, die für die Marktdurchdringung der einzelnen Geräte benötigt werden, ist davon auszugehen, daß für einen Ersatz des heutigen Gerätebestandes durch Geräte der heute sparsam-

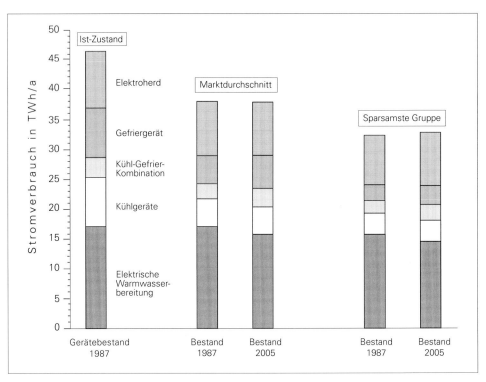

Abbildung 4: Stromreduktionspotentiale ausgewählter Haushaltsgeräte in den alten Bundesländern

sten Gruppe mindestens 2 Dekaden erforderlich sind.

Eine verbesserte Verbraucheraufklärung (z. B. Verbraucherberatung, Kennzeichnung von Geräten etc.) könnte allerdings zu einer beschleunigten Markteinführung sparsamer Geräte beitragen.

4. Fazit

Eine einheitliche Angabe der CO_2-Gesamtemissionen existiert momentan nicht. Es ist daher notwendig, sich zukünftig auf einheitliche Berechnungsmethoden zu verständigen.

Um eine wirksame Reduzierung der CO_2-Emissionen zu erreichen, sind Minderungsmaßnahmen in allen Sektoren und Branchen durchzuführen. Hierbei ist der Bogen von der Minderung der Energiedienstleistungen, über technische Einsparmöglichkeiten bis zur Beeinflussung des Verbraucherverhaltens zu spannen.

Die Lösung zur Minderung der CO_2-Emissionen existiert nicht.

Die Ausführungen am Beispiel einiger Haushaltsgeräte, die symptomatisch für viele andere Bereiche stehen, verdeutlichen die Problematik einer CO_2-Reduktion bei Vorgabe einer zeitlich festgelegten CO_2-Minderungsquote. Vieles deutet darauf hin, daß eine Minderungsquote von 25–30% bis zum Jahr 2005 für die Bundesrepublik Deutschland über technische Entwicklungen der Verbrauchsgeräte und Erzeugungsanlagen nicht zu erreichen ist. Eine Veränderung des Verbraucherverhaltens stellt im Kontext einer Gesamtminderungsstrategie ein wichtiges Element dar, ist jedoch bei dem derzeitig herrschenden Energiepreisniveau nicht zu erwarten. Vor dem Hintergrund der im letzten Jahr vollzogenen Vereinigung sind auch im Bereich der Energiepolitik andere Prioritäten ("Aufbau Osten") gesetzt worden. Eine Trendwende hin zu einer forcierten CO_2-Minderungsstrategie ist bisher nicht erkennbar. Minderungsmaßnahmen sollten in einem langfristigen Rahmen beurteilt werden, wobei eine Minderungsvorgabe bis 2005 als Orientierungsmarke aufgefaßt werden sollte.

5. Literatur

1) Bericht des Arbeitskreises "Energieversorgung" der Interministeriellen Arbeitsgruppe (IMA) "CO_2-Reduktion", BMWi-Studienreihe Nr. 72, Bundesministerium für Wirtschaft, Dezember 1990

2) H.-P. Gundermann: "Die Lage der Energiewirtschaft in den 5 östlichen Bundesländern Deutschlands", Vortrag am 15.05.1991 im Rahmen des GEE-Energy Dinner, Presseclub Bonn

3) Dritter Bericht der Enquete-Kommission "Vorsorge zum Schutz der Erdatmosphäre", Bundesdrucksache 11/8030, 24.05.1990

4) Energie und Klima, Band 2: Energieeinsparung sowie rationelle Energienutzung und -umwandlung, Studienkomplex A1.3, Hrsg.: Enquete-Kommission "Vorsorge zum Schutz der Erdatmosphäre" des Deutschen Bundestages, Economica Verlag Bonn, Verlag C.F. Müller Karlsruhe 1990

Diskussion der Vorträge von Prof. Hennicke und Dr. Wagner

Dr. Turowski, VDEW:
Sie haben eben gesagt, wir brauchen sehr viel mehr Kraft-Wärme-Kopplung. Meine Frage ist, was heißt das konkret? Können Sie dazu ein paar Zahlen sagen, und die zweite Frage, die sich daran anschließt, ist die: Die Kraft-Wärme-Kopplung kann ihre segensreiche einsparende Wirkung ja nur dann entfalten, wenn die Wärme, die dort erzeugt wird, auch im Wärmemarkt untergebracht wird. Nun haben wir einen voll ausgeprägten Wärmemarkt in der Bundesrepublik Deutschland und wenn Wärme aus Kraft-Wärme-Kopplungsanlagen dort eingeführt werden sollte, dann muß das zu Lasten irgendeines anderen Energieträgers gehen. Können Sie dazu ein paar Aussagen machen und insbesondere dabei noch berücksichtigen, daß Sie ja wohl nach Ihrer Aussage den Raumwärmebedarf um 50% reduzieren wollen.

Prof. Hennicke:
Die Enquete-Kommission hat von jemandem, der sicher unverdächtig ist, das Potential zu überschätzen, eine Studie anfertigen lassen: Energieconsulting Heidelberg ist ja bekanntlich eine Tochter oder ein Enkel eines großen Versorgungsunternehmens, das nun gerade nicht an der vordersten Front steht, im Ausbau von Kraft-Wärme-Kopplung. Das technisch-wirtschaftliche Potential bis zum Jahr 2005, sieht etwas mehr als eine Verdopplung gegenüber der heutigen Situation vor. Der Kraft-Wärme-gekoppelte Anteil an der öffentlichen Stromversorgung der Bundesrepublik liegt etwa bei 5,6%, in Dänemark bei 35% mit dem Ziel, auf 50% auszubauen. Das ist wahrscheinlich auch die technische Grenze, die im Ausbau von Kraft-Wärme-Kopplung sinnvoll ist. Sie haben recht, wir planen nicht in grüne Wiesen hinein. Da liegt z.B. das Gas, und ein Entflechtungskonzept, einen strategischen Rückbau des Gases oder sagen wir besser eine strategische Kompensation von Einzelgasfeuerungen durch Kraft-Wärme-Kopplung mit Gaseinsatz, ist eine der wichtigsten Aufgaben, die kommunal geleistet werden muß. Überall da, wo wir Einsparung kombinieren wollen mit einer Modernisierung des Kraftwerkparks, stoßen wir auf diese Frage. Und ich gebe gerne zu, es ist eines der kompliziertesten Probleme, da trifft man auch auf Spartenkonkurrenz. Ich hab sehr deutlich gesagt, CO_2-Minderung verlangt, alle, auch die C-armen Brennstoffenergieträger, zurückzunehmen, denn es macht keinen Sinn, die Kohle durch Gas zu ersetzen, zumal Kohle ressourcenpolitisch für die Bundesrepublik aus meiner Sicht ein unverzichtbarer Energieträger ist. Auch er muß systematisch, aber sozial- und klimaverträglich zurückgefahren werden. Aber sich mit allen nun international auf neuen Konkurrenzkampf um das Gas einzulassen, hieße, den Konflikt um das Öl, den wir schon haben, nun auch auf das Gas zu übertragen. Man sollte es daher nicht nur bei Beschreibung

von Problemen belassen. Wie können wir die Kraft-Wärme-Kopplung wirklich rasch und forciert ausbauen? Ich glaube, wenn man die neuen Bundesländer betrachtet, kann man sehr viel an Kraft-Wärme-Kopplung realisieren und man kann natürlich dort jetzt eine völlig andere Strategie angehen, aber ich denke, Möglichkeiten dazu gibt's in den alten und auch in den neuen Bundesländern.

Brandt, Gesellschaft für umweltfreundliche Technologie, Kassel:
Ich fand den Vortrag von Herrn Wagner sehr interessant, der uns zeigt, was passiert oder nicht passiert, wenn wir energiepolitisch nicht etwas aktiver hier Lösungen angehen, ob das nun die CO_2-Abgabe ist oder eine moderate Erhöhung der Energiepreise zugunsten von Refinanzierungsinstrumenten für Einsparstrategien. Ich kann diese eindimensionale Betrachtungsweise nicht ganz teilen, gerade was den Sektor der Haushaltsgeräte betraf. Sie haben einen kurzen Schlenker gemacht und gesagt, daß man hier etwas verschieben könnte durch Substitution von Elektrogeräten durch Gasgeräte. Sie haben es aber unterlassen, einen ganz wesentlichen Sektor näher zu betrachten, das ist die elektrische Warmwasserbereitung. Die macht fast die Hälfte des gesamten Anteils im Haushalt aus, und ich meine, man kann nicht lange über dieses Thema debattieren, ohne diesen Bereich zu betrachten. Das gleiche betrifft im Grunde genommen die Kraft-Wärme-Kopplung, für die man gerade in den neuen Bundesländern ein vorzügliches Anwendungsfeld antrifft, wenn man sich z.B. die vielen, kleinen Heiznetze anschaut, die bis jetzt mit Braunkohle befeuert werden, wo teilweise heute Nutzungsgrade unter 50% gefahren werden. Hier, wo die Verteilungsnetze existieren, ist eigentlich der beste Weg, die Wärme-Kraft-Kopplung einzusetzen. Sie können damit erreichen, daß die bestehenden Netze erhalten, schrittweise unter die Erde gebracht und verbessert werden. Sie erreichen eine wesentlich bessere Primärenergieausnutzung.

Ich denke, es gibt jede Menge Bereiche, für die – wenn man sie näher untersucht – Möglichkeiten aufgezeigt werden können, die über das weit hinausgehen, was Sie uns gezeigt haben. Denn, daß die Elektrogeräte besser werden, dafür sorgt nun schon der Markt, da brauchen wir überhaupt gar nicht viel zu machen. Wenn die Leute es ohnehin akzeptieren, daß Energie etwas mehr kosten darf, dann wird sich das von selber einstellen, was Sie für das Jahr 2005 als maximales Einsparpotential im Gerätepark angenommen haben. Deshalb denke ich, mehr Optimismus und mehr Breite und das Verlassen der gewohnten Pfade täte uns gut, auch angesichts so einer Tagung wie heute hier.

Dr. Wagner:
Die Beispiele, die ich dargestellt habe, zeigen zum einen, was sich tut, wenn der Trend so weiter läuft wie bisher, d.h. nach einer gewissen Zeit wird das Altgerät durch ein

marktdurchschnittliches Gerät ersetzt. Die Zahlen zeigen aber auch, was noch erreicht werden kann, wenn man zum marktbesten Gerät geht und vielleicht zum Zeitpunkt x auch darüber hinaus. Selbstverständlich ist es richtig und zutreffend, daß es auch noch eine Reihe weiterer Möglichkeiten gibt, die ich jetzt beispielhaft nicht betrachtet habe, aber auch dort gilt zunächst einmal die Aussage, das alleine bringt's nicht, d. h. alle anderen Sektoren müssen mithelfen und auch für die gilt, das schnelle Umstellen innerhalb von 15 Jahren wird nur bedingt möglich sein. Demnach sind die 15 Jahre zu kurz, um die 30% zu erreichen. Die technische Einsparung alleine bringt es nicht, Sie müssen sei es über Unternehmenskonzepte oder höhere Steuern und was es da noch alles geben mag, an das Verbraucherverhalten heran.

Weber, Stadtwerke Dortmund AG

Ich bin etwas irritiert, weil die Maßnahmen, die Sie, Herr Wagner, selbst dargestellt haben, einen sehr geringen Bereich der denkbaren CO_2-Reduktion betreffen. Da gefällt mir, was zur Warmwasserbereitung mit Elektrogeräten gesagt worden ist, schon besser. Aber ich glaube, wir sollten unser Augenmerk vor allen Dingen einmal auf die Nachtstromspeicherheizungen richten, die ja nun in dem Bereich den allergrößten Strombedarf haben und ich kann Ihnen von einem Szenario aus Dortmund berichten, nach dem eine über 50%ige CO_2-Reduktion in unserem Versorgungsbereich möglich wäre, wenn etwa 80% der bestehenden Nachtstromspeicherheizungen durch Fernwärme oder Nahwärme aus Heizkraftwerken ersetzt würde. Interessant ist dabei natürlich, wie man zu solchen Einsparraten kommt. Meine Frage geht an Prof. Hennicke, der dargestellt hat, daß die Preisaufsicht evtl. bereit sei, Förderprogramme zur Umstellung in die Energiekosten bzw. Strompreise einzurechnen. Gilt das auch evtl. für Finanzierungsmaßnahmen oder andere Anreize, die die Umstellung von Nachtstromspeicherheizungen auf andere zentrale Wärmesysteme ermöglicht?

Ilgemann, Ökoinstitut e.V., Freiburg

Ich hätte eine Anmerkung zu einer Folie von Dr. Wagner, der ziemlich zu Anfang seines Vortrags gezeigt hat, daß über die Hälfte der CO_2-Emission in der letzten Umwandlungsstufe beim Nutzer verursacht wird, das verstehe ich so, daß das die Umwandlungsstufe von End-energie in Nutzenergie ist. Und Sie sagten dazu, daß auf diesen großen Bereich das Energieversorgungsunternehmen keinen großen Einfluß hätte. Der Untertitel der Tagung lautet "Kompetenz für Energiedienstleistungen". Hier ist genau der Punkt, daß es nämlich darauf ankommt, in diese Bereiche einzudringen und hier Einfluß auszüüben. Dies ist die Strategie eines Energiedienstleistungsunternehmens, nicht zu sagen, wir verkaufen nach wie vor Strom, Fernwärme, Gas usw., sondern zu versuchen, auch in die letzte Umwandlungsstufe reinzukommen.

Prof. Hennicke:

Im Sinne der Philosophie, über die wir hier reden, nämlich Einsparpotentiale bei Strom sowohl für die Versorgungsunternehmen als auch aus Sicht der Verbraucher attraktiv zu machen, wäre es richtig, diese im Strompreisgenehmigungsverfahren anzuerkennen. Ich glaube, erst ab einer bestimmten Größenordnung der Überwälzung auf die Preise, entstehen hier wirklich Probleme wettbewerbsrechtlicher Art, Probleme sozialpolitischer Art. Davon sind wir noch ganz weit entfernt. Sie haben vorhin gesehen 5 % der amerikanischen Unternehmen, bei denen solche Kosten auf die Strompreise übergewälzt werden und zwar auf alle Kundengruppen, verursachen dort noch keine Wettbewerbsunfähigkeit von Versorgungsunternehmen. Wir sollten den Weg erst einmal begehen, vielleicht mit kleinen Pilotprojekten, auch im Bereich der Substitution, und dann mal sehen, ob dies, was hier betriebswirtschaftlich und marktwirtschaftlich entwickelt worden ist, ein wirklich gangbarer Weg ist. Least-cost-planning ist ja nur ein Begriff, es wurde auch strategisches Controlling genannt. Warum nicht? Es geht im Grunde darum, diese Spielwiese breiter zu machen und alle Ebenen der Verbesserung, der Attraktivität, der Umsetzung dieser Marktpotentiale einzusetzen, da ist Least-cost-planning ein Baustein, andere sind Standards oder Tarifänderung.

Wir könnten damit auch neue Marktnischen entwickeln und vor allem die Unternehmen können neue Marktzweige aufbauen. Warum sollen Versorgungsunternehmen, wie sie hier versammelt sind, nicht das tun, was die Energieagenturen, die jetzt aus dem Boden schießen oder auch die Töchter von großen Versorgungsunternehmen, professionell machen. Die Ruhrgas hat eine Tochter, die RES, die genau das macht in ihrem Bereich. Das RWE baut nun ein Procom-Konzept auf, das ja, ich würde sagen, den Kommunen empfiehlt, sich in solchen Fragen an den übergeordneten Versorger zu wenden. Warum brauchen wir dazu das RWE, oder warum lassen wir das die Energieagenturen machen und warten, daß dieser Markt unter Konkurrenten aufgeteilt wird, statt es selber in die Hand zu nehmen, vielleicht in Kooperation mit anderen. Es gibt nicht den Königswert, aber es gibt machbare Konzepte. Und wir müssen damit anfangen, nicht mehr weiter drüber reden, sondern Pilotkonzepte umsetzen.

Dr. Trösch, Fraunhofer-Gesellschaft, Stuttgart:

Was Sie bisher an CO_2-Reduzierungsstrategien vorgestellt haben, war letztlich in der Diskussion des CO_2-Problems eine Verlängerung der Zeitskala für eine Klimakatastrophe, d. h. sie verlängern letztlich ihre fossilen Ressourcen etwas, aber eine Absolutreduktion der CO_2-Emission ist damit nicht verbunden. Welche Rolle spielen die regenerativen C-haltigen Energiequellen im gesamten Konzept der CO_2-Reduktion? Das wäre nämlich die einzige Möglichkeit, absolut einzusparen.

Prof. Hennicke:

Es ist schwierig jetzt die ganze Palette von Optionen hier wirklich sachverständig in der Zeit zu diskutieren. Aber in der schwedischen Strategie z. B. spielt Biomassevergasung in modernen Heizkraftwerken eine ganz zentrale Rolle. Und Sie kennen vielleicht die neue Studie von Shell, die sagt, wenn wir dies systematisch auf der ganzen Welt machen würden, auch teilweise unter Zuhilfenahme von Anbauformen, wie Elefantengras oder nachwachsenden Rohstoffen, dann könnten wir 30% des Weltstrombedarfs nur über Biomassenutzung in modernen Gasturbinen decken. Dies ist sicher die oberste Abschätzung. Aber Sie haben völlig recht, man muß die kleinen Zielbeiträge addieren und die regenerativen werden schrittweise einen zunehmenden Zielbeitrag erbringen müssen. Sie werden aber, und da geht kein Weg dran vorbei, bis zum Jahr 2050 den Löwenanteil erbringen. Dabei ist Biomassenutzung, vor allen Dingen in der Dritten Welt, ein ganz erheblicher Faktor, weil es CO_2 neutral ist in der Summe.

Prof. Crutzen:

Das stimmt wohl. Aber man darf nicht vergessen, daß vielleicht bei der Biomasseverbrennung auch zusätzlich Gase entstehen. Man darf also diese Diskussion nicht nur auf CO_2 begrenzen und muß immer auch berücksichtigen, ob nicht zusätzlich bei dem Anbau von Biomasse in der Landwirtschaft vielleicht Gase entstehen, wie N_2O, was eigentlich pro Molekül gerechnet noch schwerwiegender ist als das Methan. Ich will damit sagen, man muß diese Probleme in ihrer vollen Ganzheit sehen und nicht nur ein Problem lösen in dem man wieder andere Probleme erzeugt. Ich glaube, da ist die Forschung auch sehr gefragt in der Zukunft.

Dr. Wagner:

Die bisherigen Szenarien berücksichtigen die erneuerbaren Energien, auch die C-haltigen. Sie kommen aber nicht so richtig zum Zuge, weil man im Hinterkopf zunächst immer so eine Art Wirtschaftlichkeitsskala hat. Und da sind die Möglichkeiten der rationellen Energieverwendung durch Verbesserung der Energieeffizienz bestehender Systeme mit Abstand vorne, so daß man die Möglichkeiten der erneuerbaren Energien mit oder ohne Kohlenstoff auf der Zeitskala einen Schritt weiter nach hinten einordnen muß. Die Frage nach dem Energieeinsatz bei der Herstellung dieser Geräte ist notwendig, denn wenn Sie über die Lebenszeit den Energieeinsatz berechnen, dann ist der Gewinn durch Einsparung oft geringer. In den bestehenden Szenarien, ganz gleich welcher Couleur, ist der Energieeinsatz bisher nicht eingerechnet. Es gibt jedoch eine ältere Untersuchung aus München, die nachgewiesen hat, daß in einer Reihe von Fällen es lohnenswerter wäre, die jetzigen Elektrogeräte vor Ende ihrer technischen Lebenszeit zu ersetzen, weil durch die Energieeffizienzverbesserung der neuen

Geräte in der Zwischenzeit das aufgewogen wird. Wenn man unterstellt, daß die Energieeffizienz nicht besser ist als bei anderen neuen Geräten, dann gilt, daß, gemessen am Betriebsenergieverbrauch, der investive Energieverbrauch im Bereich von 10 bis 20% liegt, d. h. er ist mitbestimmend, aber nicht bestimmend.

Dr.-Ing. Rolf Bauerschmidt
Leiter der Abteilung Unternehmensentwicklung, Stadtwerke
Bremen AG
Zur Person: Studium der Elektrotechnik in Hannover und
Zürich, Promotion; Mitarbeit am zweiten Bericht des Club of
Rome; Mitbegründer des Instituts für angewandte System-
forschung und Prognose e.V. (zusammen mit Prof. Eduard
Prestel); Mitarbeiter verschiedener Landesregierungen.
Zum Unternehmen: Die Stadtwerke Bremen AG ist eines der
größten kommunalen Versorgungsunternehmen in Deutsch-
land. Stromabgabe 3.500 GWh plus 1.000 GWh Bahnstrom
(16 2/3 Hz), GAS 6.000 GWh. Eigenerzeugungsanteil Strom
90 %. Sehr hoher Anteil an Sondervertragskunden (Klöckner-
Hütte). Leistungsfähiges Kundenzentrum mit intensiver
Einsparberatung.
Neu: Blockheizkraftwerk mit 25 MW thermisch und 4 MW elektrisch; Beteiligung an Windpark 4 MW.

Umweltpolitische Handlungsmöglichkeiten am Beispiel des Energie- und Unternehmenskonzepts der Stadtwerke Bremen

Rolf Bauerschmidt

Wir haben sehr eindringlich vermittelt bekommen, daß die neuen umweltpolitischen Anforderungen, insbesondere das Klimaproblem und die CO_2-Reduktion, in Zukunft ein dominierendes Thema in der Energiewirtschaft sein werden. Wir haben in Bremen deshalb vor gut einem Jahr begonnen, ein Energie- und Unternehmenskonzept für die Stadtwerke zu entwickeln, das diesen neuen Anforderungen gerecht werden soll. Ich möchte hier über die ersten Ergebnisse dieses Vorhabens berichten. Dazu habe ich meinen Vortrag in vier Punkte gegliedert.

Zunächst möchte ich die Funktion und die Adressaten des Energie- und Unternehmenskonzeptes kurz erläutern, dann über die derzeitige Energiesituation in der Stadt Bremen berichten und drittens etwas darüber sagen, wie wir vorgehen, um den künftigen Energiebedarf und dessen Umweltauswirkungen zu errechnen. Als viertes und zentrales möchte ich auf die konkreten CO_2-Reduktions-Potentiale in den einzelnen Verwendungsbereichen des Energieverbrauchs eingehen und zum Abschluß meines Vortrages daraus ein kurzes Resümee ziehen, was wir als Unternehmen zur Bewältigung der neuen Herausforderungen beitragen können.

1. Funktion und Adressaten des Energie- und Unternehmenskonzepts

Die Funktion des Energie- und Unternehmenskonzepts (Bild 1) besteht zunächst einmal darin, die energie- und umweltpolitischen Rahmenbedingungen darzustellen, so wie sie sich heute für uns als kommunales Energieversorgungsunternehmen ergeben. Dazu sind weltweite, nationale und lokale Betrachtungen erforderlich. Zweitens wollen wir das Unternehmen damit auf die gewandelten Anforderungen ausrichten. Drittens, und das ist heute mein Hauptthema, wollen wir die energiewirtschaftlichen Möglichkeiten, aber auch die Grenzen aufzeigen, die sich nach unserer Einschätzung im lokalen Bereich ergeben. Viertens werden wir die ökologischen und die ökonomischen Konsequenzen aufzeigen. Diesen letzten Teil der

Energie- und Unternehmenskonzept der Stadtwerke Bremen AG

Funktion

Energie- und umweltpolitische Rahmenbedingungen beschreiben

Das Unternehmen auf die gewandelten Anforderungen ausrichten

Die energiewirtschaftlichen Möglichkeiten und Grenzen aufzeigen

Die ökonomischen Konsequenzen berechnen

Adressaten

Eigene Mitarbeiter

mit dem energiewirtsch. Umfeld bekannt machen

auf neue Ziele ausrichten

Unternehmensstrategie verständlich machen

für neue Herausforderungen motivieren

Öffentlichkeit

Informationen über Handlungsmöglichkeiten und Kosequenzen geben

Verständnis für Maßnahmen wecken

zur Teilnahme auffordern

Energiepolitik

Informationen über Handlungsmöglichkeiten und Kosequenzen geben

Einfluß der Rahmenbedingungen verdeutlichen

Energiebranche

Anregungen geben

Vorbilder schaffen

Arbeiten haben wir noch nicht abgeschlossen, das müssen wir noch leisten.

Adressaten des Konzepts sind zum einen die eigenen Mitarbeiter, die wir mit dem neuen energiewirtschaftlichen Umfeld bekannt machen und die wir auf neue Ziele ausrichten müssen, denen wir unsere Unternehmensstrategie verständlich machen und die wir nicht zuletzt für neue Herausforderungen motivieren wollen.

Der zweite Adressat ist die Öffentlichkeit, die ein Recht auf Informationen über die Handlungsmöglichkeiten hat, die wir als Energieversorgungsunternehmen haben, aber auch über deren Konsequenzen. Wir müssen Verständnis für bestimmte Maßnahmen wecken, die damit möglicherweise einhergehen, wie z.B. Ausbaumaßnahmen im Bereich der leitungsgebundenen Energieträger, aber auch Tarifänderungen oder Preiserhöhungen. Denn die Öffentlichtkeit, das sind letztlich unsere Kunden. Und wir müssen die Kunden auch zur Teilnahme auffordern. Um dem Klimaproblem gerecht zu werden, können nicht nur einige wenige handeln, die das berufsmäßig tun. Dazu ist letztlich jeder Verbraucher aufgerufen, seinen Beitrag zu leisten.

Der dritte Adressat sind die Energiepolitiker auf Landes- und Bundesebene, denen wir Informationen über unsere Handlungsmöglichkeiten geben müssen. Es kann nicht angehen, daß Wissenschaftler und Kommissionen große Handlungspotentiale aufzeigen, die Akteure vor Ort aber zu ganz anderen Einschätzungen gelangen. Man muß das ja irgendwann einmal umsetzen und da können wir als kommunales Energieversorgungsunternehmen viel dazu beitragen, dies zu verdeutlichen. Wir können auch sagen, welche Rahmenbedingungen wir eigentlich bräuchten, um die Ziele, die formuliert werden, besser erreichen zu können.

Als letztes, und deswegen spreche ich heute zu Ihnen, wollen wir der Branche Anregungen geben und möglicherweise in manchem ein Vorbild sein. Auch das ist nötig; darauf hat Herr Hennicke eingangs bereits hingewiesen.

2. Derzeitige Energiesituation in Bremen
2.1 Energiebilanz als Datenbasis

Zunächst einmal zur Ausgangssituation in Bremen (Bild 2). Für eine Stadt ist die Energiedatenlage viel viel schlechter als für die gesamte Bundesrepublik oder auch einzelne Bundesländer. Das werden alle bestätigen, die aus einem kommunalen Unternehmen kommen. Auf Bundes- und Länderebene gibt es seit langem Energiebilanzen, auf die man sich stützen kann; für Städte gibt es eine solch excellente Datenbasis nicht.

Wenn man anfangen will, ein Energiekonzept zu entwickeln, muß man vor Ort erst einmal mühsam die Ausgangslage der Energiesituation zusammenbasteln. Das

Derzeitige Energiesituation der Statdt Bremen

Energiebilanz

> Für das Jahr 1989 hat das Statistische Landesamt im
> Auftrag der Stadtwerke erstmals eine vollständige
> Energiebilanz für die Stadt Bremen erstellt.

Ergebnis

> *Primärenergieverbrauch 89:*
>
> 5,1 Mio t SKE oder 41,3 TWh
>
> *Endenergieverbrauch 89:*
>
> 4,05 Mio t SKE oder 33,0 TWh

Speziell

> *hoher Stromexport*
> Bahnstrom von den Stadtwerken
> Kraftwerk der Preussen Elektra
>
> *hoher Anteil fester Brennstoffe*
>
> Strom weitgehend aus Kohle
> Klöckner Hütte
>
> *hoher Industrieanteil*
> Klöckner-Hütte

Folge

> *Marktanteil der Stadtwerke gering*
>
> derzeit nur 23%
>
> Potential nur knapp 40 %
>
> (nicht erschließbar: Verkehrsbereich und
> die Grundstoffindustrie)

haben wir in Bremen im vergangenen Jahr relativ ausführlich getan, dabei aber feststellen müssen, daß der nicht von unserem Unternehmen abgedeckte Bereich auch nicht annähernd in der erforderlichen Genauigkeit erfaßbar war.

Wir können inzwischen auf solche Versuche verzichten, weil wir vom Statistischen Landesamt in unserem Auftrag für das Jahr 1989 erstmals eine vollständige Energiebilanz für die Stadt Bremen, also unser Versorgungsgebiet, erhalten haben. Damit haben wir eine aktuelle und verläßliche Ausgangsbasis für weitere Berechnungen.

Ergebnis dieser Energiebilanz ist, daß der Primärenergieverbrauch in der Stadt Bremen im Jahr 1989 5,1 Millionen Tonnen SKE oder 41 Terrawattstunden betrug, das sind knapp 1,5 % des Verbrauchs der alten Bundesländer und knapp 1 % des Verbrauchs in der vereinigten Bundesrepublik. Der Endenergieverbrauch in Bremen betrug 4 Millionen Tonnen SKE oder 33 Terrawattstunden.

2.2 Besonderheiten in Bremen

Wir haben in Bremen einige Besonderheiten, auf die ich kurz eingehen möchte, weil sie die Ergebnisse stark mitprägen.

Zum einen haben wir einen hohen Stromexport. Das ist sehr ungewöhnlich für ein Ballungsgebiet, denn sonst beziehen die Städte eher Elektrizität aus dem Umland, wo normalerweise die großen Kraftwerke stehen, als daß sie Strom noch nach außen liefern. Die Stromexporte resultieren aus drei Ursachen: Einmal erzeugen wir als Stadtwerke 90 % unseres Stromabsatzes in eigenen Kraftwerken und zusätzlich noch knapp eine Terrawattstunde Einphasenstrom, den wir an die Deutsche Bundesbahn liefern. Das macht etwa 1/4 unseres gesamten Stromabsatzes aus. Dann gibt es auf dem Stadtgebiet in Bremen ein Kraftwerk der PreussenElektra, die unser Umland versorgt. Das Kraftwerk wird wegen des Standorts in der Energiebilanz zu Bremen gezählt.

Wir haben in Bremen eine zweite Besonderheit, nämlich einen hohen Anteil an festen Brennstoffen am gesamten Energieverbrauch. Zwei Gründe sind dafür maßgebend, einmal wird der Strom weitestgehend aus Kohle erzeugt, sowohl bei uns bei den Stadtwerken als auch in dem Kraftwerk der PreussenElektra und zum anderen haben wir eine große Eisen- und Stahlhütte in Bremen, die einen sehr hohen Energiebedarf und speziell auch einen hohen Kohleeinsatz aufweist.

Damit hängt auch die dritte Besonderheit zusammen, der hohe Anteil der Industrie am Energie- und auch speziell am Stromverbrauch.

2.3 Aufteilung des Primärenergieverbrauchs

Die Verhältnisse seien in den folgenden Kreisdiagrammen noch einmal durch die

Primärenergieverbrauch 1989 Stadt Bremen

41,3 TWh = 148,6 TJ = 5,1 Mio t SKE

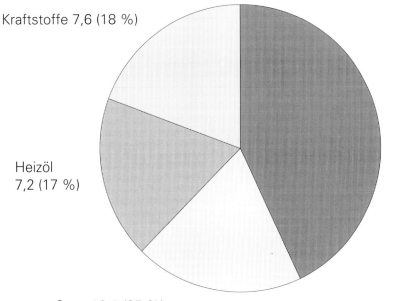

Feste
Brennstoffe 16,3 (40 %)

Kraftstoffe 7,6 (18 %)

Heizöl
7,2 (17 %)

Gase 10,1 (25 %)

Bild 3

Quelle: Statistisches Landesamt Bremen

Primärenergieverbrauch 1989 Stadt Bremen

41,3 TWh = 148,6 TJ = 5,1 Mio t SKE
Energieumwandlungssektor: 8 TWh
Endenergieverbrauch: 33 TWh

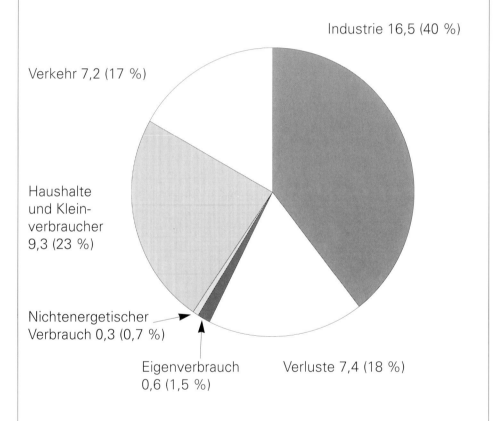

Industrie 16,5 (40 %)

Verkehr 7,2 (17 %)

Haushalte
und Klein-
verbraucher
9,3 (23 %)

Nichtenergetischer
Verbrauch 0,3 (0,7 %)

Eigenverbrauch
0,6 (1,5 %)

Verluste 7,4 (18 %)

Bild 4

Quelle: Statistisches Landesamt Bremen

einzelnen Anteile am Primärenergieverbrauch verdeutlicht. Der Primärenergiever-brauch betrug im Jahr 1989 insgesamt 41 TWh oder 5,1 Millionen Tonnen SKE (ich bleibe manchmal bei der früheren Einheit, weil sie so anschaulich ist).

Nach Energieträgern ergibt sich folgende Aufteilung (Bild 3): 40% feste Brennstoffe, also insbesondere Steinkohle, 35% Mineralöle, etwa je zur Hälfte Kraftstoffe und Heizöl, und 25% Gase.

Aufgeschlüsselt nach Verwendungsbereichen der Energie (Bild 4) kommt wieder der hohe Industrieanteil mit 40% zum Ausdruck. Der Verkehrsanteil beträgt etwa 17%, das dürfte auch anderswo die Größenordnung sein. Der Bereich Haushalte und Kleinverbraucher hält 23% am Primäreinsatz und die Verluste im Energiesektor betragen ungefähr 20%.

2.4 Marktsegmente

Wenn man einmal nach Marktsegmenten aus Sicht der Stadtwerke differenziert (Bild 5), sieht man, daß wir als Stadtwerke bisher einen erstaunlich geringen Anteil an dem Gesamtenergiemarkt (und damit auch an der Gesamt-CO_2-Emission) haben, nämlich nur 23%: Gas 3,5 Terrawattstunden, Strom auch 3,5 Terrawattstunden und 0,6 Terrawattstunden Fernwärme, zusammen also etwa 7,6 von insgesamt 33 Terrawattstunden. Das ist der heutige Marktanteil der Stadtwerke.

Daneben haben wir einen sehr großen Bereich der Grundstoffindustrie mit 13 Terrawattstunden, der für die Stadtwerke nicht erschließbar ist, weil dort 2 Energie-träger eingesetzt werden, die wir nicht liefern, zum einen die Kohle und zum zweiten das Erdgas, das dieser Größtkunde direkt vom Vorlieferanten bezieht, also von einer der Ferngasgesellschaften.

Dann gibt es einen zweiten Bereich, den wir nicht erschließen können, nämlich den der Kraftstoffe mit immerhin auch 7,6 Terrawattstunden, so daß wir als Stadtwerke 60% des Marktes gar nicht erreichen können.

Unseren Marktanteil von jetzt 23% könnten wir also auf bis zu 40% ausweiten, wenn wir den gesamten Wärmemarkt und Elektrizitätssektor abdecken, so daß sich ein verbleibendes Marktpotential von 17% oder 5,1 TWh ergibt.

3. Künftiger Energiebedarf

Als dritten Punkt möchte ich darauf eingehen, wie wir uns dem Problem der Fortschreibung des Energiebedarfs genähert haben (Bild 6). Dazu haben wir zunächst einmal die vier Verwendungsbereiche der Energie, also Industrie, Verkehr, Haushalte und Kleinverbraucher unterschieden , für die wir jeweils ein etwas anderes Vorgehen

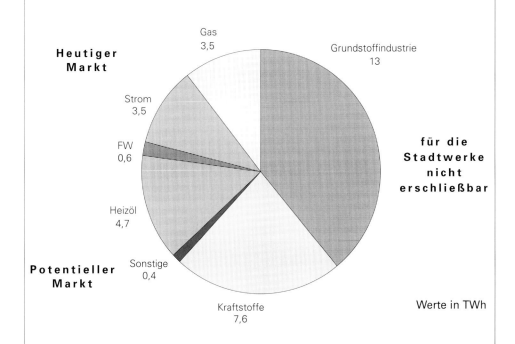

Endenergieverbrauch 1989
Marktsegmente Stadtwerke Bremen

Heutiger Markt

Gas
3,5

Grundstoffindustrie
13

Strom
3,5

für die Stadtwerke nicht erschließbar

FW
0,6

Heizöl
4,7

Sonstige
0,4

Potentieller Markt

Kraftstoffe
7,6

Werte in TWh

Bild 5

91

Modell zur Berechnung des künftigen Endenergiebedarfs

Industrie

Bruttowertschöpfung aus der Globalprognose des Bremer Senats

wie Prognos für den Bund:

spezifischer Strombedarf
spezifischer Brennstoffbedarf

Substitution

Verkehr

wie Prognos für den Bund:

Verkehrsaufkommen

spezifischer Kraftstoffbedarf

Haushalte

Raumwärme:

    1. Zahl der Wohnungen: EZFH / MFH

    2. Wohnungsgröße: EZFH / MFH

    3. Spezifischer Wärmebedarf

    4. Benutzungsdauer

    5. Wirkungsgrad der Heizanlage

    6. Substitution der Energieträger

Warmwasser

    1. Zentral mit Heizanlage

    2. dezentral mit Strom

    3. dezentral sonst

Kochen Strom / Gas

Elektrische Geräte

**Klein-
verbraucher**

Raumwärme

Warmwasser

Prozeßwärme

Kraft und Beleuchtung

Elektrische Geräte

Bild 6

Sonstiges

gewählt haben.

Als Basis haben wir die letzte Energieprojektion von Prognos und ISI für die Bundesregierung genommen, weil sie hinsichtlich der Detaillierung eine gute Grundlage bietet. Diese Projektion haben wir dann auf die Bremer Verhältnisse übertragen.

Im Bereich der Industrie haben wir die wirtschaftliche Entwicklung aus einer Prognose des Bremer Senats genommen und ansonsten die ganzen Strukturen und Entwicklungen aus der Prognos-Studie abgeleitet.

Die Entwicklung im Verkehrsbereich haben wir vollständig aus der Prognos-Studie übernommen. Den Verkehr haben wir nur deshalb einbezogen, um aufzuzeigen, daß in diesem Sektor in erheblichem Umfang Energie verbraucht wird und daß auch hier etwas getan werden muß, wenn man wirklich eine deutliche CO_2-Reduktion erreichen will .

Für den Bereich der Haushalte und Kleinverbraucher haben wir ein sehr viel detaillierteres Vorgehen gewählt, nicht um eine besondere Genauigkeit vortäuschen zu wollen, sondern um alle die Variablen einzubeziehen, die wir als Stadtwerke beeinflussen können.

So haben wir z. B. den Raumwärmebereich sehr genau betrachtet (Bild 7). Dazu haben wir erstmals auch die Ergebnisse der Volks- und Gebäudezählung herangezogen, so daß wir gebäudeweise sagen können, welche Energieträger dort eingesetzt werden in Ein- und Zweifamilienhäusern (EZFH) oder in Mehrfamilienhäusern (MFH). Diese Trennung ist erforderlich, weil sich der Wärmebedarf pro Wohnung etwa um den Faktor 2 zwischen diesen beiden Haustypen unterscheidet. Wir haben ferner die Wohnungsgröße berücksichtigt, weil auch dabei ein deutlicher Unterschied zwischen diesen beiden Gruppen festzustellen ist. Wir haben dann aus der Prognos-Studie den spezifischen Wärmebedarf, die Benutzungsdauer und den Wirkungsgrad der Heizungsanlagen im Wohnungsbestand verwendet und bei der Fortschreibung außerdem noch die Substitution der Energieträger untereinander als strategisches Ziel vorgegeben.

Zur Warmwasserbereitung kann man sagen, daß Warmwasser vielfach zusammen mit der Heizungsanlage bereitet wird, also mit demselben Energieträger wie die Raumwärme. Dies erfolgt jedoch nicht in allen Fällen sondern nur bei etwa 2/3 der Wohnungen. Ansonsten wird Warmwasser dezentral mit Strom oder in separaten Anlagen mit Gas erzeugt. Dieses alles wurde bei der Berechnung des Energiebedarfs für die Warmwasserbereitung berücksichtigt.

Als weiteres haben wir den Strombedarf der elektrischen Haushaltsgeräte betrachtet und fortgeschrieben, dann eine entsprechend feingliedrige Betrachtung des

Ermittlung des Raumwärmebedarfs der Haushalte 89

Volkszählung 1987

Zahl der Wohnungen

– nach Gebäudetyp

EZFH: Ein-/Zweifamilienhäuser

MFH: Mehrfamilienhäuser

NWG: Nichtwohngebäude

– nach Art der Heizung

      Sammelheizung

      Etagenheizung

      Einzelbeheizung

– nach Energieträgern

Prognos 1989

nach Gebäudetyp, Art der Heizung und Energieträgern für 1987:

      durchschnittliche Wohnungsgröße

      spezifischer Wärmebedarf

      Benutzungsdauer

nach Art der Heizung und Energieträgern:

      Wirkungsgrad

Ergebnis

Raumwärmebedarf der Haushalte 1987
nach Typ, Art der Heizung und Energie

Daten

Neubauten

Abgänge und Umwidmungen

Veränderungen im Bestand

Substitution der Energieträger

Ergebnis

Raumwärmebedarf der Haushalte 1989
nach Typ, Art der Heizung und Energie

Bild 7

Raumwärme Haushalte 1989 Stadt Bremen

	ZENTRALHEIZUNGEN				EINZELHEIZUNGEN				WÄRMEPUMPEN		Summe
	Fernw.	Öl	Gas	Kohle	Öl	Gas	Kohle	Strom	Elektr.	Gas	
Wohnungen nach Art der Beheizung											
VOLKSZÄHLUNG 1987	21.112	107.107	99.929	952	9.309	8.071	6.120	8.203			260.875
Neubau		191	1.084								1.275
Abgänge		-1.240		-29	-102		-88				-1.458
Substitution	641	-4.639	3.998		-884	1.768	-884	-3.804	200		
Korrekturen	-2.000	1.500	500		1.802		1.802	4.399	200		
Stadt Bremen 1989	19.753	102.992	105.511	923	10.125	9.839	6.951	4.399	200		260.692
Wohnungen nach Gebäudetyp und Art der Beheizung											
EZFH	2.087	29.674	45.915	745	5.299	4.167	3.457	2.153	200		93.696
MFH	17.250	70.672	58.373	168	4.676	5.552	3.387	2.116			162.193
NWG	416	2.646	1.223	10	150	120	107	130			4.802
Wohnungen	19.753	102.992	105.511	923	10.125	9.839	6.951	4.399	200		260.692
durchschnittliche Wohnungsgröße [qm]											
EZFH	100	105	100	100	95	95	95	95	105	110	103
MFH	70	70	70	70	70	70	70	70	75	75	70
NWG	90	90	90	90	90	90	90	90	90	90	90
Wohnfläche nach Gebäudetyp und Art der Beheizung [Mio qm]											
EZFH	194	2.898	4.270	69	468	368	305	190	20		8.783
MFH	1.123	4.601	3.800	11	304	361	220	138			10.559
NWG	35	221	102	1	13	10	9	11			402
Wohnfläche	1.352	7.720	8.173	81	785	740	535	539	20		19.743
Spezifischer Wärmebedarf W/qm											
EZFH	110	110	110	125	130	130	140	100	110	100	
MFH	90	80	80	80	77	77	75	75	65	75	
NWG	86	86	86	86	86	86	86	86	86	86	
Benutzungsdauer [h]	1.500	1.680	1.680	1.680	1.260	1.391	788	1.286	1.444	1.444	
Nutzwärmebedarf [GWh/a]											
EZFH	32	535	789	15	77	67	34	24	3		1.576
MFH	152	618	511	1	30	39	13	13			1.377
NWG	4	32	15	0	1	1	1	1			56
Wirkungsgrad %	95%	72%	75%	67%	70%	70%	65%	190%	137%		
Endenergiebedarf [GWh/a]											
EZFH	34	744	1.059	22	110	95	52	25	2		2.141
MFH	160	859	686	2	42	55	20	14			1.837
NWG	5	44	20	0	2	2	1	1			75
Raumwärmebedarf[1]	198	1.647	1.765	24	154	152	73	40	2		4.054
Raumwärmebedarf 1989[2]	176	1.465	1.570	21	137	135	65	35	1		3.606

[1] klimabereinigtes Normaljahr
[2] tatsächliche Werte

Bild 8

Kleinverbrauchssektors vorgenommen. Auf diese Weise haben wir ein relativ umfangreiches Modell des von den Stadtwerken zu beeinflussenden Energiebedarfs und des daraus resultierenden CO_2-Ausstoßes aufgebaut.

Ich möchte das am Beispiel des Raumwärmebedarfs der Haushalte näher erläutern (Bild 8). Wir haben hierzu zwei Datengrundlagen verwendet, einmal die Volks- und Gebäudezählung und zum anderen die Prognos-Studie.

Aus der Volks- und Gebäudezählung kennen wir die Zahl der Wohnungen nach Gebäudetyp, also Ein- und Zweifamilienhäuser und Mehrfamilienhäuser sowie Nicht-Wohngebäude nach der Art der Beheizung, also Sammelheizung, Etagenheizung oder Einzelbeheizung, sowie auch nach den Energieträgern. Das ist schon ein relativ umfangreicher Datensatz.

Der Prognos-Studie haben wir entnommen: den Wärmebedarf nach Gebäudetyp, Art der Beheizung und Energieträger für das Jahr 1987 sowie die durchschnittliche Wohnungsgröße, den spezifischen Wärmebedarf und die Benutzungsdauer dieses Wärmebedarfs sowie den Wirkungsgrad nach Art der Beheizung und Energieträgern.

Um diese Daten auch noch abgleichen zu können mit den Daten aus der Energiebilanz, die für das Jahr 1989 gelten, müssen die für das Jahr 1987 berechneten Werte noch auf das Jahr 1989 fortgeschrieben werden. Dazu sind Neubau, Abgänge, Substitution und auch eine gewisse Korrektur der Volkszählungswerte aufgrund der Kenntnisse des Unternehmens zu berücksichtigen, so daß wir als Ergebnis erhalten: Zahl und Fläche der Wohnungen nach Art der Beheizung und Energieträger sowie den daraus resultierenden Energiebedarf.

Daraus ergibt sich: Wir haben in Bremen einen relativ geringen Fernwärmeanteil mit unter 5%, einen noch relativ hohen Ölanteil mit knapp 44%, Gas ist inzwischen mit 48% der führende Energieträger und einen sehr geringen Stromanteil mit nur 1%. Es gibt im Vergleich zu anderen Großstädten mindestens zwei Besonderheiten: einen sehr geringen Stromanteil, aber auch einen sehr geringen Fernwärmeanteil. Insgesamt bedeutet das, daß wir noch ein relativ großes Potential vor uns haben, das wir auf dem Wärmemarkt erschließen können.

4. Energieverbrauch und CO_2-Ausstoß im Jahr 1990 in Bremen

Nun ein wichtiges Zwischenergebnis. Die Abschätzung des Energiebedarfs für das Jahr 1990 und der daraus resultierende CO_2-Ausstoß (Bild 9). Dies dient als Basis für die nachfolgenden Überlegungen, welche CO_2-Reduktionspotentiale in den einzelnen

Anwendungsbereichen der Energie vorhanden sind.

Der gesamte Endenergiebedarf betrug im Jahr 1990 ca. 33 Terrawattstunden. Von den Stadtwerken beeinflußbar sind der Bereich der Haushalte und Kleinverbraucher sowie der Industriebereich ohne die Grundstoffindustrie. Das sind zusammen etwa 12 Terrawattstunden. Von den Stadtwerken nicht beeinflußbar sind zwei Bereiche, nämlich der Grundstoffsektor und der Verkehr mit zusammen 21 Terrawattstunden, also viel mehr als das, was wir als Stadtwerke beeinflussen können.

Zum anderen können wir Einfluß nehmen auf den Umwandlungseinsatz in der Stromerzeugung und der Fernwärmeerzeugung mit zusammen 10 Terrawattstunden, so daß insgesamt von dem gesamten Energiebedarf in Bremen ungefähr 19 Terrawattstunden von den Stadtwerken beeinflußt werden können (ohne Doppelzählungen).

Wenn dieser Wert mit den nach Energieträgern spezifischen CO_2-Faktoren multipliziert wird, ergibt sich daraus, daß der CO_2-Ausstoß in der Stadt Bremen gegenwärtig etwa 12 Millionen Tonnen beträgt. Das sind gut 1 % des Gesamtausstoßes in der Bundesrepublik. Von den Stadtwerken beeinflußbar sind aber nur 5,1 Millionen Tonnen, also 42,5 % davon.

Der Schwerpunkt meiner weiteren Ausführungen wird darauf liegen, an welchen Stellen man mit welchen Erfolgsaussichten diese 5,1 Millionen Tonnen CO_2, die wir als Stadtwerke beeinflussen können, reduzieren kann.

5. Raumwärmebedarf und CO_2-Ausstoß eines Einfamilienhauses

Zuvor aber noch eine Zwischenbemerkung zum Raumwärmebedarf und CO_2-Ausstoß eines durchschnittlichen Einfamilienhauses (Bild 10). Dieses weist im Durchschnitt einen Nutzwärmebedarf von rund 17.500 Kilowattstunden pro Jahr auf. Wenn man dieses mit Fernwärme versorgt, dann kommt ein geringer Verlust von ungefähr 5 % hinzu, so daß wir dann bei 18.000 Kilowattstunden pro Jahr an Endenergie sind. Wenn das Haus mit Kohle, Öl oder Gas beheizt wird, kommen die Kesselverluste dazu, so daß heute im Durchschnitt je nach Energieträger zwischen 23.000 und 26.000 Kilowattstunden an Endenergie für dieses Einfamilienhaus aufgewendet werden müssen.

Wenn dies statt dessen mit einem neuen effizienten Erdgaskessel erfolgt -in den Rechnungen habe ich z.B. einen Wirkungsgrad von 95 % zugrundegelegt-, so gelangen wir bei einem neuen Erdgaskessel zu exakt demselben Wert wie bei der Fernwärme, jedenfalls energiemäßig betrachtet.

Wenn man das auf den CO_2-Ausstoß umrechnet, so werden die Unterschiede

Energiebedarf 1990
und daraus resultierender CO_2 –Ausstoß

Basis 1990

Endenergiebedarf	33,42 TWh
von den Stadtwerken beeinflußbar:	
Haushalte	5,25 Twh
Kleinverbraucher	4,45 TWh
Industrie	2,30 Twh
Von den Stadtwerken nicht beeinflußbar:	
Grundstoffe	14,25 TWh
Verkehr	7,15 TWh

Umwandlungseinsatz	
Stromerzeugung	9,55 TWh
Fernwärmeerzeugung	0,50 TWh

von den Stadtwerken insgesamt beeinflußbar:	
Endenergiebedarf	
– direkt	9,05 TWh
– indirekt	4,15 TWh
Umwandlungseinsatz	10,05 TWh
insgesamt	19,10 TWh
(ohne Doppelzählungen)	48,60 %

CO_2

daraus resultierender CO_2-Ausstoß:	
insgesamt	12,1 Mio t
beeinflußbar	5,1 Mio t
(ohne Doppelzählungen)	42,5 %

Bild 9

zwischen den verschiedenen Heizungssystemen wesentlich größer, was daran liegt, daß die einzelnen Energieträger eine unterschiedliche Kohlenstoffintensität aufweisen. Wenn man die Kohleheizung einmal außer Betracht läßt, weil diese keine Bedeutung mehr hat, und eine Ölheizung ansetzt , emittiert man heute etwa 7 Tonnen CO_2 pro Jahr bei einer durchschnittlichen Ölheizung in einem Einfamilienhaus.

Wenn man dagegen die Fernwärme nimmt, benötigt man nur noch gut 3 Tonnen, also weniger als die Hälfte (Bremer Verhältnisse in der Fernwärmeversorgung zugrundegelegt). Die Umstellung einer Ölheizung auf eine Fernwärmeversorgung würde den CO_2-Ausstoß dieses Hauses also mehr als halbieren. Wenn ich eine alte Ölheizung durch eine moderne Gasheizung ersetze, dann kann ich ebenfalls etwa die Hälfte an CO_2 einsparen. Dieses ist also als Hintergrund zu sehen, wenn ich jetzt auf die CO_2-Reduktionspotentiale zu sprechen komme.

6. CO_2-Reduktionspotentiale

In den nachfolgenden Abbildungen habe ich versucht, den CO_2-Ausstoß und das Reduktionspotential einmal für eine Reihe von Energieanwendungsbereichen grafisch darzustellen. Dabei ist jeweils angegeben die Höhe des CO_2-Ausstoßes sowie der Anteil an der von den Stadtwerken zu beeinflussenden Menge. Außerdem wird sowohl bei den Emissionen als auch bei den Reduktionspotentialen nach Energieträgern unterschieden. Es werden zwei Fälle im Hinblick auf die Einsparungen betrachtet. Der Fall 'Erwartung' umfaßt alle realistischen Potentiale, der Fall 'möglich' erweitert dies auf alle z. Z. beschreibbaren Möglichkeiten. Es wird jeweils die Einsparung an CO_2 dargestellt, wenn die vorhandenen Geräte und Anlagen auf modernste Technik sowie auf die beiden umweltfreundlichen Energieträger Fernwärme oder Erdgas umgestellt würden.

6.1 Raumwärmebedarf der Haushalte

Zunächst einmal möchte ich auf den Bereich der Raumwärme der Haushalte eingehen, zum einen, weil dort mit Sicherheit die größten Reduktionspotentiale vorhanden sind, zum anderen weil uns dieser Sektor am ehesten vertraut ist. In Bremen verursacht der Sektor Raumwärme Haushalte etwa 1 Million Tonnen CO_2 oder 20% von den 5 Millionen Tonnen, die von den Stadtwerken beeinflußbar sind. Davon machen die Ölheizungen 50%, Gasheizungen 37%, die Fernwärme 5% und andere Heizungssysteme zusammen 8% (Bild 11). Wenn ich jetzt betrachte, was mit neuen Heizanlagen auf Gasbasis oder Fernwärme

Raumwärmebedarf eines Einfamilienhauses

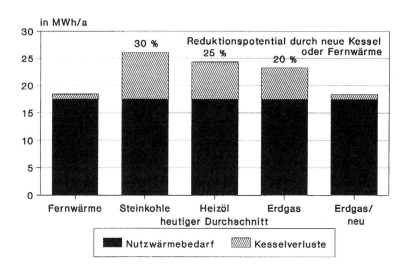

in MWh/a

Legend: ■ Nutzwärmebedarf ▨ Kesselverluste

CO₂-Ausstoß
Einfamilienhaus RW

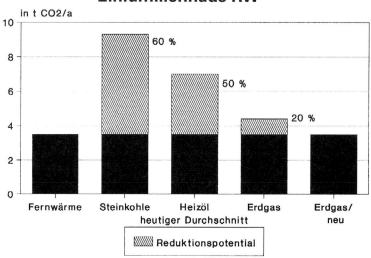

in t CO2/a

Legend: ▨ Reduktionspotential

Bild 10

erreicht werden kann, dann erkennt man, daß sich der CO_2-Ausstoß bei Ölheizungen im Bestand um 50% reduzieren läßt. Bei den vorhandenen Gasheizungen kann man diesen um etwa 20% verringern; bei bestehenden Fernwärmeanlagen dagegen nur sehr geringfügig. Wenn ich den Kohle- und Strombereich nehme, ließe sich der CO_2-Ausstoß sogar um 66% reduzieren, und dies bei gleichem speziflschen Wärmebedarf wie heute.

Zusätzlich könnte man die Gebäude auch noch besser isolieren. Ich habe hier einmal einen Betrag von 10% für die Reduzierung des Wärmebedarfs im Gesamtbestand angesetzt, eine Größenordnung, die Prognos in seiner Projektion ebenfalls zugrunde gelegt hat. In dem Diagramm sind zusätzlich noch einige Striche eingetragen, die andeuten sollen, daß im Bereich der Wärmedämmung natürlich auch noch mehr möglich ist. Das hängt aber wiederum von den Rahmenbedingungen und auch vom Handeln der verschiedenen Akteure ab.

Eingespart werden kann alles das , was schraffiert dargestellt ist. Die verbleibende weiße Fläche ist das, was noch an CO_2-Ausstoß übrig bleibt. Daran kann man erkennen, daß im Bereich der Raumwärme insgesamt knapp 50% an CO_2 eingespart werden kann und dies vor allem durch die Umstellung der Heizungsanlagen, ohne große Anstrengungen zur Isolierung der Gebäude. Ich hoffe, daß wir als Unternehmen auch erfolgreich sein werden, um unsere umweltfreundlichen Energieträger Gas- und Fernwärme in diesem Maße auf dem Markt zu etablieren.

Daneben gibt es noch einen weiteren Bereich, den man hier berücksichtigen muß: den Neubau. Dieser hat aber im Raumwärmebereich der Haushalte einen relativ geringen Einfluß, weil bis zum Jahr 2010 nach Gutachten für den Bremer Senat nur etwa 5% der Wohnfläche hinzukommen, so daß das Gesamtbild hierdurch nicht gravierend verändert wird.

6.2 Warmwasserbedarf der Haushalte

Im Bereich der Warmwasserbereitung ergibt sich ein ähnliches Bild wie bei der Raumwärme. Dort, wo das Warmwasser mit der Heizungsanlage erzeugt wird, sind fast identische Einsparpotentiale vorhanden, sowohl an Energie als auch an CO_2. Es gibt aber zusätzlich in vielen Wohnungen noch dezentrale elektrische Warmwasserbereitung. Hier kann man technisch kaum etwas einsparen. Darauf hat Herr Wagner bereits hingewiesen. Man kann aber natürlich, wo einmal ein Fernwärme- oder Gasanschluß vorhanden ist, auch das Warmwasser noch mit Fernwärme oder Gas erzeugen. Insofern ist ein relativ großes Substitutions-Potential vorhanden. Im übrigen könnte man in diesem Bereich z. B. auch die Solarenergie mittels

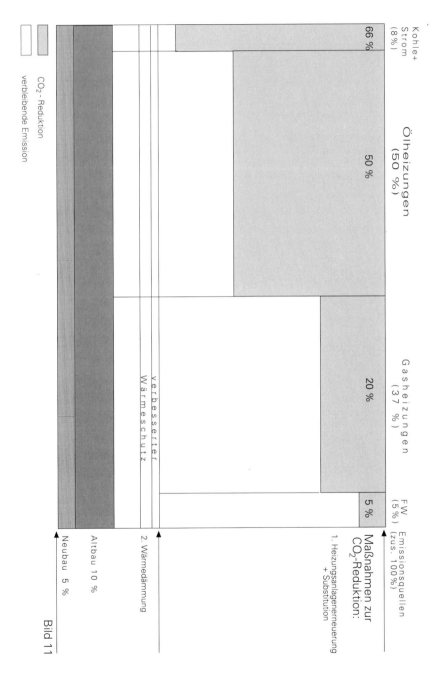

CO$_2$-Reduktionspotential Raumwärme Haushalte Bremen 1990

1 Mio t CO$_2$ entspr. ca. 20 % des von den Stadtwerken beeinflußbaren CO$_2$-Ausstoßes

Kohle+
Strom
(8 %)

Ölheizungen
(50 %)

Gasheizungen
(37 %)

FW
(5 %)

Emissionsquellen
(zus. 100%)

Maßnahmen zur
CO$_2$-Reduktion:

1. Heizungsanlagenerneuerung
+ Substitution

2. Wärmedämmung

66 %

50 %

20 %

5 %

verbesserter
Wärmeschutz

Neubau 5 %

Altbau 10 %

CO$_2$ - Reduktion

verbleibende Emission

Bild 11

102

CO₂-Reduktionspotential Warmwasser Haushalte Bremen 1990

0,2 Mio t CO₂ entspr. ca 4 % des von den Stadtwerken beeinflußbaren CO₂-Ausstoßes

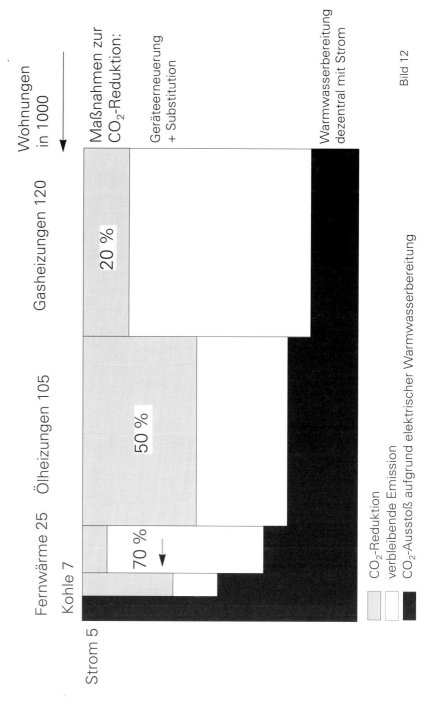

Bild 12

103

Solarkollektoren nutzen.

Insgesamt sind die Einsparmöglichkeiten in dem Bereich der Warmwasserbereitung, der nicht mit Strom erzeugt wird, ähnlich hoch wie bei der Raumwärme. In dem elektrisch erzeugten Teil ist es relativ offen, was in Zukunft passiert. Das hängt ja auch von den Verbrauchern ab, ob sie von dem relativ komfortablen Strom weggehen wollen und auch, wie die Unternehmen ihr Verhalten beeinflussen.

6.3 Stromverbrauch der elektrischen Haushaltsgeräte

Dann gibt es in den Haushalten einen weiteren Anwendungsbereich, nämlich die elektrischen Haushaltsgeräte (Bild 13). Strom hat mit 630 GWh oder ungefähr einer halben Million Tonnen CO_2 einen Anteil von etwa 11% an den gesamten CO_2-Emissionen, die von den Stadtwerken beeinflußt werden können.

Wenn wir uns jetzt einmal ansehen, wie das auf die verschiedenen Anwendungsarten des Stroms verteilt ist, dann sieht man, daß der Bereich Kühlen, Gefrieren mit 30% den größten Anteil daran hat, daß hier aber mit bis zu 50% auch das mit Abstand größte Einsparpotential besteht.

In den anderen Bereichen, insbesondere den Geräten in der Küche, bei sonstigen Haushaltsgeräten und im Bereich der Unterhaltung wird sich eher ein Zuwachs des Stromverbrauchs ergeben als eine Verringerung, weil in all diesen anderen Bereichen ein relativ geringes Einsparpotential vorhanden ist und die Zahl der Geräte noch zunehmen wird.

Den Bereich der Beleuchtung habe ich anders schraffiert, um eine größere Unsicherheit über die künftige Entwicklung anzudeuten. In diesem Bereich ist sicherlich ein sehr großes Einsparpotential durch die neuen energiesparenden Lampen vorhanden. Die Frage ist jedoch, inwieweit dieses Potential in Zukunft erschlossen werden wird.

Trotzdem erkennt man, daß im Bereich der Haushaltsgeräte bereits eine reine Trendentwicklung eine Verringerung des Stromverbrauchs um ungefähr 20% mit sich bringen würde. Denn man muß davon ausgehen, daß die effizienten stromsparenden Geräte auf den Markt kommen werden.

6.4 CO_2-Reduktionspotential der Haushalte

Wenn ich jetzt den gesamten Haushaltsbereich zusammennehme, so weist dieser derzeit einen CO_2-Ausstoß von insgesamt 1,75 Millionen Tonnen auf. Dies sind 35% des von den Stadtwerken beeinflußbaren Wertes (Bild 14).

Wenn ich nun das CO_2-Reduktionspotential betrachte, so kann man nach unseren

Stromsparpotential Elektrische Haushaltgeräte Bremen 1990

630 GWh entspr. 0,55 Mio t CO$_2$ bzw. 11 % des von den Stadtwerken beeinflußbaren CO$_2$-Ausstoßes

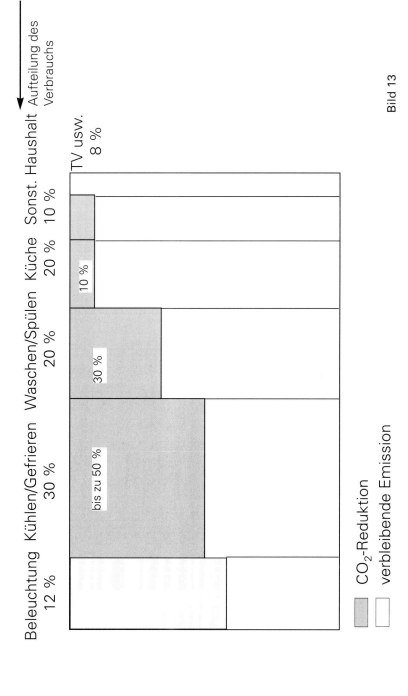

Bild 13

CO$_2$-Reduktionspotential Haushalte alle Bereiche Bremen 1990

1,75 Mio t CO$_2$ entspr. ca 35 % des von den Stadtwerken beeinflußbaren CO$_2$-Ausstoßes

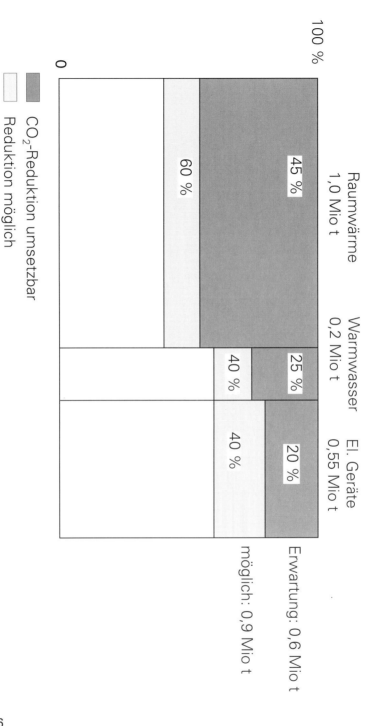

Bild 14

106

Analysen im Bereich der Raumwärme ohne große Anstrengung ungefähr 45% einsparen. Denkbar erscheinen bei anderen Rahmenbedingungen und entsprechendem Handeln auch 60%. Im Warmwasserbereich ließen sich ohne weiteres ungefähr 25% einsparen, 40% sind auch möglich. Bei den elektrischen Geräten 20% als Trendentwicklung und 40% als mögliches Potential.

Aufaddiert können wir im Haushaltsbereich von den 5 Millionen Tonnen etwa 600.000 Tonnen CO_2 einsparen. Das sind 12% von Bremen oder 35% des gesamten Haushaltsbereiches. Wenn man andere Rahmenbedingungen zugrunde legt und etwas weitergreift, sind auch 50% mehr, nämlich eine Reduktion von 900.000 Tonnen oder rund 50% in dem Haushaltsbereich möglich. Diese Werte beziehen sich nicht auf Energieeinsparungen, das sind CO_2-Einsparungen.

6.5 CO$_2$-Reduktionspotential der Kleinverbraucher

Dieses durchaus optimistische Bild für den Bereich der Haushalte verändert sich stark, wenn man in den Bereich der Industrie und des Gewerbes sieht. Ich nehme als Beispiel den Bereich der Kleinverbraucher (Bild 15). Einmal gibt es hier eine ganz andere Ausgangslage: der Raumwärmebereich macht hier nur 40% des CO_2-Ausstoßes aus. Hier kann man zwar prozentual genausoviel CO_2 einsparen wie bei den Haushalten, aber das ist eben ein kleinerer Teil am Gesamtausstoß.

Der ganz große Teil im Kleinverbrauch wird bisher durch den Stromeinsatz für Prozeßwärme, Kraft, Licht und elektrische Geräte verursacht. Das ist insgesamt etwa die Hälfte des CO_2-Ausstoßes im Gewerbebereich und hier muß ich nach Prognos davon ausgehen, daß der CO_2-Ausstoß in diesem Teilbereich eher einen Zuwachs erfahren wird und keine Reduktion. Auch mit erheblichen Anstrengungen wird es schwer sein, hier erst einmal den Zuwachs des Verbrauchs zu bremsen, so daß ich für den gesamten Bereich der Kleinverbraucher nicht davon ausgehe, daß hier überhaupt eine Reduktion an CO_2 erreichbar ist.

6.6 CO$_2$-Reduktionspotential bei der Stromerzeugung

Auf einen Punkt möchte ich noch eingehen, nämlich auf den Bereich der Stromerzeugung (Bild 16). Im Bereich der Stromerzeugung emittieren wir als Stadtwerke das meiste CO_2, nämlich insgesamt über 50% der von uns beeinflußbaren Menge. Der Anteil ist so hoch, weil wir als kommunale Versorger, als Konkurrenz zur Kernenergie, nur die Kohle als kostengünstigen Energieträger haben und der Kohleeinsatz mit einem hohen CO_2-Ausstoß verbunden ist. Insgesamt beträgt dieser bei der Stromerzeugung ungefähr 2,6 – 2,7 Millionen Tonnen CO_2.

CO₂-Reduktionspotential Kleinverbraucher Bremen 1990

1,45 Mio t CO₂ entspr. 28 % des von den Stadtwerken beeinflußbaren CO₂-Ausstoßes

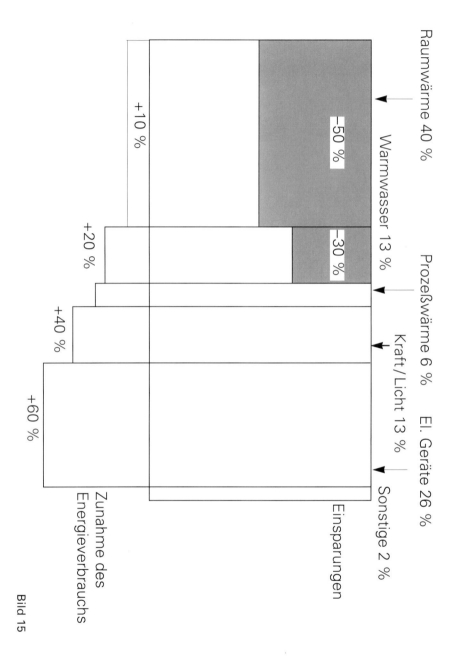

Bild 15

CO$_2$-Reduktionspotential Elektrizitätserzeugung Bremen 1990

2,7 Mio t CO$_2$ entspr. ca 52% des von den Stadtwerken beeinflußbaren CO$_2$-Ausstoßes

Steinkohle 2,25 Mio t (44 %)

Erdgas 415 kt (8 %)

mehr Erdgas 425 kt

erneuerbare
Quellen 50 kt

Gicht-
gas
375 kt

Bild 16

109

In diesem Bereich ist es sehr viel schwieriger, irgend etwas zu verändern, wenn man nicht Kernenergie aus dem Umland oder aus Frankreich importieren oder auf heute noch utopisch erscheinende Möglichkeiten wie z.b. Strom aus Wasserkraft aus Norwegen zurückgreifen will.

Wir haben in Bremen jedoch eine weitere Besonderheit, und die hängt wiederum mit der Klöckner-Hütte zusammen. Dort könnte mehr Gichtgas ausgekoppelt werden als es jetzt schon geschieht, mit einem hohen Investitionsaufwand von geschätzten 150 Millionen DM. Wenn wir dieses täten, würde dies einen reduzierten Brennstoffeinsatz in unseren Kraftwerken mit sich bringen und ca. 375.000 Tonnen CO_2 einsparen.

Zum anderen haben wir in Bremen die Möglichkeit, ein Wasserkraftwerk zu bauen, ebenfalls mit einem sehr hohen Aufwand. Hundert Millionen DM soll das ungefähr kosten. Damit könnte man 50.000 Tonnen CO_2 einsparen. Das ist im Bereich der Stromerzeugung an CO_2-Einsparung möglich. Zusammen also etwa 400.000 Tonnen von 2,6 Millionen Tonnen, also ungefähr 15% könnte man durch diese Besonderheiten in Bremen im Strombereich einsparen.

Ohne auf die Kosten zu sehen, hätten wir noch eine weitere Option: wir könnten statt unserer kostengünstigen Importkohle auch teures Erdgas in unseren Kraftwerken verfeuern. Wenn die Erdgaskraftwerke, die bislang in der oberen Mittellast betrieben werden, statt dessen in der Grundlast fahren würden, könnte man den CO_2-Reduktionsbetrag im Bereich der Stromerzeugung verdoppeln, aber eben nur bei erheblich höheren Brennstoffkosten.

6.7 Gesamtes CO_2-Reduktionspotential

Wenn ich jetzt mal alle CO_2-Reduktionspotentiale zusammenzähle, so kann ich zwei denkbare Entwicklungslinien aufzeigen: Zum einen was wir für die Zukunft erwarten und zum zweiten, was wir darüber hinaus bei entsprechendem politischen Willen und geänderten Rahmenbedingungen als möglich ansehen. "Erwarten" heißt nicht Status quo Projektion, da würde nämlich gar keine CO_2-Reduktion herauskommen. Dieser Fall beinhaltet bereits solche Veränderungen, die bei einigem Optimismus, bei etwas geänderten Rahmenbedingungen (wie z. B. Zuschüssen für vorbildliche Projekte aus Bonn oder Brüssel, Energiesteuer oder CO_2-Abgabe) eintreten würden. Als möglich habe ich alles das zusammengenommen, was uns an weitergehenden Möglichkeiten eingefallen ist, was aber ganz andere Rahmenbedingungen erfordern und auch viel Geld zusätzlich kosten würde.

Die "Erwartung" beläuft sich auf insgesamt eine Reduktion von 775.000 Tonnen CO_2,

CO$_2$-Reduktions-potentiale	Erwartung		möglich	
	kT/a	%	kt/a	%
Haushalte	−600	−12,0	−900	−18,0
Kleinverbraucher	150	3,0	0	0,0
Industrie (ohne GI)	100	2,0	0	0,0
Endverbrauch	−350	−7,0	−900	−18,0
Elektrizität				
– Gichtgasnutzung	−375	−7,5	−375	−7,5
– Erneuerbare Energien	−50	−1,0	−100	−2,0
– Erdgasoption	0	0,0	−425	−8,5
Fernwärme	0	0,0	−100	−2,0
Erzeugung Gesamt	−425	−8,5	−1000 −	20,0
Stadtwerke gesamt	**−775**	**−15,5**	**−1900**	**−38,0**

also ungefähr 15 % CO$_2$-Reduktion. Dieser Betrag kommt dadurch zustande, daß z. B. im Bereich der Kleinverbraucher und in der Industrie keine Reduktion, sondern eine Steigerung des CO$_2$-Ausstoßes stattfindet und es ist nur deshalb möglich, weil sich hier die Gichtgasnutzung sehr stark auswirkt.

"Möglich" ist nach meiner Einschätzung ein Betrag von knapp 40%, wenn ich alles zusammenzähle, was ich erwähnt habe, nämlich auf der Verbraucherseite einen um knapp 60% reduzierten CO$_2$-Ausstoß im Bereich der Haushalte, keine Steigerung in dem Bereich Industrie und Gewerbe als einen Zielwert und Erdgas statt Importkohle in der Grundlast der Strom- und Fernwärmeerzeugung. Also ist insgesamt ein erhebliches Reduktionspotential vorhanden, wenn auch mit sehr hohen Kosten verbunden.

7. Resumee

Als kommunale Versorgungsunternehmen werden wir in Zukunft viel stärker zur Energie- und insbesondere auch zur CO$_2$-Einsparung gefordert sein. Im Bereich der Haushalte müssen wir das Energiesparen insgesamt fördern. Das reicht vom Raumwärmebereich über Warmwasser bis hin zu effizientem Stromeinsatz bei elektrischen Geräten. Im Bereich der Kleinverbraucher und der Industrie ist darüber hinaus in Zukunft auch Stromsparen gefordert. Ich kann mir vorstellen, daß wir gefordert sein werden, in diesem Bereich jedenfalls den Stromverbrauchsanstieg deutlich abzubremsen. Wichtig dabei ist eine Zusammenarbeit der Unternehmen innerhalb der ASEW.

Diskussion zum Vortrag von Dr. Bauerschmidt

Dr. Ohlms, Stadtwerke Münster GmbH
Der CO_2-Ausstoß für Fernwärme war hier angegeben. Nun gibt es einen Riesenunterschied zwischen einem kohlebefeuerten Heizwerk und einer gasbetriebenen Kraft-Wärme-Kopplungs-Anlage. Es ist insbesondere die Frage zu stellen, wie der Strom bewertet wurde auf der Basis von Kohlekraft oder vom Kraftwerksmix, wie er z. Z. in Deutschland existiert.

Dr. Bauerschmidt:
Hier habe ich selbstverständlich die Bremer Verhältnisse zugrunde gelegt und dort machen wir inzwischen die Fernwärme auch aus Import Kohle, damit haben wir sozusagen den Kohlewert zugrunde gelegt. Wenn man Gas statt Kohle einsetzt, würde das nochmal um 1/3 besser werden und in diesem Fall ist auch die Fernwärme CO_2-mäßig wesentlich besser als Gas. Das muß ich hinzusagen.

112

Dipl.-Ing. Manfred Görg
Stadtwerke Hannover AG, Abteilung Energiepolitik und
Sonderaufgaben (Stabsabteilung beim Vorstand).
Zur Person:
Hauptarbeitsgebiete: Konzeptionelle Arbeiten für die Ent-
wicklung zum Energiedienstleistungsunternehmen; Betreuung
und Bearbeitung örtlicher Energiekonzepte; Projektleitung zu
Studien und Modellvorhaben, insbesondere zur Erschließung
von Sparpotentialen und Nutzung erneuerbarer Energie-
quellen.
Zum Unternehmen:
Stadtwerke Hannover AG sind zu 100 % in kommunalem
Besitz. Querverbundunternehmen, 75 % Stromeigenerzeugung.
1990: Strom 3.000 Gwh, Gas 8.500 GWh, Fernwärme 780 GWh, Wasser 53 Mio m³ (jeweils
nutzbare Abgabe). 3.600 Mitarbeiter, Umsatz: 1,1 Mrd DM.

Erschließung von Potentialen zur Energieeinsparung und CO$_2$-Reduzierung durch Energiedienstleistungen

Manfred Görg

Die Stadtwerke Hannover AG haben 1989 im Zusammenhang mit der Umsetzung ihres "Konzept 2000" sowie der Erstellung örtlicher Energiekonzepte ein "Programm zur Erschließung von Einsparpotentialen und Nutzung erneuerbarer Energiequellen bei Endverbrauchern" (kurz "5-E-Programm") beschlossen. Für das Programm sind über einen Zeitraum von 4 Jahren etwa 1 Mio. DM jährlich für Studien, Demonstrations-Programme u. ä. vorgesehen worden. Aufgabe des Programms sollte es sein, bis 1992 realistische Zielvorstellungen über mobilisierbare Sparpotentiale und die dazu erforderlichen Aktivitäten für die weitere Unternehmensplanung zu erarbeiten.

Das "5-E-Programm" umfaßt im wesentlichen folgende Arbeitsbereiche:
1. Energie- und Emissionsbilanzen
2. Einsparpotentiale bei den privaten Haushalten
   – Raumwärme
   – Warmwasser
   – Strom
   – Wasser
3. Einsparpotentiale im öffentlichen Bereich
4. Einsparpotentiale im gewerblichen Bereich
5. Nutzung regenerativer Energien durch Endverbraucher
6. Hemmnisse/Mobilisierungsinstrumente/Ausbau der Dienstleistungsangebote der Stadtwerke Hannover AG
7. Weiterentwicklung des Wärmeatlasses
8. Auswertungen/Integration/Optimierung
9. Empfehlungen zu Zielen und Strategien

Dieser Beitrag gibt einen kurzen Überblick und eine Zwischenbilanz über die wichtigsten Aktivitäten im Rahmen dieses Programms.

Energie- und Emissionsbilanzen

Nach umfangreichen Arbeiten konnten die Energie- und Emissionsbilanzen für die Stadt Hannover Anfang 1991 vorgelegt werden. Sie bilden eine wichtige Grundlage für die systematische Bewertung möglicher Einspar- und CO_2-Reduktionspotentiale. Außerdem quantifizieren sie das im Entwurf des Energiekonzepts Hannover enthaltene Ziel, bis zum Jahr 2005 mindestens 25 % CO_2 einzusparen. Einschließlich der Emissionen des lokalen Verkehrs betragen die CO_2-Emissionen z. Z. in Hannover rund 5,3 Mio. to/a.

Bis zum Jahr 2005 müßten demnach die CO_2-Emissionen um rund 1,3 Mio. to/a reduziert werden. Die Abbildungen im Anhang (Anlagen 1–4) geben einige Hinweise auf die Aufteilung nach Verbrauchssektoren und Energieträgern.

Die Energie- und Emissionsbilanzen sollen im Laufe des Sommers veröffentlicht werden.

Einsparpotentiale beim Raumwärmebedarf der privaten Haushalte

In diesem Bereich haben wir einen Schwerpunkt unserer bisherigen Aktivitäten gesetzt.

Zum Altbaubestand haben wir ein umfangreiches Gutachten vergeben, das in diesen Tagen abgeschlossen und danach ebenfalls veröffentlicht wird. Bearbeiter des Gutachtens sind die Büros ARENHA, Hannover, und GERTEC, Essen. Das Gutachten umfaßt:

– die Erstellung ortsspezifischer Haustypologien für Hannover und Langenhagen;
– die empirische Untersuchung (Repräsentativerhebung) des Dämm- und Heizungsstandards sowie der Eigentümermotivationen;
– die Untersuchung haustypenspezifischer Einsparmöglichkeiten, verbunden mit einzelwirtschaftlicher Optimierung;
– die Erstellung von Trend- und Sparszenarien;
– die Diskussion von Hemmnissen und Maßnahmenempfehlungen für das Sparszenario.

Im Anhang sind einige Abbildungen aus dem vorläufigen Schlußbericht wiedergegeben.

Einige vorläufige Erkenntnisse: Der überwiegende Teil der Dächer (60–90 %), der Außenwände (85–95 %) und der Keller (90–100 %) sind noch in schlecht gedämmtem Zustand, wie zur Zeit der Errichtung der Gebäude (Anlage 5).

Bei den vor Inkrafttreten der 1. Wärmeschutzverordnung im Jahre 1978 errichteten Gebäuden sind durch Dämmaßnahmen im Zuge anstehender

116

Erneuerungsmaßnahmen an den Außenbauteilen drastische Reduzierungen des Jahreswärmeverbrauchs um bis zu 80 % gegenüber dem historischen Ausgangszustand und bis zu 65 % gegenüber dem durchschnittlichen Ist-Zustand zu prinzipiell wirtschaftlichen Bedingungen möglich (Anlage 6).

Der überwiegende Teil der Einsparpotentiale kann zu Kosten zwischen ca. 2 und 6 Pf für die eingesparte kWh erschlossen werden (Anlagen 7 und 8).

Bei weitestgehender Erschließung aller wirtschaftlichen Sparpotentiale über einen Zeitraum von 30 Jahren, wobei die unabhängig von Unterhaltungsmaßnahmen ausführbaren Dämmaßnahmen wie Dachboden- und Kellerdeckendämmung bereits in den ersten 15 Jahren angenommen werden, geht die Nutzwärmenachfrage des Bestandes (bzw. des Bestandes und Neubaus) in einem Sparszenario bis zum Jahr 2005 um 39 % (34 %) und bis 2020 um 52 % (48 %) zurück (Anlage 9).

Durch gleichzeitige Verbesserung der Endenergieeffizienz von 0,75 auf 0,93 und Verschiebungen beim Einsatz der Energieträger vor allem zugunsten der Fernwärme sinken der Primärenergieeinsatz (für Bestand und Neubau) und die CO_2-Emissionen in diesem Sparszenario bis 2020 um mehr als 60 %, die SO_2-Emissionen sogar um über 80 % (Anlage 9). Bis 2005 gehen in dem Sparszenario die CO_2-Emissionen des privaten Raumwärmebereichs um über 400 000 to/a zurück. Die den Szenarien zugrunde liegenden Annahmen bedürfen noch der abschließenden Diskussion. Insofern bitte ich, die Zahlen und Abbildungen als vorläufig zu betrachten.

Wie wir alle wissen, ist das Erstellen von Szenarien einfacher als deren Umsetzung. Das Gutachten zeigt dementsprechend die entgegenstehenden Hemmnisse auf und erörtert mögliche Maßnahmen zu deren Überwindung, über die wir noch intensiv diskutieren müssen. Uns allen ist bewußt, daß Szenarien dieser Art Idealisierungen sind, die bestimmte Entwicklungsalternativen möglichst konsequent beschreiben, um sie an anderen denkbaren Entwicklungen zu messen. Die wichtigste Botschaft jenseits allzu großer Zahlengläubigkeit dieser beiden Trend- und Sparszenarien ist, daß es einen recht großen politischen Handlungsspielraum gibt, deutlich größere Energie- und CO_2-Sparpotentiale im privaten Raumwärmebereich zu erschließen, als sich im Trendverlauf (u. E. hier eher noch zu optimistisch eingeschätzt) quasi von selbst einstellen werden.

Wir haben vor, an dieses Gutachten ein Demonstrationsprogramm anzuschließen, in dem für die wichtigsten Haustypen und Zielgruppen exemplarisch Gebäude vorbildlich energetisch saniert werden sollen, verbunden mit Weiterbildungs- maßnahmen vor allem für das Handwerk.

Zum Neubaubereich sind wir auf der Grundlage der Pionierarbeiten des Instituts

Wohnen und Umwelt (Feist-Klien) gleich in die Entwicklung eines Demonstrationsprogramms zu Niedrigenergiehäusern (NEH) eingestiegen.

Das Demonstrationsprogramm der Stadtwerke besteht aus:

– der Erstellung von Informationsmitteln und allgemeinen Planungshilfen; der wissenschaftlichen Betreuung der Projekte in der Entwurfs- und Planungsphase sowie der Bauausführung durch von den Stadtwerken beauftragte Gutachter;

– Investitionszuschüssen zu den Mehrkosten (100 DM/m²);

– einem Meß- und Auswertungsprogramm sowie einer Dokumentation der Ergebnisse.

Es sollen bis zu 60 Wohneinheiten gefördert werden. Ein Projekt mit 27 Wohnungen im sozialen Wohnungsbau sowie einige Doppel-, Reihen- und Einzelhäuser gehen in diesem Sommer in Bau.

Eine Informationsbroschüre zu NEH haben wir im Frühjahr auf den Markt gebracht und über die ASEW den Mitgliedsunternehmen zum Nachdruck angeboten. Durch Seminare für Architekten und Handwerk sowie die Herausgabe weiterer Fachinformationsblätter zu einzelnen Detailfragen wollen wir die Anregung zu einer energiesparenderen Bauweise verstärkt in den regionalen Baumarkt hineintragen. Wir sind der Auffassung, daß dies trotz der angekündigten Verschärfung der Wärmeschutzverordnung sinnvoll ist, da die Probleme in der Praxis vor Ort liegen.

Warmwasserbereitung der privaten Haushalte

Zu Sparpotentialen beim Energiebedarf für die Warmwasserbereitung der privaten Haushalte haben wir keine eigenen Untersuchungen in Auftrag gegeben, sondern stützen uns vor allem auf die Studien, die für den Bremer Energiebeirat und die Klima-enquete-Kommission erstellt wurden, sowie auf unsere Energie- und Emissionsbilanz.

Potentiale zur Primärenergieeinsparung und CO_2-Reduzierung sind beim Warmwasserbedarf vor allem in folgenden Ansatzpunkten zu sehen:

1. Verbesserung der technischen Effizienz der Systeme zur Warmwasserbereitung unter Beibehaltung des Endenergieträgers;

2. Wechsel des Energieträgers, insbesondere Ersatz von Strom durch Erdgas oder Fernwärme;

3. teilweiser Ersatz fossiler Brennstoffe durch solare Warmwasserbereitung.

Zu 1.: nehmen wir an, daß die möglichen Effizienzverbesserungen von vielleicht 15% bis zum Jahr 2005 (Ebök-Geiger u. a., 1989) durch Mehrverbrauch ausgeglichen werden.

Zu 2.: könnte eine Halbierung des in Hannover schon recht niedrigen Stromanteils an der Warmwasserbereitung eine CO_2-Reduktion von rd. 35 000 to/a bewirken. Entscheidungen dazu oder praktische Initiativen gibt es jedoch noch nicht.

Zu 3.: sehen wir unter den Bedingungen einer Großstadt kurz- bis mittelfristig die Haupteinsatzmöglichkeiten für regenerative Energien bei Endverbrauchern. Eine solare Warmwasserversorgung mit 50 % solarem Deckungsanteil für etwa 20 % der hannoverschen Haushalte könnte rund 10 000 to CO_2 pro Jahr vermeiden.

Auch hier sind wir aufgrund personeller Engpässe noch nicht über den Stand von Vorüberlegungen für ein Unterstützungsprogramm zur schnelleren Marktausbreitung der solaren Warmwasserbereitung hinausgekommen.

Stromsparpotentiale bei privaten Haushalten

Zum Thema Stromsparpotentiale bei den privaten Haushalten (bei Anwendungen für Kraft, Prozeßwärme ohne Brauchwarmwasser, Licht und Kommunikation) konnten wir bislang noch keine hannoverspezifischen detaillierten Untersuchungen durchführen, obwohl dieses Thema unter dem Gesichtspunkt der Primärenergie-einsparung und CO_2-Reduzierung sehr relevant ist. Überträgt man überschlägig die von Ebök-Geiger u. a. im Rahmen der Studien für die Klimaenquete getroffenen Abschätzungen zu Stromsparpotentialen im Haushaltsbereich auf die hannoverschen Strukturen, dann schlummert hier ein CO_2-Minderungspotential von immerhin rund 100 000 to/a im Bestand, bzw. mit dem erwarteten Zuwachs von ca. 15 000 Wohnungen bilanziert, von rund 80 000 to/a.

Wieweit diese Abschätzungen realistisch sind und welche Aktivitäten zur Mobilisierung der Potentiale seitens der Stadtwerke und anderer dazu notwendig wären, muß noch diskutiert werden. Unsere Aktivitäten beschränken sich bislang auf den Einsatz des von der Energieversorgung Schwaben entwickelten Beratungsprogramms zu Haushaltsgeräten und den kostenlosen Verleih von Meßgeräten.

Einsparpotentiale im Sektor Kleinverbrauch, insbesondere im öffentlichen Bereich

Wir haben zu diesem Bereich bislang keine eigenen Untersuchungen in Auftrag gegeben, sondern uns auf eine Auswertung verschiedener Studien, insbesondere für die Klimaenquete-Kommission sowie aus der Schweiz und Dänemark, beschränkt (AKF; Brunner; FfE-Brunner). Im Rahmen einer CO_2-Minderungsstudie für den Großraum Hannover, die überwiegend vom Land finanziert wird, wird der Kleinverbrauchssektor jedoch zur Zeit intensiver untersucht.

Nach den ausgewerteten Studien zu Energiesparpotentialen im Kleinverbrauchssektor kann mit *spezifischen* (d. h. je erbrachte Energiedienstleistung) *technischen Einsparpotentialen von 40% (+10%)* im Durchschnitt des Sektors gerechnet werden. Die Brennstoffsparpotentiale dürften dabei eher höher, die Stromsparpotentiale eher niedriger liegen.

Über die Wirtschaftlichkeit und die Erschließbarkeit bis zum Jahr 2005 liegen nur unvollständige Aussagen vor, deren Annahmen zudem nicht immer ausreichend nachvollziehbar sind. Es kann nach den vorliegenden Studien jedoch davon ausgegangen werden, daß bei einem mittleren Energiepreisniveau und nicht zu kurzfristigen Amortisationserwartungen der größere Teil der technischen Potentiale auch wirtschaftlich sein dürfte, insbesondere wenn die Einsparinvestitionen mit dem Erneuerungszyklus von Anlagen und Gebäuden gekoppelt werden.

Ein kleinerer Teil des technisch-wirtschaftlichen Einsparpotentials würde durch den normalen Erneuerungsprozeß quasi automatisch realisiert werden. Für eine weitgehende Erschließung der wirtschaftlichen bzw. auch der technischen Potentiale werden jedoch gezielte Maßnahmen für notwendig gehalten.

In einem von FfE-Brunner für die Klima-Enquete-Kommission gerechneten *Sparszenario*, das auch das Wirtschaftswachstum des Sektors berücksichtigt, werden 7% Stromverbrauchsminderung und 23% Rückgang des Brennstoffverbrauchs im Kleinverbrauchssektor für möglich gehalten. Übertragen auf Hannover entspräche dem – ohne Berücksichtigung des geplanten Fernwärmeausbaus – eine Reduzierung der CO_2-Emissionen um rund 140 000 to/a. Durch die angestrebte Steigerung der Fernwärmenetzeinspeisung von 1 000 GWh/a auf 1 400 GWh/a, die zum größten Teil in den Kleinverbrauchssektor gehen soll, würden die CO_2-Emissionen größenordnungsmäßig um weitere 30 000 to/a sinken, d. h. insgesamt würde in diesem Sparszenario eine *CO_2-Reduktion von 170 000 to/a* eintreten.

Ohne verstärkte Bemühungen um die Erschließung von Sparpotentialen rechnen FfE-Brunner in einem *Trendszenario* bis 2005 mit einer Zunahme des Stromverbrauchs um 12% und des Brennstoffverbrauchs um 2%. Übertragen auf Hannover würde dies eine Zunahme der CO_2-Emissionen um ca. 70 00 to/a zur Folge haben, bzw. abzüglich der Entlastungswirkung durch den Fernwärmeausbau eine Zunahme um ca. 40 000 to/a. D. h., zwischen einer Fortschreibung der derzeit erkennbaren Trends und einer forcierten Politik zur Erschließung latenter, im Prinzip auch wirtschaftlicher Sparpotentiale im Kleinverbrauchssektor liegt bezüglich der Wirkungen auf die CO_2-Emissionen eine Differenz von gut 200 000 to/a!

Wir haben bislang noch kein schlüssiges Konzept, was wir zur Erschließung der Sparpotentiale in diesem heterogenen Bereich tun sollten und können. M. E. müßten wir uns insbesondere mit den Stromsparmöglichkeiten beschäftigen, weil hier die größte Wachstumsdynamik steckt und die größte CO_2-Wirksamkeit. Exemplarische Stromspar-Detailstudien, die nach dem Beispiel der Schweiz (Brunner) in einem Gesamtprogramm koordiniert sind, wären m. E. ein sinnvoller auf Mobilisierung orientierter Ansatz. Der Kleinverbrauchssektor könnte auch ein sehr interessantes Feld für Wärme-Direkt-Service-Angebote und Drittfinanzierungsmodelle sein. Leider sind wir bislang aufgrund personeller Engpässe auf diesem Gebiet noch nicht so weit, wie wir es eigentlich sein möchten.

Eine noch unvollständige Bestandsaufnahme der öffentlichen Einrichtungen der Stadt Hannover (unseres Haupteigners) bestätigt, daß auch hier noch erhebliche Einsparpotentiale brachliegen. So waren 1990 z. B. rund 57 % der Wärmeerzeuger und 70 % der raumlufttechnischen Anlagen älter als 15 Jahre, 28 % bzw. 26 % davon sogar älter als 20 Jahre. Diese Überalterung weist auf eine andauernde Bereitstellung zu geringer Mittel in der Unterhaltung hin, die sich auch auf die bauliche Seite erstrecken dürfte. Mit dem Aufholen dieses Rückstandes ist die Stadt finanziell wie auch personell überfordert. Die Stadtwerke bereiten daher z. Z. ein Angebot vor, über ein sog. Projektfinanzierungsmodell die Erneuerung der Heizungstechnik in den städtischen Einrichtungen zu beschleunigen.

Einsparpotentiale im Industriebereich

Diesen Bereich konnten wir noch nicht näher betrachten. Mit 30 % Anteil an den CO_2-Emissionen und 37 % Anteil am gesamten Stromabsatz der Stadtwerke ist die Industrie in Hannover jedoch von besonderem Gewicht. Nach den Absatzprognosen, die die Prognos AG 1987 für die Stadtwerke Hannover erstellt hatte, ist unter Trend-bedingungen bei der Industrie ein Stromverbrauchszuwachs bis zum Jahr 2005 zwischen 10 und 20 % zu erwarten, während der Gasabsatz stagnieren bzw. um rund 10 % rückläufig sein wird.

In einem – allerdings sehr überschlägigen – Sparszenario von Prognos wird in der Industrie ein zusätzliches Stromsparpotential von knapp 10 % bis zum Jahr 2010, bei Erdgas von knapp 12 % erwartet.

Auch nach der Untersuchung von FfE und ISI für die Klimaenquete wird bei der Industrie selbst in der "Einsparvariante" eine leichte Zunahme der CO_2-Emissionen um etwa 7 % erwartet, bzw. sogar um 16 % in einer Trendvariante (bei angenommener konstanter Brennstoffstruktur). Verantwortlich dafür ist trotz erwarteter Vermin-derung des spezifischen Energiebedarfs das unterstellte Wirtschaftswachstum von 2,5 % p. a., d. h., wir müssen davon ausgehen, daß im Industriebereich die CO_2-

Emissionen auch bei großen Anstrengungen zur Erschließung von Sparpotentialen eher zunehmen werden. Dies grundsätzlich zu ändern, liegt wohl kaum im Einflußbereich von Kommunen und ihren Versorgungsunternehmen. Trotzdem sind auch hier Anstrengungen nötig, damit wenigstens das mögliche getan wird.

Nutzung regenerativer Energien durch Endverbraucher

Wir haben eine erste Abschätzung der in Hannover mittelfristig erschließbaren Potentiale natürlicher und anthropogener erneuerbarer Energiequellen gemacht (Anlage 10). Derzeit tragen diese Potentiale etwa 1,8 % zum Primärenergieverbrauch (ohne Verkehr) bei, mittelfristig könnte dieser Anteil etwa verdoppelt werden. Der überwiegende Teil davon wird durch die Stadtwerke selbst genutzt (werden). Wie schon oben angesprochen, sehen wir bei den Endverbrauchern mittelfristig unter unseren Standortbedingungen relevante Potentiale nur bei der solaren Warmwasserbereitung. In diesem Bereich streben wir ein Programm zur Unterstützung der Kunden an.

Insgesamt können durch die zusätzliche Nutzung erneuerbarer Energiequellen 45 000 to/a CO_2 eingespart werden.

Den Tarifkunden, die Strom aus Wind oder Photovoltaik erzeugen wollen, bieten wir für ihre Überschüsse, die sie bei uns einspeisen, ein Förderentgelt von 24 Pf/kWh an. Uns ist bewußt, daß wir uns diese Großzügigkeit aufgrund unseres Binnenlandstandortes leisten können. Im übrigen stellen wir auch den 2. Zähler für die Einspeisung kostenlos zur Verfügung.

Vorläufige Zusammenfassung der Potentiale

Fassen wir vorläufig die Potentiale zur CO_2-Minderung durch Energieeinsparung und Nutzung erneuerbarer Energiequellen in Hannover bis etwa zum Jahr 2005 (ohne Verkehr) zusammen, so ergibt sich folgendes Bild (siehe auch Anlage 11):

Haushalte	– 550 000 to/a
Kleinverbrauch	– 170 000 to/a
Industrie	+ 100 000 to/a (?)
Erneuerbare Energien	– 45 000 to/a
	– 665 000 to/a

Das entspricht einer Reduzierung der heutigen CO_2-Emissionen (ohne den Verkehr) um knapp 16 %.

Anzumerken ist, daß diese Abschätzungen grundsätzlich auf Sparszenarien beruhen, d. h. ein sehr intensives Bemühen um die möglichst vollständige Erschließung von wirtschaftlichen Sparpotentialen unterstellen. Im Falle des Kleinverbrauchs ist die Abschätzung überschlägig, bei der Industrie noch äußerst vage. Die Unsicherheit der überschlägigen Schätzungen liegt insgesamt mindestens in der Größenordnung +100 000 CO_2 to/a. Zusätzliche Unsicherheiten kommen hinsichtlich des zu erwartenden Wirtschaftswachstums in Hannover hinzu. Die Sparszenarien der Klima-Enquete-Studien unterstellen für Industrie und Kleinverbrauch jeweils 2,5 % p. a..

Beim Kleinverbrauch und der Industrie sind, anders als bei den Haushalten, außer dem geplanten Fernwärmeausbau von 1 000 auf 1 400 GWh Netzeinspeisung weitere Möglichkeiten der Brennstoffsubstitution noch nicht berücksichtigt. Ebenso fehlt in dieser Aufstellung eine Betrachtung der Möglichkeiten bei der Stromerzeugung. Angesichts der von der Stadt Hannover gleichzeitig angestrebten Zurückdrängung des Atomstrombezugs von der Preag, ist eine gleichzeitige weitere CO_2-Reduzierung bei der Stromerzeugung sehr fraglich.

Diese Perspektiven sollen hier jedoch nicht weiter erörtert werden. Unsere Überlegungen dazu sind auch noch lange nicht abgeschlossen.

Als vorläufiges Fazit kann jedoch festgehalten werden, daß es noch fraglich ist, wieweit das Ziel einer Reduzierung der CO_2-Emissionen von 25 % bis zum Jahr 2005 in Hannover unter den geltenden Rahmenbedingungen erreichbar sein wird. Auf jeden Fall wird es dazu außerordentlich großer Anstrengungen bei der Erschließung aller Energieeinsparpotentiale bedürfen.

Ausbau der Dienstleistungsangebote

Der Ausbau von Dienstleistungsangeboten zur Erschließung von Energiesparpotentialen bei den Endverbrauchern ist u. E. ein wichtiger Beitrag, den gerade die kommunalen Energieversorgungsunternehmen erbringen können und erbringen müssen.

Wir haben dazu einiges getan und auch noch einiges vor, stoßen aber zur Zeit auch an Grenzen.

Seit 1986 betreiben wir ein gut angenommenes Informations und Beratungszentrum, das *INFO OSTERSTRAßE* in der Stadtmitte. Das Konzept wird z. Z. noch stärker auf Energie- und Wassersparen sowie Umweltschutz hin profiliert.

Ein zweijähriger Modellversuch mit einem weiteren dezentralen Infozentrum im innerstädtischen Sanierungsgebiet Nordstadt (*INFO HEISENSTRAßE*) war aus verschiedenen Gründen nicht so erfolgreich, daß wir ihn weiterbetrieben hätten. Wir sehen uns jedoch zunehmend mit den Forderungen der von uns versorgten Städte und Gemeinden im Umland Hannovers konfrontiert, mit Beratungsangeboten dort auch stärker vor Ort präsent zu sein. Ob dies eher dauernde feste Angebote in Kooperation mit Verbraucherberatung, Umweltberatung der Stadt und anderen Versorgern sein werden oder mobile Lösungen oder gelegentliche Kampagnen, muß noch eingehender diskutiert werden.

Teils schon vorhandene und teils neue Dienstleistungsangebote haben wir Ende 1989 zu einem *Dienstleistungspaket* "9 Pluspunkte für Sie und für unsere Umwelt" zusammengefaßt. Das Paket enthält:

- Beratungsangebote zum Energiesparen bei der Raumheizung, beim Stromeinsatz und beim Wasserverbrauch für Haushalte
- Heizkostenvergleiche – Beratungsangebote zum Energiesparen im Gewerbe – Finanzierungshilfen
- Hilfen bei der Umstellung von Heizanlagen auf Fernwärme oder Gas.

Ende 1990 haben wir in Langenhagen, einer von uns voll versorgten Nachbarstadt Hannovers mit rd. 50 000 Einwohnern, in Zusammenarbeit mit der Stadt, dem Handwerk, dem Fachhandel, den Banken, den Schornsteinfegern, der Verbraucherberatung und den Schulen erstmals eine breit angelegte *Energiesparaktion* unter dem Motto "Energiebewußt wohnen – hilft Umwelt schonen" durchgeführt. Dabei wurden alle Haushalte mehrfach über Anzeigen und Beilagen in den örtlichen Zeitungen und Anzeigenblättern angesprochen und u. a. über ein Gewinnspiel auf Einsparmöglichkeiten hingewiesen. Die Aktion umfaßte zusätzlich Presseveranstaltungen zum Start und zum Abschluß, eine Ausstellung im Rathaus, Vortragsveranstaltungen, individuelle Beratungsangebote an zwei Tagen je Woche im Rathaus, sowie zinsgünstige Darlehen durch die Banken und Zuschüsse aus einem gemeinsamen Fördertopf von Stadt und Stadtwerken. In den Fördertopf haben die Stadt Langenhagen 200 000 und die Stadtwerke Hannover 100 000 DM einbebracht.

Aus dem gemeinsamen Förderprogramm können alle Maßnahmen am Gebäude, die der Energieeinsparung und der Verbesserung der Umweltbilanz dienen, gefördert werden, d. h. sowohl Maßnahmen an der Heizung (Brennwerttechnik, Regelung) und am Gebäude (Wärmedämmung) als auch die Nutzung erneuerbarer Energiequellen. Die Förderung orientiert sich bei Dämmung und Heizung an den Mehrkosten einer energiesparenderen Ausführung gegenüber einer reinen Erneuerung bzw. einer üblichen Ausführung nach Wärmeschutzverordnung beim Neubau. Bei Brennwertkesseln beträgt die Förderung z. B. 50% der Mehrkosten, bei Wärmedämmaßnahmen in der Regel 25%. Anforderungen, Mehrkosten und Förderhöhe werden nach

124

Alt- und Neubauten differenziert. Das Förderprogramm ist zunächst bis Ende 1991 befristet.

Die Bilanz des Förderprogramms bis Mitte März des Jahres:

57 Anträge mit
82 Maßnahmen, davon
    17 Brennwertheizungen
     2 Regelungen
    14 Außenwanddämmungen
    22 Dachdämmungen
    12 Wärmeschutzverglasungen
     7 regenerative Energien (solare Warmwasserbereitung und Photovoltaik)

Investitionsvolumen (gesamt):   ca. 1 Mio. DM
Zuschüsse (Stadt und Stadtwerke):   ca. 120 TDM

Diese Zwischenbilanz ist aus unserer Sicht nicht schlecht. Viel mehr könnte der zuständige Bereich in der Abteilung Kundenberatung auch gar nicht bewältigen, da die größeren Projekte 1 – 2 Menschtage für Beratung – teils vor Ort –, Überprüfung und Abwicklung benötigen. Daneben läuft ja auch noch das Dienstleistungspaket mit seinen Beratungsangeboten im gesamten Versorgungsgebiet.

Das gemeinsame Förderprogramm mit der Stadt Langenhagen ist ein Versuch, den wir vor einer evtl. Ausweitung auf Hannover und andere von uns versorgte Kommunen sorgfältig auswerten wollen. Dabei muß das finanzielle Leistungsvermögen sowohl der Stadtwerke wie auch der Kommunen ausgelotet werden. Es muß auch noch eingehender diskutiert werden, welche Rolle die kommunale Ebene und welche Bund und Länder bei finanziellen Anreizprogrammen übernehmen sollten! Schließlich würde eine spürbare Anhebung der Energiepreise – durchaus in kleineren Schritten, um volkswirtschaftliche Friktionen zu vermeiden, aber berechenbar – durch Steuern oder Abgaben, wie z. B. in Dänemark, zusätzliche Förderanreize teilweise überflüssig machen.

An Grenzen stoßen wir im Moment auch mit unserer Absicht, neue Dienstleistungsangebote wie *Wärme-Direkt-Service* oder *Projektfinanzierungsmodelle* umweltorientiert, kostendeckend und konkurrenzfähig zugleich auf den Markt zu bringen bzw. strategisch gezielt auszuweiten. Die Grenzen liegen nicht nur in den zur Verfügung stehenden quantitativen und qualitativen Ressourcen an Mitarbeiter, sondern auch in den Kostenstrukturen eines Großunternehmens, das mit seinen profitablen Bereichen ja auch die "Wasserköpfe" von Stabs- und Organisationsabteilungen und die Non-Profit-Bereiche wie Kundenberatung u. ä. mitfinanzieren muß. Auch die oft sehr komplizierten Zuständigkeitsstrukturen eines Großunternehmens können sich auf Innovationen mitunter sehr hemmend auswirken.

Es wird daher noch intensiver darüber nachzudenken sein, wie Personal, Strukturen und Mittel solchen neuen Aufgaben angepaßt werden können. Dabei ist auch die Möglichkeit der Gründung selbständiger Gesellschaften, etwa nach den Modellen von Energieagenturen oder Contracting-Firmen, ins Auge zu fassen.

Nicht zuletzt brauchen wir hier klare Aussagen unserer Eigner zum Ausbau der Personalsituation, die gegenwärtig – angesichts der schwierigen preislichen Wettbewerbslage unseres Unternehmens – eher einen weiteren Personalabbau fordern.

Least-Cost-Planning

Um unsere Aktivitäten und Handlungsoptionen sowohl auf der Nachfrageseite, als auch auf der Angebotsseite – es stehen u. a. auch Ersatz- und Erweiterungsinvestitionen im Kraftwerksbereich an – besser unter- und gegeneinander abzustimmen, lassen wir z. Z. vom Öko-Institut Freiburg in einer Vorstudie, gemeinsam mit der Bewag und der Berliner Senatsverwaltung für Stadtentwicklung und Umweltschutz, das methodische Instrumentarium des Least-Cost-Planning-Ansatzes für diese Zwecke überprüfen und weiterentwickeln.

Wir erhoffen uns von der Weiterentwicklung dieses Instruments für unsere Zwecke sowohl Hilfestellungen bei der Optimierung der Umweltziel-Effizienz unserer Unternehmenspolitik, als auch Erkenntnisse hinsichtlich der ökonomischen Verteilungswirkungen einer zielstrebigen Energiespar- und CO_2-Minderungspolitik auf verschiedene Kundengruppen, den Stadthaushalt, die Region und vor allem die Stadtwerke selbst. Wir erhoffen uns genauere Erkenntnisse darüber, was wir uns unter welchen Prämissen ökonomisch leisten können und wo andere gefordert sind, bzw. welche Rahmenbedingungen (Gesetze, Energiepreise etc.) geändert werden müssen. Unter der Voraussetzung entsprechender Ergebnisse der Vorstudie und der ausreichenden öffentlichen Beteiligung an den Kosten, soll sich eine Hauptstudie anschließen, in der das Instrumentarium konkret entwickelt und auf die Stadtwerke Hannover angewendet werden soll.

Nicht nur wir als Unternehmen, sondern auch die Stadt Hannover, haben sich auch im internationalen Maßstab (Beteiligung am Klimabündnis europäischer Städte, Beteiligung am Urban-CO_2-Projekt ICLEI der UNEP, Expo 2000 in Hannover) sehr viel vorgenommen. Dies sollte uns jedoch nicht vergessen lassen, daß das Engagement der kommunalen Ebene und speziell der kommunalen Energieunternehmen zwar eine notwendige, aber niemals allein hinreichende Bedingung zur Erreichung dieser sehr weitgesteckten Ziele ist. Wir erwarten zur Unterstützung dringend vor allem von der Bundesregierung, die notwendigen Entscheidungen, die unserer internationalen Verantwortung vor dem Hintergrund unserer bisherigen Überbeanspruchung der natürlichen Ressourcen der Erde angemessen sind.

Literaturverzeichnis

1. AKF, 1989 a: AKF: The AKF-Project on Electricity Conservation, Kopenhagen 1989

2. AKF, 1989 b: Stromeinsparungen in Schleswig-Holstein. Eine Vorstudie über die Übertragbarkeit des dänischen Stromsparprojekts. Erstellt vom Amternes og Kommunernes Forskningsinstitut (AKF) im Auftrag des Min. f. Soziales, Gesundheit und Energie des Landes Schleswig-Holstein, Kopenhagen Mai 1989

3. ARENHA/GERTEC: Einsparmöglichkeiten beim Raumwärmebedarf des Wohngebäudebestandes in Hannover und Langenhagen, Gutachten im Auftrag der Stadtwerke Hannover AG, 1991

4. Brunner, 1986: Conrad U. Brunner et al: Elektrizität Sparen, Zürich 1986

5. Brunner, 1986: Conrad U. Brunner et al: Elektrosparstudien - 16 Energieberater analysieren 22 öffentliche Gebäude. Studie im Auftrag des Kantons Basel-Landschaft und der Stadt Zürich, Zürich 1988

6. Brunner, 1988 b: Conrad U. Brunner et al: Verminderung des elektrischen Energieverbrauchs in der Schweiz, Teil 2: Erhebungen an Banken und im Detailhandel, Zürich 1988

7. Ebök-Geiger u. a.: Büro für Energieberatung und ökologische Konzepte (ebök), Tübingen; Lehrstuhl für Energiewirtschaft und Kraftwerkstechnik, TU München: Emissionsminderung durch rationelle Energienutzung bei Elektrogeräten; in: Band 2 des Studienprogramms "Energie und Klima" der Klima-Enquete-Kommission, 1990

8: Feist-Klien: Wolfgang Feist, Jobst Klien (IWU): Das Niedrigenergiehaus, Karlsruhe 1989

9. FfE-Brunner: Forschungsstelle für Energiewirtschaft (FfE), München; C. U. Brunner, Zürich: Emissionsminderung durch rationelle Energieverminderung im Kleinverbrauch; in: Band 2 des Studienprogramms der Klima-Enquete-Kommission, 1990

10. FfE-ISI: Forschungsstelle für Energiewirtschaft (FfE), München; Frauenhofer-Institut für Systemtechnik und Innovationsforschung (ISI), Karlsruhe: Emissionsminderung durch rationelle Energieminderung in der Industrie; in: Band 2 des Studienprogramms der Klima-Enquete-Kommission, 1990

11. Prognos: Prognos AG: Strombedarfsprognose 2010 Prognos AG: Gasbedarfsprognose 2010; Untersuchungen im Auftrag der Stadtwerke Hannover AG, Basel 1987

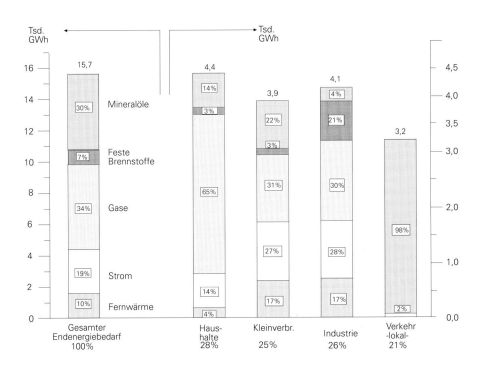

Abbildung 1: Endenergiebedarf 1990 Hannover

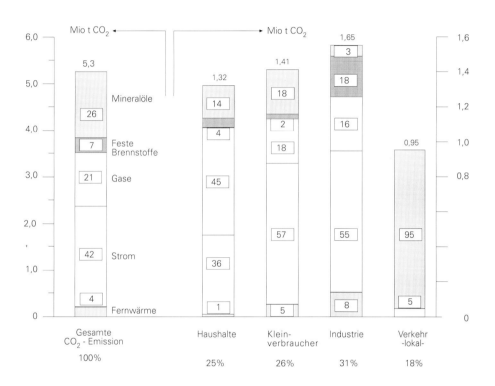

Abbildung 2: CO_2-Bilanz 1990 Hannover (Direkte und vorgelagerte Emissionen)

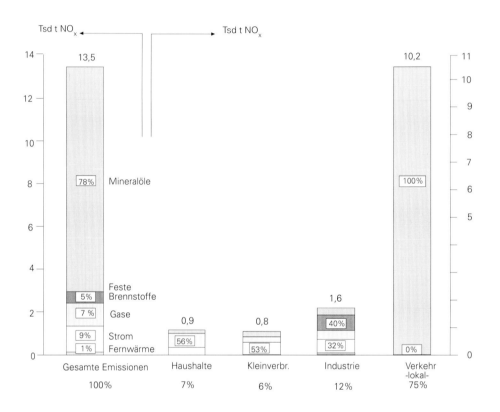

Abbildung 3: NO_x- Bilanz 1990 Hannover

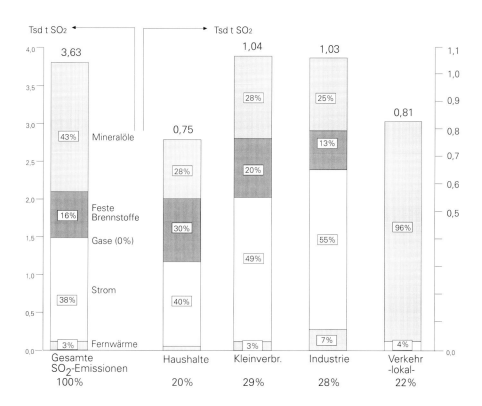

Abbildung 4: SO_2- Bilanz 1990 Hannover

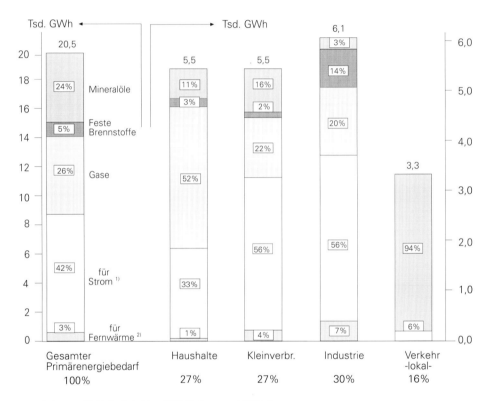

Tsd. GWh ← ─────────────→ Tsd. GWh

Abbildung 6: Primärenergiebedarf 1990 Hannover

[1] davon: 69% Steinkohle, 11% Erdgas und 20% Atom
[2] davon: 85% Steinkohle und 15% Erdgas

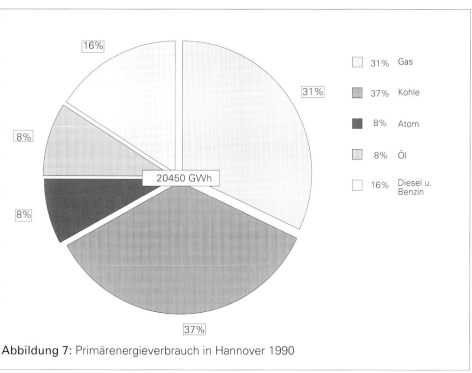

Abbildung 7: Primärenergieverbrauch in Hannover 1990

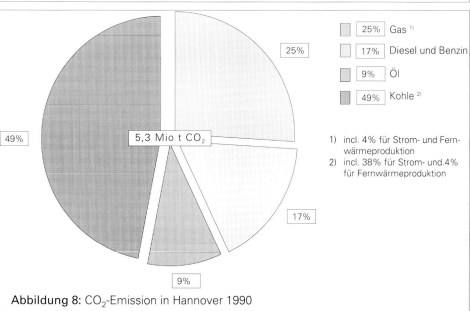

Abbildung 8: CO$_2$-Emission in Hannover 1990

Umpfang nachträglicher Dämmaßnahmen im Wohngebäudebestand von Hannover und Langenhagen

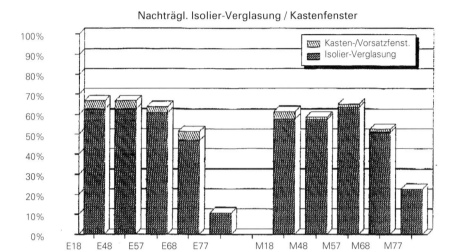

Nachträgl. Isolier-Verglasung / Kastenfenster

E = Ein- / Zweifam. haus, M = Mehrfam.haus
18 = erbaut bis 1918, 48 = erbaut 1919–48

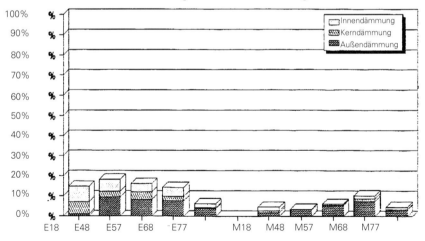

Nachträgl. Außenwanddämmung

E = Ein- / Zweifam. haus, M = Mehrfam.haus
18 = erbaut bis 1918, 48 = erbaut 1919–48

Quelle: Repräsentativerhebung
(ARENHA/GERTEC, 1991)

134

Umpfang nachträglicher Dämmaßnahmen im
Wohngebäudebestand von Hannover und Langenhagen

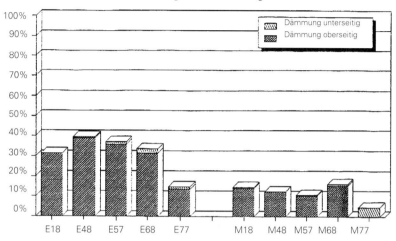

E = Ein- / Zweifam. haus, M = Mehrfam.haus
18 = erbaut bis 1918, 48 = erbaut 1919–48

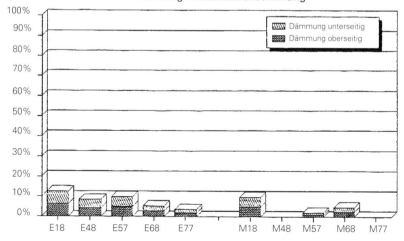

E = Ein- / Zweifam. haus, M = Mehrfam.haus
18 = erbaut bis 1918, 48 = erbaut 1919–48

Quelle: Repräsentativerhebung
(ARENHA/GERTEC, 1991)

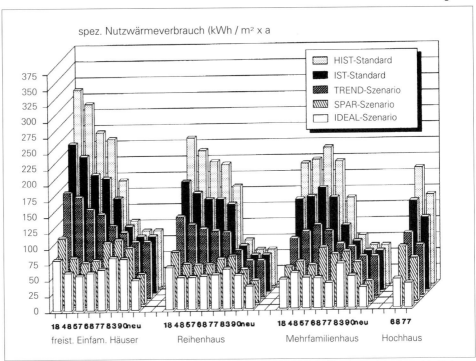

spez. Nutzwärmeverbrauch (kWh / m² x a

Legende:
- HIST-Standard
- IST-Standard
- TREND-Szenario
- SPAR-Szenario
- IDEAL-Szenario

freist. Einfam. Häuser   Reihenhaus   Mehrfamilienhaus   Hochhaus

18 48 57 68 77 83 90 neu   18 48 57 68 77 83 90 neu   18 48 57 68 77 83 90 neu   68 77

Abbildung 5-1: Spezifischer Nutzwärmeverbrauch der Haustypen in Hannover in unterschiedlichen dämmtechnischen Standards (18 = erbaut bis 1918; 48 = erbaut 1919–1948; usw.)

Erläuterungen zu den Dämmstandards:
bei allen Dämmstandards sind die gleichen durchschnittlichen Raumtemperaturen unterstellt (tags um 17° C, nachts um 15° C

HIST-Standard: Dämmung wie historisch gebaut; Luftwechselrate 1,0 h⁻¹;

IST-Standard: Dämmung entsprechend Ergebnissen der Repräsentativerhebung

TREND-Szenario: Trendverlängerung der Dämmstoffstärken und Umsetzraten von Dämmaßnahmen aus der Erhebung; Umsetzraten (bis 2020):

Iso-Verglasung:	100 %
Dachdämmung:	80 %
Außenwanddämmung:	40 %
Kellerdeckendämmung:	20 %

Halbierung der Umsetzraten in der Altersklasse 1969 – 77; keine Maßnahmen an Gebäuden nach 1977. Luftwechselrate 0,5 h⁻¹

SPAR-Szenario: Durchführung aller wirtschaftlichen Dämmaßnahmen in optimierter Stärke an bis 1977 erstellten Gebäuden an Gebäudeteilen, die sich noch in historischem Dämmzustand befinden, unter Beachtung denkmalpflegerischer Restriktionen.

IDEAL-Szenario: Optimierte Dämmung aller Bauteile an allen Gebäuden.

Quelle: ARENHA/GERTEC 1991

Tabelle 5-4: Kosten der eingesparten Endenergie in Pf/kWh *

Haus-Typ	Außenwand				Dach							Kellerdecke		Fenster WSchVgl.	
	Innendämmung		Thermohaut	Kerndämmung	Schräge		Spitzboden		Dachboden		Flachdach				
	El	Hw			El	Hw	El	Hw	El	Hw		El	Hw	Erneu	Nachr
E 18	1,2	3,9			1,0		2,6					1,6		1,8	8,1
E 48-S	1,2	3,8	5,3		1,2		2,6					1,4		1,8	8,1
E 48-K	1,9	3,8	5,3						4,2			2,2		1,8	8,1
E 57	2,1	4,3	5,8		3,1		4,8					2,1		1,8	8,1
E 68	2,4	5,0	6,6		3,9		3,6					3,5		1,8	8,1
E 77	3,5	7,2	8,9		9,8		10,3					3,2		1,8	8,1
E 83	5,2	10,7		7,4	12,6		13,3					5,1		1,8	8,1
E 90	6,7	13,8		9,5	18,4		19,3					6,4		1,8	8,1
R 18	1,9	3,9							4,2			2,6		1,8	8,1
R 48	1,9	3,9	5,4						4,2			2,2		1,8	8,1
R 57	2,4	4,9	6,4						4,6			2,4		1,8	8,1
R 68-S	2,4	5,0	6,6						4,8			3,5		1,8	8,1
R 68-F	2,4	5,0	6,6								4,8	3,5		1,8	8,1
R 77-S	3,7	7,5	9,3						5,3			3,2		1,8	8,1
R 77-F	3,7	7,5	9,3								16,9	3,2		1,8	8,1
R 83-S	10,0	19,8		13,4					12,7			5,2		1,8	8,1
R 83-F	10,0	19,8		13,4							15,3	5,2		1,8	8,1
R 90	10,3	20,3		13,4					19,3			8,4		1,8	8,1
M 18		4,3	5,8			2,9	4,2	6,0				2,2	6,1	1,8	8,1
M 48		3,8	5,3						3,6	5,1		1,8	4,9	1,8	8,1
M 57		4,5	6,0						2,3	3,3		1,8	4,9	1,8	8,1
M 68-S		7,0	8,8						3,6	5,1		2,5	6,8	1,8	8,1
M 68-F		7,0	8,8								2,1	2,5	6,8	1,8	8,1
M 77-F		8,5	10,3		17,8		7,6	10,7				3,3	9,1	1,8	8,1
M 77-F		8,5	10,3								3,5	3,3	9,1	1,8	8,1
M 83		10,0	11,8	7,0	39,1		10,2	16,3				4,3	11,8	1,8	8,1
M 90		15,6	17,6	10,7	36,0		15,3	21,7				6,4	17,6	1,8	8,1
H 68		15,6	17,1								7,8	3,5	9,6	1,8	8,1
H 77		7,2	8,9								8,5	3,9	10,7	1,8	8,1

El: Eigenleistung; Hw: Handwerkermaßnahme; E: Einfamilien-, R: Reihen-, M: Mehrfamilien-, H: Hochhaus;18: erbaut bis 1918; 48: erbaut 1919–1948, usw.; S: Schrägdach; F: Flachdach; K: Typ "Kaffeemühle"; Erneu: Mehrkosten bei ohnehin fälliger Erneuerung; Nachr: Vollkosten bei Nachrüstung intakter Fenster

*Umlegung der Maßnahmekosten auf die in der Mindestnutzungsdauer eingesparten Endenergie; angesetzte Nutzungsdauer: Dämmung: 25 Jahre; Fenster: 20 Jahre; 4 % Realzins; Brennstoffnutzungsgrad: 0,8 %

Haustypologie Hannover
Einsparpotential gesamt

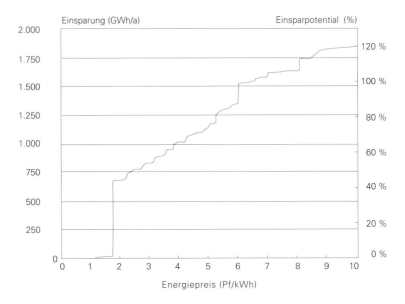

Haustypologie Hannover
Einsparpotential Außenwand

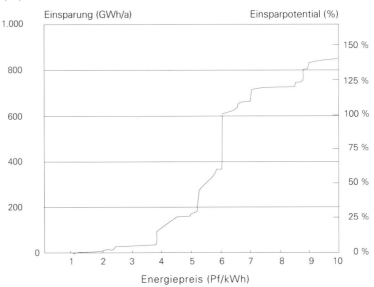

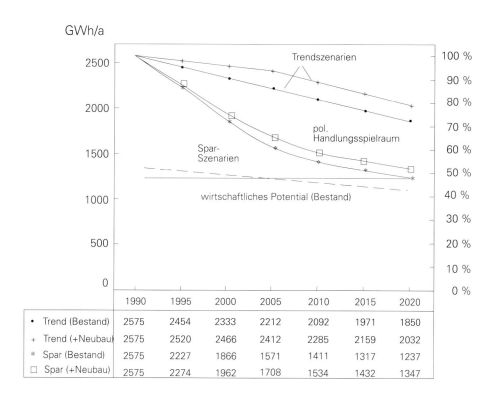

GWh/a

		1990	1995	2000	2005	2010	2015	2020
•	Trend (Bestand)	2575	2454	2333	2212	2092	1971	1850
+	Trend (+Neubau)	2575	2520	2466	2412	2285	2159	2032
*	Spar (Bestand)	2575	2227	1866	1571	1411	1317	1237
□	Spar (+Neubau)	2575	2274	1962	1708	1534	1432	1347

Abbildung IV-3.3: Trend- und Sparszenarien zur Nutzwärmenachfrage für die Beheizung von Wohngebäuden in Hannover (1990 – 2020)

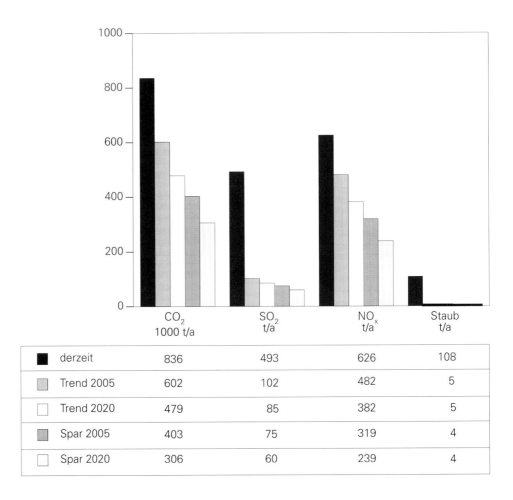

		CO_2 1000 t/a	SO_2 t/a	NO_x t/a	Staub t/a
■	derzeit	836	493	626	108
▦	Trend 2005	602	102	482	5
☐	Trend 2020	479	85	382	5
▦	Spar 2005	403	75	319	4
☐	Spar 2020	306	60	239	4

Abbildung IV-4.1: Raumheizungsbedingte Emissionslast bei unterschiedlicher Entwicklung der Raumwärmenachfrage in Hannover

Tabelle 1: Nutzung erneuerbarer Energiequellen (natürliche und anthropogene) in Hannover

in GWh/a= Mio kWh/a	Ist		mittelfristig	
	Strom	Wärme	Strom	Wärme
Industrieabwärme (in Fernwärmenetz)	–	130	–	130
Klärgas	17	31	17	31
Deponiegas	–	–	20	80
Wasserkraft	3,5	–	10	–
Windkraft	0,5	–	1–5	–
Solare Warmwasser-bereitung	–	< 1	–	60 (?)
Photovolataik	< 0,01	–	< 1 (?)	–
Land- und forstwirtschaftl. Biomasse	0	(?)	(?)	(?)
	21	162	50	300

Zum Vergleich: Stromverbrauch in Hannover 1990: 3 000 GWh
Primärenergieverbrauch in Hannover 1990: 17 000 GWh

Quelle: Stadtwerke Hannover 6/91

Potentiale zur CO_2-Minderung durch Energieeinsparung und Nutzung erneuerbarer Energiequellen in Hannover bis etwa zum Jahr 2005 (ohne Verkehr) *)

Sektor Haushalte davon:	–550 000 to/a
– Sparszenario bei Raumwärme (durch Dämmung, Heizungsmoderni-sierung, Brennstoffsubstitution; einschl. Neubau)	– 435 000 to/a
– Stromsubstitution bei der Warm-wasserbereitung	– 35 000 to/a
– Stromsparszenario (ohne Heizung, Warmwasser)	– 80 000 to/a
Sektor Kleinverbrauch (überschlägiges Sparszenario)	– 170 000 to/a
Industrie (überschlägiges Sparszenario; ohne Brennstoffsubstitution)	+ 100 000 to/a (?)
Erneuerbare Energien	– 45 000 to/a

Summe   – 665 000 to/a
(ohne Verkehr; ohne Umwandlungsbereich)
das entspr. 16 % der derzeitigen CO_2-Emission (ohne Verkehr).
*) Überschlägige Abschätzung auf der Grundlage verschiedener Studien ohne Aussage über die Aussichten der Mobilisierbarkeit in dem betrachteten Zeitraum.

Quelle: Stadtwerke Hannover 6/91

Diskussion zum Vortrag von Herrn Görg

Bury, Stadtwerke Ludwigsburg GmbH:

Wir haben die Kernkraft im Grunde ausgespart. Sie haben in einem interessanten Szenarium festgelegt, daß Sie 16% CO_2 bis 2005 einsparen können ohne Strom. Sie haben gleichzeitig gesagt, daß der Rat der Stadt Hannover beschlossen habe, praktisch aus der Kernkraft aussteigen zu wollen. Meine Frage ist, ob wir Recht tun und ob die ASEW nicht eigentlich verpflichtet wäre zu prüfen, ob es richtig ist, daß wir politische Gremien aus der Kernkraft aussteigen lassen wollen im Hinblick auf den Klima- und Umweltschutz oder ob es nicht richtiger und besser wäre, die Gelder, die man glaubt, wenn man aus der Kernkraft aussteigt, mehr aufwenden zu können, dafür auszugeben, die Kernkraftanlagen weltweit sicherheitstechnisch auf den neuesten Stand zu bringen.

Görg:

Ich möchte keine Debatte über die Kernkraft führen, das sprengt den Rahmen. Ich möchte nur aufgreifen, was bereits grundsätzlich gesagt wurde, daß wir uns davor hüten sollten, Probleme nur zu verlagern, oder wie man so gemeinhin sagt, den Teufel mit Beelzebub auszutreiben, Risiken nur zu diversifizieren, wir sollten versuchen, Risiken insgesamt zu minimieren.

Schäfer, Engelskirchen:

Ich bin einer der wenigen, die nicht von einem Stadtwerk kommen, sondern als Kommunalpolitiker zu dieser Veranstaltung gekommen ist, und ich bin besonders dankbar über diesen letzten Satz. Wenn wir weiter ein Industriemodell propagieren, das auf Wachstum aufbaut, dann haben wir wirklich keine Perspektive, egal wieviel rationelle Energienutzung wir betreiben. Ich glaube, wir müßten diese Form von Industriegesellschaft grundsätzlich reformieren und nicht nur die Symptome kurieren. Sie können sich nicht vorstellen, daß dieses zusätzliche Angebot über die Energiepreise finanziert werden könnte und daß man andere Formen finden müßte. Die Energiepreise sind ja viel zu niedrig, denken wir etwa an den öffentlichen Verkehr oder PkW-Verkehr. Wenn die tatsächlichen Kosten, die durch den Energieverbrauch hervorgerufen werden, nach dem Verursacherprinzip umgelegt würden, dann müßten die Energiepreise verdreifacht werden. Wenn Sie jetzt von vornherein ausschließen, daß hier das Verursacherprinzip erstmals greifen sollte, sehe ich nicht, daß wir uns in diese Richtung überhaupt bewegen.

143

Görg:

Sie haben Recht, daß wir im Prinzip die Symptome kurieren, ich wollte nicht eine Mutlosigkeit erzeugen und darlegen, daß es sinnlos sei, etwas zu tun. Nur, es reicht nicht aus. Sicher sind die Energiepreise zu niedrig. Ich habe deutlich gemacht, daß nur bei deutlich geänderten Rahmenbedingungen – das beinhaltet eben auch höhere Energiepreise – ein Weg mit tatkräftigem Engagement der kommunalen Ebene tatsächlich auch gangbar sein wird. Es gibt ein Modell des Landes Dänemark, auch Mitglied in der EG, also gesamteuropäisch den gleichen Bedingungen unterworfen wie die Bundesrepublik, die das seit dem Verfall der Ölpreise 1985 praktizieren. Die Energiepreise dort – für Haushaltskunden wohlgemerkt – sind weiter gestiegen und nicht gefallen. Man hat die Lücke durch Energiesteuern geschlossen, zum Teil damit den Haushalt saniert und zum Teil auch sehr intensive Förderprogramme zum Ausbau der Fernwärme, zum Ausbau der erneuerbaren Energiequellen und alle möglichen anderen Dinge damit finanziert. Das schafft auch eine Berechenbarkeit für alle Energieverbraucher über die Entwicklung des Energiepreises. Wir haben das Problem, daß wir heutzutage keinem mit irgendwelchen Szenarien über steigende Energiepreise kommen können. Er glaubt uns das ja nicht mehr, weil er das erlebt hat in dem Auf und Ab der letzten 20 Jahre, wie sehr sich das auch wieder wandeln kann. Da könnte der Bund oder die EG oder beide zusammen für klare Rahmenbedingungen sorgen, das würde einiges an Problemen beseitigen und einiges erleichtern.

Dr.-Ing. Dieter Attig
Geschäftsführer, Stadtwerke Lemgo
Zur Person: Studium der Elektrotechnik und Promotion an der TU
Braunschweig. Einige Jahre Tätigkeit bei der Energieversorgung
Oberhausen. Seit 13 Jahren Geschäftsführer der Stadtwerke Lemgo
GmbH.
Zum Unternehmen: Die Stadtwerke Lemgo GmbH ist ein
Querverbundunternehmen, das in den Sparten Strom, Gas, Wasser
und Fernwärme das gesamte Stadtgebiet Lemgo versorgt. Lemgo
hat 40.000 Einwohner. Die Hälfte des in Lemgo verteilten Stromes
wird in eigenen Anlagen der Kraft-Wärme-Kopplung erzeugt.
Hierfür stehen in erster Linie zwei Gasturbinen der Leistung
10 MW elektrisch bzw. 5 MW elektrisch zur Verfügung.

Effizienter Primärenergieeinsatz – eine Unternehmensstrategie zur Schadstoffreduzierung

Dieter Attig
Stadtwerke Lemgo GmbH

Einleitung

Zur Zerstörung unserer Umwelt trägt die Energieversorgung in erheblichem Maße bei. Andererseits ist menschliche Zivilisation ohne Zuhilfenahme von Energie heute gar nicht mehr denkbar. Vor diesem Hintergrund gilt es, die Umweltauswirkungen des Energieeinsatzes soweit wie möglich zu reduzieren.

Ohne Zweifel trägt die Verminderung des teilweise verschwenderischen Energieeinsatzes in entscheidenem Maße zur Schadstoffreduzierung bei. Diese Strategie muß beim Verbraucher ansetzen und zunächst versuchen, den Energieverbrauch überhaupt soweit wie möglich einzuschränken. Unvermeidbarer Energiebedarf ist dann so rationell wie möglich zu decken.

Der zweite wichtige Punkt ist die Optimierung der Energiebereitstellung. Ein effizienter Primärenergieeinsatz trägt ebenfalls wesentlich zur Schadstoffreduzierung bei.

Einsatzbereiche

Haupteinsatzbereiche für Primärenergie sind in unserer Gesellschaft die Bereiche Heizung, Produktion und Krafterzeugung, wobei der letzte Punkt in die Hauptbereiche Stromerzeugung und Verkehr aufzuteilen ist.

Zum Heizen stehen vornehmlich die Primärenergien Heizöl, Erdgas und Kohle zur Verfügung. Die direkte Umwandlung der hochwertigen Brennstoffe Erdgas und Heizöl in Heizwärme stellt vom technischen Standpunkt her gesehen eine Verschwendung dar. Um eine Zimmertemperatur von $20\,°C$ zu erhalten, wird bei der direkten Verbrennung dieser Primärenergien das mögliche hohe Temperaturniveau von weit über $1000\,°C$ nicht sinnvoll ausgenutzt. Es sollte der Erzeugung der minderwertigen Heizwärme daher ein Prozeß· vorgeschaltet werden, der das Energiepotential dieser beiden Brennstoffe entsprechend ausnutzt. Wird nur Heizenergie benötigt, so kann beispielsweise eine Wärmepumpe eingesetzt werden. Hierbei wird mit einem Teil des eingesetzten Primärbrennstoffes hochwertige mechanische Energie erzeugt, mit der dann ein mehrfaches der eingesetzten Primärenergie aus der Umgebungswärme als Heizenergie nutzbar gemacht wird. Als weitere Möglichkeit bietet sich die vorherige Stromerzeugung an, wobei der Strom in das fast überall vorhandene Stromnetz einzuspeisen ist.

Die beiden genannten Anwendungsfälle erfordern eine gewisse Mindestgröße des Heizungsbedarfs. Bei geringen Wärmeverbräuchen, wie sie zum Beispiel in einzelnen Wohnhäusern vorliegen, gilt es, einen möglichst hohen Wirkungsgrad der Heizungsanlage zu erreichen. Hier bringt oft schon die Erneuerung der Kesselanlage einen wesentlichen Fortschritt. Besonders verlustarm arbeiten sogenannte Niedertemperaturanlagen. Für die Gasseite bietet sich die Brennwerttechnik an, bei der gegenüber herkömmlichen Kesselanlagen noch einmal ein Energiegewinn von 10 % erreicht wird.

Der Primärbrennstoff Kohle eignet sich wenig für Einzelfeuerstätten und kleine Heizungsanlagen. Zum einen gilt auch für die Kohle, daß sinnvollerweise zunächst mechanische Energie erzeugt werden sollte, und zum anderen bringt die Kohle gegenüber Gas und Öl in den kleinen Anlagen einen wesentlich höheren Schadstoffausstoß· mit sich. Dies liegt zum einen an dem Brennstoff selbst und zum anderen an der Tatsache, daß eine Schadstoffverminderung durch technische Maßnahmen erst bei größeren Anlagen bezahlbar wird.

Die größte Verminderung an Primärenergie beim Heizen wird dadurch erreicht, daß die für diesen Zweck hervorragend nutzbare Solarenergie herangezogen wird. Bei der Brauchwasserbereitung ist der Einsatz von Solarkollektoren auch in unseren Breiten bereits wirtschaftlich, wenn die baulichen Verhältnisse in den betreffenden Gebäuden einigermaßen günstig sind. Solarkollektoren für die Heizung sind beim derzeitigen Energiepreisniveau noch deutlich von der Wirtschaftlichkeit entfernt. Bei Neubauten kann jedoch durch entsprechende bauliche Gestaltung eine nicht unerhebliche Primärenergieverminderung beim Heizen durch bauliche Maßnahmen erreicht werden.

In der industriellen Produktion wird Primärenergie für die Deckung von Dampf-, Heizungs- und Kältebedarf benötigt. Auf die vielfältigen Prozesse kann hier nicht eingegangen werden, jedoch bietet sich in vielen Fällen die Kombination der Prozeßenergiebereitstellung mit der Stromerzeugung an. Diese industrielle Kraft-Wärme bzw. Kraft-Kälte-Kopplung kann insbesondere durch eine vernünftige Preisgestaltung verbessert werden. Darüber hinaus können die Energieversorgungsunternehmen durch eine für alle Beteiligten rentable Kapitalbereitstellung diesen rationellen Primärenergieeinsatz fördern.

Es ist allgemein bekannt, daß im Verkehrsbereich durch Verstärkung des öffentlichen Personennahverkehrs und damit in Verbindung durch eine Reduzierung des Individualverkehrs in erheblichem Maße Primärenergie eingespart werden kann. Dieser sehr wichtige Komplex kann aus Zeitgründen in diesem Vortrag nicht behandelt werden.

Bei der Stromerzeugung läßt sich eine Verminderung des Primärenergieeinsatzes einmal durch die Verbesserung des Stromwirkungsgrades und zum anderen durch die Kraft-Wärme-Kopplung erreichen. Eine Effizienzsteigerung durch Verbesserung des elektrischen Wirkungsgrades ist heute in erster Linie noch durch den Einsatz von Kombinationskraftwerken möglich. Die Einbeziehung von Gasturbinen kann die Wirkungsgrade des reinen Dampfprozesses, die bei ca. 40% ihre physikalische Grenze erreicht haben, noch einmal um etwa 10% steigern. Der Brennstoff Gas für die Gasturbinen kann entweder in Form von Erdgas bereitgestellt oder durch vorherige Vergasung der Kohle gewonnen werden. Kraftwerke mit Kohlevergasung werden erst in einigen Jahren marktreif sein, so daß derzeit nur der Einsatz von Erdgas für Vorschaltturbinen möglich ist.

Kraft-Wärme-Kopplung

Betriebswirtschaftlich und ökologisch besonders sinnvoll sind Kraft-Wärme-Kopplungsprozesse in verschiedenen Größenordnungen. Bei der Kraft-Wärme-Kopplung wird die Abwärme aus der Stromerzeugung in Form von Dampf oder von Heizwasser genutzt. Dies ist bei großen Kraftwerken möglich, ebenso aber auch bei mittleren und kleinen Potentialen. Bei der objektbezogenen Kraft-Wärme-Kopplung wird der Wärmebedarf vor Ort gedeckt, nachdem vorher der Brennstoff weitestgehend zur Stromerzeugung ausgenutzt wurde.

Trotz der unbestrittenen Vorteile hat die Kraft-Wärme-Kopplung heute immer noch Durchsetzungsprobleme. Die wichtigsten sollen genannt werden.

Vielerorts ist es trotz des vorhandenen Wärmebedarfs nicht möglich, die bei der Stromerzeugung entstehende Abwärme zu nutzen, da die Fernwärmenetze fehlen. Fernwärmenetze sind teuer und bedürfen einer langen Aufbauzeit. Hierdurch entstehen Anfangsverluste, die häufig von den beteiligten Wirtschaftsunternehmen nicht getragen werden können. In den siebziger Jahren und in den frühen achtziger Jahren wurden für den Ausbau der Fernwärme in erheblichem Maße öffentliche Zuschüsse zur Verfügung gestellt. Dies hat seinerzeit zu einem erheblichen Anwachsen des

Fernwärmepotentials in der Bundesrepublik Deutschland geführt. Die Einstellung dieser Zuschüsse für die Abdeckung der Anfangsverluste der Fernwärme hat in den letzten Jahren eine Verlangsamung des Anwachsens der Fernwärmeversorgung im westlichen Teil Deutschlands mit sich gebracht. Demgegenüber findet man in den neuen Bundesländern erhebliche Fernwärmeanschlußwerte vor, die nicht nur weitgehend erhaltenswürdig, sondern in erheblichem Maße auch ausbaufähig sind. Durch eine sinnvolle Subventionspolitik einerseits und Einrichtung fernwärmefreundlicher Strukturen andererseits ließen sich hier sehr schnell ökologisch und ökonomisch sinnvolle Fernwärmeversorgungen schaffen.

Dem Ausbau der Fernwärme und damit möglicherweise auch dem Erhalt der vorhandenen Fernwärmeversorgungen in den neuen Bundesländern stehen jedoch bestimmte Interessen der Energiewirtschaft entgegen. Die großen Stromerzeuger versuchen verständlicherweise, ihre reichlich vorhandenen Stromerzeugungsanlagen maximal auszunutzen. Einem Zubau neuer Stromerzeugungsanlagen durch dritte stehen sie zurückhaltend gegenüber. Dies ist die Erklärung dafür, daß in der Vergangenheit in der westlichen Bundesrepublik Kraft-Wärme-Kopplungs-Potentiale nur wenig erschlossen wurden, obwohl die Kosten der Stromerzeugung bei diesen Anlagen meist niedriger liegen als bei Kondensationskraftwerken. Auch die Gaswirtschaft hat in der Vergangenheit versucht, den Fernwärmeausbau zugunsten der direkten Heizgasversorgung zu begrenzen. Neuerdings bemüht sich die Gaswirtschaft allerdings bei mittleren und kleinen Potentialen durch den Einsatz gasgefeuerter Gasturbinen und Motoren, die Kraft-Wärme-Kopplung zu fördern.

Zusammenfassend läßt sich über die Kraft-Wärme-Kopplung sagen, daß in diesem Bereich eine Schadstoffreduzierung mit dem günstigsten Kosten-Nutzen-Verhältnis erreicht werden kann, da es noch viele Kraft-Wärme-Kopplungs-Projekte gibt, die wirtschaftlich arbeiten können, aber aufgrund der genannten Hürden noch nicht in Angriff genommen wurden. Die Beseitigung dieser Hürden durch Verbesserung der Rahmenbedingungen und ggf. durch Anschubfinanzierungen würde einen großen Umwelteffekt mit sich bringen.

Aus der Vielzahl der möglichen Anwendungsfälle für die Kraft-Wärme-Kopplung können hier nur einige genannt werden. Zur Verdeutlichung werden dann einige Beispiele herangezogen und diskutiert.

Große Wärmepotentiale

Große Wärmepotentiale findet man in der Großindustrie, die häufig neben der Heizwärme auch Dampf benötigt, und bei der Heizwärmebereitstellung für

Ballungsgebiete. In den zugehörigen Großheizkraftwerken wird in der Regel Kohle eingesetzt. Dies hängt einmal mit der Gesetzeslage zusammen und zum anderen bietet die Kohle langfristig eine hohe Versorgungssicherheit. Auf die Kostenproblematik der Kohle kann hier nicht eingegangen werden. Die energiepolitischen Überlegungen, die vor dem Hintergrund des Gutachtens der Mikat-Kommission angestellt werden, sind bekannt. Aus Sicht der Heizkraftwirtschaft ist zu betonen, daß ohne eine drastische Senkung des Kohlepreises eine deutliche Ausweitung der Kraft-Wärme-Kopplung in Zukunft nicht mehr möglich sein wird, so daß dann nicht nur die Umwelt, sondern auch der Kohleabsatz beeinträchtigt werden.

Die Versorgung großer Ballungsgebiete obliegt sehr häufig kommunalen Werken, die im Querverbund auch den öffentlichen Personennahverkehr betreiben. Dies hat zur Folge, daß ihnen der finanzielle Spielraum fehlt, die erforderlichen Vorabinvestitionen in die Fernwärme zu stecken, die für einen größeren Ausbau notwendig sind. Hier könnte nur die Förderung von Fernwärmeanschlüssen, die die Anfangsverluste vermindert, wirksam zu einer erheblichen Ausweitung der Kraft-Wärme-Kopplung führen.

Ein spezielles Beispiel für die Versorgung dieser Großpotentiale soll nicht genannt werden, da der größte Teil der deutschen Großstädte eine Fernwärmeversorgung betreibt. Wie aus den regelmäßig erscheinenden Fernwärmepreisvergleichen zu ersehen ist, haben die großen fernwärmewürdigen Potentiale, die wegen ihrer großen Wärmedichte eigentlich für die Fernwärme besonders wirtschaftlich wären, keineswegs die niedrigsten Preise in Deutschland. Damit wird eine weitere Ausdehnung der Fernwärme auf marktwirtschaftliche Weise ohne Zuschüsse nicht möglich. Die teilweise oft hohen Fernwärmepreise in den Großstädten haben folgenden Hintergrund. Die Fernwärmeverteilungskosten sind in größeren Städten im Durchschnitt nicht anders anzusetzen, als in mittleren und kleinen Städten. Das Fernwärmeforschungsinstitut in Hannover hat als mittlere Größe für die Fernwärmeverteilungskosten unabhängig von der Wärmedichte im Jahre 1983 etwa 30 DM pro MWh errechnet. Die günstige Wärmedichte in den Großstädten wird kompensiert durch die relativ teuren Verlegekosten für Fernwärmeleitungen in Großstadtstraßen und durch die Notwendigkeit, große Potentiale durch teure Fernwärmetransportleitungen miteinander zu verbinden. Der Grund für die hohen Fernwärmeverkaufskosten ist daher im wesentlichen im Erzeugungsbereich zu suchen. Hierfür wiederum sind einmal die genannten hohen Kohlepreise verantwortlich. Zum anderen haben gerade die größeren Städte in der Vergangenheit zur strategischen Absicherung große Stromerzeugungskapazitäten geschaffen. Dem Strom aus Heizkraftwerken kann damit oft nur eine beschränkte Gutschrift für die Leistung zugeschrieben werden. Dies verteuert rechnerisch die Fernwärmegestehungskosten.

Mittlere Wärmepotentiale

Ein weiteres wichtiges Fernwärmepotential findet sich in kleinen und mittleren Städten sowie in vielen mittleren Industriebetrieben. Hier lassen sich durch Einsatz von gas- und ölbetriebenen Motor- und Gasturbinenanlagen erhebliche Strommengen in Kraft-Wärme-Kopplung erzeugen. Nach Untersuchungen der Fernwärmewirtschaft ist zwar das absolute Potential in den Ballungsräumen größer, jedoch bringt auch die Summe der kleinen Fernwärmepotentiale sowie der Industrieanwendungen eine erhebliche Energieeinsparung mit sich, zumal hier bisher nur sehr wenige Potentiale erschlossen sind. Aus diesem Grunde lohnt insbesondere eine Beschäftigung mit diesem Bereich, um die Entscheidungsträger auf die günstigen Möglichkeiten der Kraft-Wärme-Kopplung hinzuweisen.

In der hiesigen Industrie haben sich Kraft-Wärme-Kopplungsanlagen im mittleren Bereich erst wenig durchgesetzt. Im Ausland gibt es andere Beispiele. So werden beispielsweise in der Papierindustrie in Holland in großem Maße Gasturbinen eingesetzt. In Zusammenarbeit mit den Energieversorgungsunternehmen könnten auch hiesige Industriebetriebe wesentlich mehr Gasturbinen und Gasmotoren für die Kraft-Wärme-Kopplung nutzen. Hierbei müßten zum einen die Probleme der Finanzierung und zum anderen die Probleme der Strombewertung gelöst werden.

Mittlere Städte im Westen der Bundesrepublik Deutschland sind hinsichtlich der Heizwärme heute meist mit Erdgas erschlossen, während der benötigte Strom aus Großkraftwerken bezogen wird. Daß sich auch hier in erheblichem Maße wirtschaftliche Potentiale für die Kraft-Wärme-Kopplung anbieten, zeigen einige Beispiele. Herausgegriffen werden sollen hier die Städte Rottweil und Lemgo. In diesen beiden Städten wird eine unterschiedliche Kraft-Wärme-Kopplungsstrategie verfolgt. In Lemgo wird ein flächendeckendes Fernwärmenetz in der Innenstadt durch einige zentrale Erzeugungsanlagen versorgt, während Rottweil auf der Basis eines vorhandenen Erdgasnetzes dezentrale Blockheizkraftwerke an den Wärmeschwerpunkten errichtet. Beide Lösungen sind wirtschaftlich interessant. Sie sind – ggf. auch in Mischformen – nachahmenswert.

Der Beispielfall Lemgo soll kurz vorgestellt werden. Lemgo ist eine Stadt mit 40.000 Einwohnern, wovon 28.000 in einem lückenlos bebauten Gebiet von 14 km², dem sogenannten Innenstadtbereich, wohnen. Es ergibt sich somit über den gesamten Innenstadtbereich eine Einwohnerdichte von 2.000 pro km². Das Energieversorgungskonzept weist eine Wärmedichte von durchschnittlich 17 MW pro km² aus. Die Situation ist in Abbildung 1 dargestellt. Eine wirtschaftliche Fernwärmeversorgung ist in der Regel erst ab Wärmedichten von 20 MW pro km² möglich. Es werden aus diesem Grunde die reinen Ein- und Zweifamilienhausgebiete aus dem Fernwärmevorranggebiet ausgeschlossen. Die verbleibenden 10 km² weisen dann mit einem Wärmeanschlußwert von etwa 200 MW eine Wärmedichte von durchschnittlich 20 MW pro km² auf. Von diesen 10 km² sind inzwischen 7 km² für die Fernwärme erschlossen. Bis zum Jahre 2005 sollen die restlichen 3 km² in das Fernwärmevorranggebiet einbezogen werden. Der Fernwärmeanteil am Niedertemperatur-Wärmebedarf wird dann von heute etwa 25 % auf 37 % im Jahre 2005 ansteigen (Abbildung 2). Damit verbunden ist noch eine Erweiterung der Stromeigenerzeugungsquote. Werden im Augenblick etwa 40 % des Gesamtbedarfes von Lemgo in Eigenerzeugungsanlagen der Kraft-Wärme-Kopplung bereitgestellt, so kann dieser Anteil bis zum Jahre 2005 auf 60 % wachsen. Aus diesen Zahlen läßt sich ablesen, daß mit einer flächendeckenden Fernwärmeversorgung auch in einer kleinen Stadt ohne nennenswerte Industriebetriebe eine erhebliche Primäreinsparung durch den Einsatz der Kraft-Wärme-Kopplung erreicht werden kann. Bezogen auf den Schadstoffausstoß läßt sich für Lemgo vereinfachend die Aussage machen, daß durch

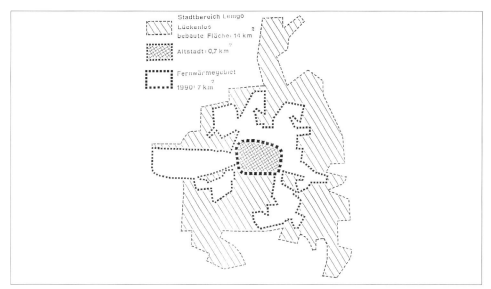

Abbildung 1: Lemgo Innenstadt, Fernwärmeversorgung

153

die Einführung der Fernwärmeversorgung und der Kraft-Wärme-Kopplung genauso viel Schadstoffe eingespart werden, als ob der gesamte Autoverkehr in der Innenstadt eingestellt würde.

Im Vergleich zu Lemgo soll auch das Modell Rottweil angesprochen werden. In Rottweil existiert inzwischen eine große Anzahl von dezentralen Blockheizkraftwerksanlagen. Darüber hinaus gibt es noch verschiedene Nahwärmesysteme auf der Basis von Brennwertkesseln, die jedoch zur Primärenergieeinsparung nicht in dem Maße wie die Kraft-Wärme-Kopplung beitragen. Die aus den Blockheizkraftwerken resultierende Stromerzeugung macht etwa 15 % des gesamten Strombedarfes von Rottweil aus und wird damit auch in Zukunft um mehr als den Faktor 2 unter den Werten von Lemgo liegen. Dies hat seinen Grund in erster Linie darin, daß nur einzelne interessante Wärmepotentiale für die Kraft-Wärme-Kopplung herausgepickt werden, während die große Fläche für die direkte Erdgasversorgung erschlossen ist. Vorteil des Modells Rottweil ist dagegen die leichtere Durchsetzbarkeit bei einem vorhandenen Gasnetz, da die Wirtschaftlichkeit der einzelnen Maßnahmen schneller erreicht wird. Es werden nämlich für die Kraft-Wärme-Kopplung dann jeweils nur die wirtschaftlichsten Potentiale herausgegriffen.

Zwischen den Modellen Lemgo und Rottweil sind beliebige Mischformen möglich. So existieren auch in Lemgo außerhalb des Fernwärmevorranggebietes einzelne Blockheizkraftwerke, die interessante Wärmepotentiale erschließen. Auf der anderen Seite sind auch in Rottweil mehrere Einzelverbraucher über Fernwärmeleitungen miteinander verbunden. Langfristig wäre es möglich, auch weitere Wärmeleitungsverbindungen zu schaffen, so daß größere Fernwärmegebiete entstehen. Zusammenhängende Fernwärmeversorgungen bieten den Vorteil, größere Erzeugungsanlagen einzusetzen, die spezifisch günstiger arbeiten und insbesondere auch längere Lebensdauern aufweisen. Es muß daher im einzelnen geprüft werden, welche Strategie langfristig verfolgt werden soll. In jedem Fall wird es erforderlich sein, zu Beginn einer Kraft-Wärme-Kopplungsausbaustrategie jeweils einzelne Fernwärme-Inseln auf der Basis von Blockheizkraftwerken zu bilden, die dann später zusammenwachsen können.

An dieser Stelle sollen auch die Verhältnisse in den neuen Bundesländern angesprochen werden. Nahezu alle Groß- und Mittelstädte und sogar eine große Anzahl von Kleinstädten weisen ausgedehnte Fernwärmeversorgungen auf. Es bedarf nur eines geringen Anschubes, um diese Fernwärmeversorgungen auf die Kraft-Wärme-Kopplung umzustellen und damit betriebswirtschaftlich rentabel zu machen. Oft wird sogar die Ausweitung der Fernwärme langfristig wirtschaftlicher sein als der Ausbau

	1990		2005	
Fernwärme	.75	24 %	115	37 %
Gas	128	41 %	128	41 %
Heizöl	92	30%	57	19 %
Sonstige	15	5 %	10	3 %
	310	100 %	310	100 %

Abbildung 2: Energieversorgungskonzept Lemgo

einer Erdgasversorgung. Hierzu ist eine vernünftige Ausgestaltung der Stromerzeugung notwendig. Überläßt man die Energieversorgung völlig den Marktgesetzen, so wird vor dem Hintergrund der kurzfristigen Gewinnmaximierung möglicherweise die in der Langfristbetrachtung ökonomisch und ökologisch sinnvollere Variante verhindert. Aus diesem Grunde sollte eine anfängliche Bezuschussung der Fernwärmeversorgung überall dort vorgenommen werden, wo auf Dauer ein wirtschaftlicher Betrieb möglich ist.

Dies schafft kurzfristig dringend benötigte Arbeitsplätze und kommt dem Wunsch der Bürger in den neuen Bundesländern nach einer schnellen Verminderung der Umweltbelastungen entgegen.

Kleine Wärmepotentiale

In vielen kleinen Orten wird sich wegen mangelnder Wärmedichte eine Fernwärmeversorgung in keinem Fall lohnen. In aller Regel sind jedoch einzelne größere Wärmeverbraucher, wie Schulen, Bäder, Krankenhäuser und vieles andere mehr, vorhanden, die den Einsatz von Blockheizkraftwerken ermöglichen. Auch diese Potentiale sollten im Sinne einer maximalen Schadstoffreduzierung soweit wie möglich ausgenutzt werden.

Städte mit Fernwärmegroßpotentialen besitzen in den Außenbereichen, die nicht mehr fernwärmewürdig sind, ebenfalls eine große Zahl von einzelnen interessanten Wärmeabnehmern. Leider werden diese Potentiale neben den zentralen Fernwärmeversorgungen oft nicht genügend beachtet. Wenn in einer Stadt wie Lemgo ein Drittel des gesamten Niedertemperaturwärmebedarfes über Kraft-Wärme-Kopplungsanlagen abgedeckt werden kann, so wären in Großstädten weit höhere Prozentsätze erreichbar. Oft jedoch liegen die vorhandenen Potentiale wesentlich niedriger.

Einsparpotentiale

Einleitend wurde bereits gesagt, daß die entscheidenden Verminderungen des Primärenergieeinsatzes durch die Einsparungen beim Verbraucher erreicht werden müssen. Die Weichenstellung hierzu muß allerdings in wesentlichem Maße vom Gesetzgeber ausgehen. Der effiziente Primärenergieeinsatz jedoch, der einen zwar geringeren, aber auch wichtigen Anteil zur Schadstoffreduzierung beiträgt, wird sehr stark von der Versorgungsstrategie der Energieversorgungsunternehmen beeinflußt. Derzeit werden in den westlichen Bundesländern nur 8% des Niedertemperatur-wärmemarktes durch Fernwärme abgedeckt. Etwa gleich hoch ist der Anteil an Elektroheizungen, deren Umweltschädlichkeit deutlich höher liegt. Hier müssen die Unternehmensstrategien geändert werden, um zukünftig der umweltfreundlichen Nah- und Fernwärmeversorgung auf der Basis der Kraft-Wärme-Kopplung mehr Spielraum zu verschaffen. Nach Untersuchungen der Fernwärmewirtschaft existiert in den alten Bundesländern ein Potential für die Fernwärme, das 25% des gesamten Niedertemperaturwärmemarktes ausmacht. Hinzu kommen die vielen Kleinpotentiale dezentraler Nahwärmelösungen, die quantitativ schwer abzuschätzen sind, da die Abgrenzung gegenüber anderen Wärmeversorgungen fließend ist.

Um überhaupt einmal eine Größenordnung angeben zu können, wird auf das Energieversorgungskonzept der Stadt Lemgo zurückgegriffen. Durch die betriebswirtschaftlich maximal mögliche Ausweitung der Kraft-Wärme-Kopplung mit Fern- und Nahwärmesystemen auf einen Anteil am Niedertemperaturwärmemarkt in Höhe von etwa 40% lassen sich 10% bis 15% an Primärenergie einsparen.

Schluß

Wenn heute erwogen wird, in das Energiewirtschaftsgesetz neben den beiden Forderungen nach sicherer und preiswerter Versorgung auch die ökologische Energieversorgung einzuführen, so gehört in diese Denkrichtung unbedingt der effiziente Primärenergieeinsatz hinein. Es sollte daher in jedem Fall in die Unternehmensstrategie aufgenommen werden, ein Energieversorgungskonzept zu erstellen, das eine maximale Schadstoffreduzierung unter Einsatz der verfügbaren Mittel vorsieht.

Diskussion zum Vortrag von Dr. Attig

Dr. Ohlms, Stadtwerke Münster GmbH:

Ein Thema haben Sie nicht angesprochen und das ist die Sommerleistung. Bei jeder Kraft-Wärme-Kopplung und bei jeder Fernwärmeversorgung spielt der Sommer eine sehr große Rolle. Nämlich ab einer bestimmten Eigenerzeugung ist ja dann, wenn Sie wärmegeführt fahren, der Strombezug im Sommer höher als im Winter oder Sie müssen stromgeführt fahren, dann müssen Sie im Sommer die Wärme vernichten. Dann sieht natürlich die Energiebilanz ganz anders aus.

Dr. Attig:

Das ist richtig. Ich habe aus Zeitgründen nicht soviel Zeit darauf verwendet, zu betonen, daß mit diesem System Großkraftwerke nicht beseitigt werden sollen. Es wird allgemein auch der Gedanke diskutiert, Großkraftwerke zurückzunehmen und dafür dezentral die Kraft-Wärme-Kopplung überall auszubauen. Das ist sicherlich nicht die Zielrichtung, sondern mir geht es darum, in den Bereichen, wo die Kraft-Wärme-Kopplung arbeiten kann, und zwar in erster Linie im Mittellastbereich, die Kapazitäten, die vorhanden sind, auszunutzen. Das bedeutet, im Sommer den Strom aus den preiswert arbeitenden Großkraftwerken zu beziehen, die ja das ganze Jahr laufen und die Stromeigenerzeugung sehr stark zurückzufahren. Das bißchen benötigte Wärme wird nur in den Vormittagsstunden erzeugt und über große Speicheranlagen auch für die Nachtzeiten zur Verfügung gestellt. Die Stromleistung wird über Verträge der Starklastbenutzungsdauer nur an ganz bestimmten Stunden des Tages zur Verfügung gestellt. Wenn man sich die Lastganglinie der Stromwirtschaft ansieht, würde also hier eine erheblich erweiterte Kraft-Wärme-Kopplung ohne weiteres reinpassen. Es würden Mittellastkraftwerke, die in erster Linie auf Kohlebasis arbeiten, zurückgedrängt werden.

Brandt, GUT, Kassel:

Das Problem der Schadstoffreduzierung durch den Einsatz von BHKWs haben Sie sehr anschaulich verdeutlicht, auch welchen Erfolg Sie erzielen im Emissionsvergleich mit der Rücknahme des Pkw-Verkehrs aus der Innenstadt. Wenn wir in der Beratung solche Bilanzen aufführen, wird uns häufig entgegengebracht, besonders von VDEW-Mitgliedern, ja, in der gesamtvolkswirtschaftlichen Emissionsbilanz stimmt das zwar, aber sie wollen doch nicht etwa dem Bürger im Ort zumuten, der bis jetzt seinen Strom von weit her bezog, daß er in Zukunft die Emissionen schlucken soll von der Stromproduktion vor Ort. D. h. man möchte hier gerne wieder hintenrum das St.-Florians-Prinzip anwenden.

Finke, Institut für Energetik, Leipzig:

Sie können sich vorstellen, daß wir immer wieder gefragt werden, welche Möglichkeiten wir für die Bildung von Stadtwerken sehen, wie wir gründungswillige Unternehmen oder auch Städte unterstützen können. Erste Frage: Welches Kostenniveau würden Sie denn als Konkurrenz ansehen, welches man nicht überschreiten darf. Da haben Sie sicher Erfahrungen, Sie haben vom Zwei- bis Dreifachen gesprochen bei Braunkohlenbasis. Zweite Frage: Habe ich Sie richtig verstanden, Sie meinen auf Braunkohlebasis wird wohl kaum, auch mit einer Wärme-Kraft-Kopplung Fernwärmebereitstellung in den neuen Bundesländern haltbar sein? Ihnen ist sicher bekannt, daß der Stromvertrag so abgefaßt ist, daß das Kartellamt auf der Ebene der regionalen Unternehmen den Querverbund verboten hat, d. h. konkret das Herauslösen der Gasversorgung aus der Elektroenergieversorgung. Welche Argumente würden Sie mir nennen, daß auf der lokalen Ebene der Querbund nicht konkurrenzschädigend ist.

Dr. Attig:

Es ist sicher, daß die Gas- und die Stromwirtschaft auf regionaler Ebene voneinander getrennt werden. Aber auf kommunaler Ebene wäre ja gar nicht denkbar, daß in den neuen Bundesländern dies untersagt wird, wenn es in den alten Bundesländern überall praktiziert wird. Sicherlich kann man die Braunkohle in der Kraft-Wärme-Kopplung in großen Einheiten einsetzen. Es wird sich aber auf wenige Ballungsräume beschränken. Man kann die Braunkohle ja aus wirtschaftlichen Gründen nicht überall beliebig hintransportieren. In den mittleren und kleinen Potentialen werden hier sicherlich Daten in ausreichender Weise zur Verfügung stehen. Zum Kostenniveau der Fernwärme einige wenige Zahlen aus Stendal: Hier wird im Augenblick Fernwärme erzeugt, teilweise über Braunkohleheizwerke und teilweise auch über Heizkessel mit örtlichem Erdgas, dort ist der Kostenpreis etwa 150 DM/MWh oder 0,15 DM/kWh, das ist natürlich völlig untragbar. Während wir in Lemgo einen Preis von 60,00 DM/MWh haben und der Bundesdurchschnitt im Augenblick bei 70 bis 75 DM/MWh liegt. Das heißt also, es kann gelingen – und das ist in Stendal Ergebnis unserer Untersuchung –, daß wir hier auf einen Vergleichspreis von 70,00 bis 80,00 DM/MWh kommen, wenn die Kraft-Wärme-Kopplungsanlagen in ähnlicher Form dann ausgebaut werden wie es in Lemgo der Fall ist. Herr Brandt fragte nach der Emissionszunahme in den Gebieten, wo nur örtliche Kraft-Wärme-Kopplungsanlagen gebaut werden. Es ist natürlich ein ganz windiges Argument, wenn man sagt, wir wollen solche Kraft-Wärme-Kopplungsanlagen hier nicht, weil wir dann ja zusätzliche Immissionsbelastungen haben. Zunächst muß man sagen, die Immissionsbelastung ist in jedem Fall da, denn das 50 km entfernte Großkraftwerk auf Kohlebasis schiebt die Emissionen natürlich bei dem hohen Schornstein genauso in die Region hinein. Ein zweites wichtiges Argument haben wir immer mit bestem Erfolg vorgebracht: Wenn örtlich hier Strom und Wärme gebraucht werden, dann muß es auch möglich sein, diese örtlich zu erzeugen und nicht nach dem St.-Florians-Prinzip sagen, wir wollen das nicht hier, laß das mal die Nachbargemeinde machen, denn die können mit Recht sagen, warum sollen wir bei uns ein Großkraftwerk haben, was die ganze Region versorgt.

Dipl.-Volkswirt Hans Behringer
Kaufmännischer Geschäftsführer (GF) der
Stadtwerke Paderborn.
Zur Person:
Als erfolgreicher Kämmerer der Stadt Paderborn
wurde Behringer zum GF der Stadtwerke Paderborn
berufen. Er ist gleichzeitig GF der Paderborner
Kommunalbetriebe GmbH, einer Holding, in der die
wirtschaftlichen Aktivitäten der Stadt Paderborn
zusammengefaßt und geführt werden (Stadtwerke,
Bäder, Entsorgung, Stadthalle etc.).
Zum Unternehmen:
Die Stadtwerke Paderborn verstehen sich als
innovationsfreudiges Unternehmen: vor Jahren Inbe-
triebnahme der ersten und größten Kompressions-
(Gas) Wärmepumpe im städtischen Bad; heute sind
die Stadtwerke Paderborn führend im Nahwärme-
service. Das Konzept geht heute soweit, daß Wärmeerzeuger von den Stadtwerken in
Mehrfamilienhäusern installiert und betrieben werden. Damit nehmen die Stadtwerke
direkt Einfluß auf die Technik (z. B. Brennwerttechnik).

Wärmedirektservice – Erfahrungen und Perspektiven

Hans Behringer

Ursachen für den Wärmedirektservice

Die Stadtwerke Paderborn GmbH haben sich aufgrund verschiedener Ursachen und auf verschiedenen Pfaden dem Thema "Wärmedirektservice" genähert. Zunächst mußte in Paderborn sehr pragmatisch der Konkurrenz durch die Elektroheizung begegnet werden. Der regionale Stromversorger, zuständig auch für das Versorgungsgebiet der Stadtwerke Paderborn GmbH, bemühte sich außerordentlich um den Wärmemarkt. Den Wettbewerbsvorteilen, die sich der Konkurrent durch verschiedene Maßnahmen verschaffte, mußte wirksam begegnet werden.

Die Stadtwerke mußten und müssen sich jedoch auch den Herausforderungen eines geänderten Marktes stellen. Für die Stadtwerke Paderborn GmbH sollte das Schlagwort vom Wandel eines reinen Erdgaslieferanten zum Energiedienstleistungsunternehmen nicht nur Theorie bleiben, sondern handfest in die Praxis umgesetzt werden. Die reinen Energielieferungen waren also um Dienstleistungen zu ergänzen, die dem Kunden zusätzlichen Nutzen im Zusammenhang mit der Energieanwendung bringen. Dazu gehören insbesondere Maßnahmen im Bereich der Energiesparberatung, des Einsatzes energiesparender Technik, insbesondere der Brennwerttechnik, der Kraftwärmekoppelung und der Nahwärmelieferung. Es sollen dabei eindeutige Akzente in Richtung Umweltschutz und Energieeinsparung gesetzt werden.

Die Energieversorgungsunternehmen müssen sich so mit neuen Versorgungskonzepten beschäftigen, wobei der Einsparung mit Hilfe rationeller Energietechnik, sowie der Schadstoffminderung durch moderne Gerätetechnik erhebliche Bedeutung zukommt. In diesem Zusammenhang ist noch anzumerken, daß der Aufbau eines Fernwärmenetzes in der Region Paderborn mit großen technischen und wirtschaftlichen Schwierigkeiten verbunden ist. Umso bedeutsamer ist, daß alle Möglichkeiten einer Nahwärmeversorgung auf der Basis des Einsatzes moderner Energiespartechnologien genutzt werden.

Schließlich lag ein weiterer Ausgangspunkt für die Beschäftigung mit dem

Nahwärmeservice in den Bereichen Unternehmensphilosophie und Marketing. Die bundesdeutsche Gaswirtschaft wirbt für den Primärenergieträger Erdgas mit Schlagworten wie Behaglichkeit, Komfort und Wärme. Da Marketing langfristig immer nur so gut sein kann wie das Produkt selber, muß dem Kunden überzeugend nachgewiesen werden, daß die Stadtwerke als vorrangige Lieferanten des Erdgases auch Kompetenz für die damit erreichbaren Qualitäten besitzen. Nach unserer Unternehmensphilosophie, aber auch nach unserer Einschätzung der Werteprioritäten des Kunden ist es für diesen relativ belanglos, mit welchem Energieträger die gewünschte Wärme mit den damit verbundenen erstrebten Eigenschaften erzeugt wird. Der Begriff Wärme, verbunden mit einem Urbedürfnis des Menschen, ist durch die Stadtwerke nachhaltig und überzeugend zu besetzen.

Mit Hilfe der Dienstleistungspakete "Nahwärme-Service Erdgas" und "Nahwärme-Service Erdgas PLUS" soll im folgenden gezeigt werden, welchen Weg die Stadtwerke Paderborn GmbH eingeschlagen haben, um die neuesten Einsparziele zu erreichen, aber gleichzeitig den Erdgasabsatz zu sichern und den Unternehmenserfolg zu vergrößern.

Anschließend soll über die wichtige und notwendige Zusammenarbeit mit den Marktpartnern und schließlich über die Wirtschaftlichkeit berichtet werden.

Nahwärme-Service Erdgas

Die Forderung nach sparsamer und rationeller Energieverwendung veranlaßte den Gesetzgeber nach der ersten Ölpreiskrise 1973/74 zu einer Reihe von Gesetzesinitiativen, insbesondere zum Energieeinsparungsgesetz aus dem Jahre 1976 und den dazugehörigen Verordnungen. Dazu gehören die Heizkostenverordnung und die Neubaumietenverordnung, die vorschreiben, daß Heizwärme und Brauchwarmwasser aus einer zentralen Wärmeerzeugungsanlage nach dem tatsächlichen Verbrauch abzurechnen sind.

Diese verbrauchsabhängige Wärmekostenabrechnung stellt eine erhebliche Belastung für Wohnungsbaugesellschaften und Hauseigentümer mit umfangreichem Bestand an Mietwohnungen dar und führte dazu, daß Bauherren bei der Planung der Heizungsanlagen neben den Investitionskosten vor allem auch auf eine kostengünstige Verbrauchsabrechnung achteten.

Damit erhielt die Elektroheizung in Paderborn einen Wettbewerbsvorteil. Denn hinsichtlich der Investitionskosten sind Elektroheizungen mit Heizsystemen auf der Basis fossiler Brennstoffe vergleichbar und die Energieabrechnung je Wohneinheit ist in der Stromversorgung üblich.

162

Für die Stadtwerke Paderborn hatte dies zur Folge, daß Anfang der 80er Jahre der Anteil an erdgasversorgten Mehrfamilienhausneubauten stark zurückging, da die in anderen Städten durchaus konkurrenzfähige Gasetagenheizung in Paderborn von den Bauherren überwiegend abgelehnt wurde.

Die Stadtwerke waren damit gezwungen, ihr Angebot (Anlage 1) zu erweitern. Die dezentrale Erfassung und Verrechnung von Wärmemengen allein konnte dafür nicht ausreichend sein, denn die Heizkostenverteilung wurde ja bereits durch Dienstleistungsunternehmen praktiziert. Das Angebot mußte den Bauherren wenigstens noch – wie bei der dezentralen Elektroheizung – vom Betrieb der Heizungsanlage sowie von der direkten Verbrauchsabrechnung mit den Mietern entlasten.

Obwohl für die Akquisition die Interessen der Bauherren ausschlaggebend sind, durften die Interessen der Mieter und darüber hinausgehend die volkswirtschaftlichen Aspekte der Primärenergieeinsparung und des Umweltschutzes nicht vernachlässigt werden.

Die Stadtwerke Paderborn haben deshalb 1981 ein Dienstleistungspaket geschnürt, das auf die Bedürfnisse von Bauherren von Mehrfamilienhäusern und Mehrzweckbauten zugeschnitten ist und die Lieferung von Nutzwärme zum Inhalt hat. Dieser Nahwärme-Service Erdgas enthält folgende Dienstleistungen (Anlage 2):

Wärmetechnische Beratung und Mitwirkung bei der Planung

Als künftige Betreiber der Wärmeerzeugungsanlage wünschen die Stadtwerke einen möglichst hohen Jahresnutzungsgrad der Anlage, der Bauherr eine möglichst geringe Investition. Hier werden die acht Beratungsingenieure der Stadtwerke als Fachleute für moderne, energiesparende Heiztechnik tätig. Sie verstehen sich als Mittler zwischen Bauherren, Planern und Heizungsbauern und nehmen Einfluß auf die Wahl des Wärmeerzeugers nach Gesichtspunkten der Energieeinsparung, des Umweltschutzes und nicht zuletzt der Wirtschaftlichkeit.

Betrieb, Wartung und Instandhaltung des Wärmeerzeugers

Nach der Entscheidung des Bauherrn für den Nahwärme-Service Erdgas schließen die Stadtwerke mit ihm einen Vertrag ab. Danach stellt der Hauseigentümer den Stadtwerken unentgeltlich eine Heizungsanlage zur Verfügung, die den einschlägigen rechtlichen Bestimmungen sowie dem neuesten Stand der technischen Regeln entspricht. Die Stadtwerke übernehmen den Betrieb sowie die Wartung und die Instandhaltung des Wärmeerzeugers, sie tragen die Kosten für den Erdgaseinsatz sowie für den Stromverbrauch, der beim Betrieb des Wärmeerzeugers anfällt. Zur Durchführung der Wartung bedienen sich die Stadtwerke Paderborn der konzessionierten Innungsbetriebe.

Wartung und Instandhaltung des Heizraumes, des Schornsteins sowie aller Bau- und Anlagenteile außerhalb des Wärmeerzeugers obliegen weiterhin dem Eigentümer. Auch für den Ersatz der Kesselanlagen nach Ablauf der Nutzungsdauer ist der Eigentümer verantwortlich, wobei die Nutzungsdauer dann endet, wenn die Instandhaltungskosten gemäß VDI 2067 in keinem vertretbaren Verhältnis mehr zu einer Neuanschaffung stehen.

Installation, Wartung und Instandhaltung der Meßeinrichtungen

Zur exakten Erfassung des Wärmeverbrauchs werden statische Wärmezähler eingebaut. Sie bestehen aus einem nach dem Ultraschallprinzip arbeitenden Durchflußmeßgerät, je einem Temperaturfühler im Vor- und Rücklauf sowie einem elektronischen Rechenwerk. Diese Meßeinrichtungen sind Eigentum der Stadtwerke, werden von ihnen instandgehalten und als Meßgeräte im eichpflichtigen Verkehr den entsprechenden Überprüfungen unterworfen.

Lieferung von Wärme aus Erdgas

Die Stadtwerke liefern aus Erdgas erzeugte Wärme in Form von Heizungswasser an die Mieter; sie liefern praktisch Erdgas netto. Die Wirkungsgradverluste gehen zu Lasten der Stadtwerke, deren Interesse es verständlicherweise ist, die Verluste so niedrig wie möglich zu halten, denn die Erlöse errechnen sich nur aus der Lieferung der Nutzwärme. Daher sind für die Stadtwerke die Mitwirkung bei der Auswahl des Wärmeerzeugers sowie insbesondere die regelmäßige Wartung von besonderem Gewicht.

Direkte Verbrauchsabrechnung mit den Mietern

Mit den Mietern wird ein Wärmelieferungsvertrag abgeschlossen und die Wärme nach einem veröffentlichten Tarif abgerechnet, der sich aus einem Jahresgrundpreis und einem Arbeitspreis je Kilowattstunde (kWh) zusammensetzt (Anlage 3). Die Stadtwerke übernehmen also die Verbrauchsabrechnung mit dem einzelnen Mieter. Nach Änderung der Heizkostenverordnung zum 01.03.1989, wonach hinsichtlich der Heizkostenabrechnung die unmittelbare Nahwärmeversorgung von Mietern der Fernwärmeversorgung rechtlich gleichgestellt ist, erfolgen die Wärmelieferungen seitdem in Anlehnung an die Bestimmungen der AVB FernwärmeV.

164

Versorgung mit Brauchwarmwasser

Die Versorgung mit Brauchwarmwasser ist im Laufe der Jahre als weiterer Bestandteil des Dienstleistungspakets der Stadtwerke hinzugekommen. Die Warmwasserbereitung erfolgt in einem indirekt beheizten zentralen Warmwasserspeicher, der dem Wärmeerzeuger nachgeschaltet ist.

Nahwärme-Service Erdgas PLUS

Bei dem Dienstleistungspaket Nahwärme-Service Erdgas können die Stadtwerke nur beratend Einfluß auf die Wärmeerzeugungsanlage nehmen. Im Interesse der Stadtwerke liegt aber die bestmögliche Energiespartechnik, für die beim Energiepreisniveau der letzten Jahre eine Amortisation der Mehrinvestitionen nur sehr langfristig möglich war und damit den Bauherren nicht abverlangt werden konnte. Für private Investoren und Wohnungsbaugesellschaften sind jedoch naturgemäß betriebswirtschaftliche und weniger volkswirtschaftliche bzw. umweltrelevante Überlegungen ausschlaggebend.

Dem Bauherren – das zeigen die Erfahrungen unserer Beratungsingenieure – ist darüber hinaus die Beschäftigung mit Fragen der Heizungstechnik eine lästige Aufgabe, der er sich gerne entzieht. Selbst wenn er ein Planungsbüro oder einen planenden Heizungsbaubetrieb einschaltet, bleibt die Entscheidung über das zu installierende System letztendlich bei ihm. Außerdem erfordert die Installation einer Heizungsanlage für ein Mehrfamilienhaus einen erheblichen Investitionsbetrag, der den sonstigen finanziellen Spielraum des Bauherrn für sein Objekt einschränkt.

Aus diesen Überlegungen heraus haben die Stadtwerke Paderborn GmbH im Herbst 1989 ihr Dienstleistungspaket erweitert, indem sie zusätzlich die Investition für die Wärmeerzeugungsanlage übernehmen. Dieser Nahwärme-Service Erdgas PLUS entlastet die Bauherren also zu den bereits beschriebenen Vorteilen von der Planung, dem Bau und der Finanzierung der Wärmeerzeugungsanlage. Der Vorteil des Bauherrn besteht also darin, daß zu kostenlosem Betrieb, Wartung und Instandhaltung des Wärmeerzeugers noch eine für ihn kostenlose Lieferung und Installation der Wärmeerzeugungsanlage hinzukommt, d.h. daß der Bauherr für die Zukunft von allen heiztechnischen Problemen, z. B. Ersatzbeschaffung nach Ablauf der Nutzungsdauer, befreit ist. Diese technischen Probleme sind in Zukunft für ihn und durch die Dienstleistungen der Stadtwerke Paderborn GmbH gelöst.

Für größere Nahwärmeobjekte kommen auch Kraftwärmekoppelungsanlagen in Betracht, vor allem dann, wenn das Koppelprodukt Strom fremdbezogene elektrische Energie in den wärmeversorgten Objekten ersetzen kann. Ebenso wird die Wärmeerzeugung mittels Wärmepumpen untersucht, die bei steigenden Energiepreisen wieder attraktiv wird.

Der Nahwärme-Service Erdgas PLUS erlaubt es dem Versorgungsunternehmen, alle möglichen Wärmequellen für die Belieferung des Kunden anzuzapfen. Diesem ist es letztendlich gleichgültig, woher die Wärme in den Wohnräumen und im Brauchwarmwasser stammt. Die Hauptsache ist, daß diese Wärme seinen Anforderungen nach Zeitverfügbarkeit und Temperaturniveau genügt. So ist es durchaus denkbar, auch Solarenergie langfristig in die Auswahl der verfügbaren Wärmequellen, z. B. die Brauchwarmwasserbereitung, einzubeziehen. Die Entwicklung der zur Nutzung dieser Energie erforderlichen Technik muß daher intensiv verfolgt werden.

Die Stadtwerke sind auch bereit, die Heizungsanlagen von Altbauten zu übernehmen, auf Erdgas umzustellen bzw. auf neuesten technischen Stand zu bringen, wenn Erdgas als Primärenergie schon eingesetzt wird. Auch für diesen Sektor ist ein breiter Markt vorhanden, der sich nach Meinung der Stadtwerke durch ihr spezielles Angebot leichter für eine moderne Erdgastechnik erschließen läßt.

Das Engagement der Stadtwerke erstreckt sich weiterhin auf Heizungsanlagen in öffentlichen Gebäuden, Schulen, Bädern, Krankenhäusern etc., wobei bei derartigen Objekten die Übernahmebedingungen individuell zu klären sind. Die Stadtwerke können sich unter bestimmten Gesichtspunkten auch ein Engagement bei Gewerbe- und Industriebetrieben vorstellen, z. B. dadurch, daß sie in Ergänzung zu einer bestehenden Kesselanlage eine Einrichtung der Kraft-Wärme-Kopplung zur Nutzung durch den jeweiligen Betrieb aufbauen.

Die Einführung des Nahwärme-Service Erdgas PLUS macht gegenüber dem bisherigen Angebot eine Ergänzung und ein Vertragsverhältnis zum Gebäudeeigentümer erforderlich. Zur Sicherung des Eigentums der Stadtwerke auf fremdem Grundstück muß die Eintragung einer beschränkten persönlichen Dienstbarkeit erfolgen. Im Verhältnis zum einzelnen Mieter ändert sich lediglich der Preis für die gelieferte Wärme.

Gegenüber dem Nahwärme-Service Erdgas umfaßt das erweiterte Dienstleistungsangebot auch die Ersatzbeschaffung des Wärmeerzeugers und ggfs. des Warmwasserbereiters.

Zusammenarbeit mit den Marktpartnern

Das Verhältnis zwischen den Marktpartnern Heizungsbauer, Schornsteinfeger und Versorgungsunternehmen ist in Paderborn seit Jahren außerordentlich gut. Es beruht auf gegenseitigem Verständnis, regelmäßiger Information und Abstimmung. Deshalb können Schwierigkeiten bei der Alltagsarbeit ohne viel Aufhebens und zum Vorteil des betroffenen Bürgers ausgeräumt werden, des Bürgers, der schließlich Kunde aller drei Partner ist.

Im Sinne dieser partnerschaftlichen Zusammenarbeit wurden die Innungen auch bei der Einführung des Nahwärme-Service Erdgas im Jahre 1981 hinzugezogen. Die anfänglichen Befürchtungen, daß die Stadtwerke mit der Übernahme der Betriebsführung von Heizungsanlagen sich in Konkurrenz zu den Heizungsbauern begeben, wurden sehr schnell ausgeräumt. Die Wartung und Instandhaltung der Wärmeerzeuger wurde von Anfang an auf die Installationsbetriebe übertragen. Für jede von den Stadtwerken betriebene Heizungsanlage besteht seitdem ein Wartungsvertrag, der die jährlich durchzuführenden Maßnahmen und Entgelte regelt.

Zum Vorteil des Kunden wird darüber hinaus seit mehreren Jahren in Gemeinschaftsarbeit aller in der Innung organisierten Unternehmen ein gemeinsamer, wöchentlich wechselnder Bereitschaftsdienst vorgehalten, der die Rufbereitschaft außerhalb der normalen Arbeitszeit rund um die Uhr sicherstellt. Die Bereitschaftsliste liegt beim Versorgungsunternehmen aus, so daß der diensthabende Mitarbeiter der Stadtwerke in der jederzeit besetzten Meßwarte Nahwärmekunden an das in Bereitschaft stehende Heizungsbauunternehmen verweisen kann.

Auch die Einführung des Nahwärme-Service Erdgas PLUS wurde mit den Marktpartnern diskutiert und abgestimmt. Bei den Installations- und Heizungsbaubetrieben bestanden dabei folgende Befürchtungen:

Die Heizungsbauunternehmen müssen sich erst mit dem Gedanken vertraut machen, daß nunmehr ein Teil der Aufträge für die Erstellung oder Erneuerung von Heizungsanlagen von den Stadtwerken erteilt werden wird. Diese verfügen als Auftraggeber über Fachleute der Installations- und Heizungsbranche und sind berechtigt, den örtlichen Installationsunternehmen Konzessionen zu erteilen. Die Innungsbetriebe müssen akzeptieren, daß ihnen vorgeschrieben wird, welcher Typ und welches Fabrikat eines Wärmeerzeugers im Rahmen des Nahwärme-Service Erdgas PLUS installiert werden soll.

Dadurch wird der Heizungsbauer ggfs. veranlaßt, Kontakte zu ihnen bisher nicht vertrauten Geräteherstellern bzw. Händlern herzustellen, über Lieferkonditionen neu zu verhandeln und zusätzlich Ersatzteile einzulagern. Er muß sich mit neuen Einbau- und Bedienungsvorschriften auseinandersetzen und seine Mitarbeiter entsprechend schulen. Darüber hinaus setzt er unter Umständen die guten Beziehungen zu seinen bisherigen Zulieferern aufs Spiel. Schließlich fürchtet der Heizungsbauer willkürliche Vergabepraktiken der Stadtwerke.

Die Stadtwerke sind jedoch sehr bemüht, die Befürchtungen durch entsprechende

Regeln der Zusammenarbeit abzubauen. Dazu gehört vor allem, daß sie die Entscheidung über den Heizungsbauer dem jeweiligen Bauherrn überlassen, der den Auftrag in der Regel dem Unternehmen gibt, das die dem Wärmeerzeuger nachgeschalteten Verteilungsanlagen installiert. Dazu gehört auch die Vereinbarung eines Hausmeistervertrages zwischen den Stadtwerken und den Heizungsbauern, der auskömmliche Preise zur beiderseitigen Zufriedenheit festlegt. Letztlich wird von den Stadtwerken ein Ersatzteillager für die gängigen Brennwertgerätetypen aufgebaut und vorgehalten.

Wirtschaftlichkeit der Dienstleistungspakete aus der Sicht der Beteiligten

Daß die Nahwärme-Service-Erdgas-Angebote gegenüber dem Mitbewerber Elektroheizung konkurrenzfähig und für den Kunden attraktiv sind, zeigt die Darstellung der Effektivpreise der beiden Nahwärmesysteme im Vergleich zu den durchschnittlichen Nachstromtarifen in Ost-Westfalen zum Stichtag 01.01.1991 (Anlage 4).

Die bisherigen Erfahrungen weisen eine überragende Vorteilhaftigkeit bzw. Wirtschaftlichkeit für die Stadtwerke, die Kunden und die Handwerksbetriebe, also für alle Beteiligten nach.

Perspektiven

Die überaus hohe Resonanz sowohl privater Investoren als auch von Wohnungsbaugesellschaften auf die Dienstleistungen der Stadtwerke Paderborn auf dem Gebiet der Wärmeversorgung zeigt, daß der eingeschlagene Weg richtig ist. Die Kundenentwicklung wird nach Objekten in der Anlage 5 und nach Wohneinheiten in der Anlage 6 dargestellt.

Die Bilder zeigen, daß im Rahmen des Nahwärme-Service Erdgas Ende 1990 2.601 Kunden in 337 Objekten mit Heizwärme versorgt wurden. Für 1991 wird ein Zuwachs um weitere 90 Objekte mit rund 600 Kunden erwartet. Für den Nahwärme-Service Erdgas PLUS wird eine noch stärkere Nachfrage erwartet: Auf über 1.600 Kunden in 225 Gebäuden.

Zur Überraschung der Beteiligten nehmen ca. 60% Eigentümer älterer Objekte die Nahwärme-Service-Angebote in Anspruch. Solange es sich bei Altbauten um einzelofenbeheizte Gebäude handelt, in denen bei Umstellung auf eine zentrale Versorgung ein Warmwasserheizungssystem neu aufzubauen ist, gibt es keine Probleme, wenn die einzelne Wohnung über eine horizontale Heizwasserverteilung unter Zwischenschaltung eines Wärmezählers je Wohneinheit versorgt wird. Wird dagegen eine vorhandene zentrale Heizungsanlage auf Erdgas umgestellt und für den

Nahwärme-Service eingerichtet, und ist in dem Objekt eine vertikale Heizwasserverteilung installiert, so ist das Meßprinzip unter Verwendung von Wärmezählern nicht anwendbar. In solchen Fällen muß auf indirekte Meßverfahren, z. B. Verdunstungswärmezähler, zurückgegriffen werden, mit deren Hilfe der relative Anteil am Gesamtverbrauch ermittelt werden kann. Der Gesamtverbrauch selbst wird über einen direkt am Ausgang des Wärmeerzeugers installierten statischen Wärmezähler exakt gemessen.

Mit den vorgestellten Dienstleistungsangeboten sind mehrere Effekte verbunden:

Energieeinsparung:

Der Einsatz moderner Energietechnik sowie die Betriebsführung von Wärmeerzeugungsanlagen durch das Gasversorgungsunternehmen sowie die regelmäßige Wartung durch ein Fachunternehmen garantieren die rationelle Energieverwendung über die Lebensdauer der Geräte. Die Chance, neben knappen Primärenergieträgern auch regenerative Energiequellen und industrielle Abwärme in eine Nahwärme-Versorgung einzubinden, verstärkt das Energieeinsparungspotential zusätzlich.

Umweltschutz:

Jede eingesparte Kilowattstunde (kWh) Primärenergie entlastet die Umwelt. Der kontrollierte und rationelle Einsatz von Erdgas mit seinen anerkannten günstigen Eigenschaften hinsichtlich Schadstoff- und Kohlendioxidemissionen ist damit praktizierter Umweltschutz.

Wirtschaftlichkeit:

Für das Gasversorgungsunternehmen, aber auch für die Marktpartner öffnet sich ein bedeutsamer Markt. Ein Dienstleistungspaket wie das der Stadtwerke Paderborn hilft, nicht nur den Marktanteil des Gases zu sichern. Zufriedene Kunden sind auch bereit, Dienstleistungen angemessen zu honorieren.

Kunden- und Marktorientierung

Marktpartnern, Kunden und Versorgungsgemeinden wird überzeugend nachgewiesen, daß der Anspruch der Stadtwerke in Fragen der Versorgung erste Adresse zu sein, voll erfüllt wird. Die Stadtwerke Paderborn GmbH als regional tätiges Unternehmen in kommunaler Eignerschaft handeln dabei nach den Leitsätzen: Kompetenz im Bereich der Versorgung, gesellschaftliche Verantwortung und Partnerschaft mit den Kunden,

Marktpartnern und Versorgungsgemeinden.

Der bisherige Erfolg konnte ohne größere Marketingmaßnahmen erzielt werden. Personelle Kapazitätsengpässe aufgrund des erheblichen Auftragsvolumens lassen diese derzeit auch nicht zu. Der Markt für den Direktwärmeservice ist für die Stadtwerke Paderborn bei weitem noch nicht ausgeschöpft. Dies gilt nicht nur im stark von der Baukonjunktur abhängigen Neubaugeschäft, sondern viel stärker im Umstellungs- und Altkundenbereich.

Die Stadtwerke Paderborn werden jedenfalls den eingeschlagenen Weg konsequent, innovativ und marktorientiert fortsetzen. Wegbegleiter, hoffentlich auch aus dem Bereich der Querverbundunternehmen, sind herzlich willkommen und finden volle kollegiale Unterstützung.

Kontinuierliche
Kundenbetreuung

Kontaktnahme
mit allen Verbraucher-
und Interessengruppen

Nahwärme,Warmwasser
Vorteile des Nahwärme-Service
für den Bauherrn
Verbrauchsabrechnung
mit den Mietern

Energieversorgungskonzepte
Mitwirkung bei der
Versorgungsplanung

Erstellung von
Wirtschaftlichkeits
berechnungen

Nahwärme-Service Erdgas *plus*
Wärmeerzeugungsanlage

Dienstleistungen
der
Stadtwerke
Paderborn
GmbH

Energieberatung
Bauphysikalische Überprüfung
(Wärmeschutz)
Mitwirkung bei
Problemlösungen

Laufende Kundeninformation
über neue Gerätetechniken
bei der Wärmeerzeugung

Technische Vorschläge
zur Einsparung von
Trinkwasser,Abwasser
und Energie

171

Dienstleistungen im Rahmen von NAHWÄRME SERVICE ERDGAS

1. Wärmetechnische Beratung und Mitwirkung bei der Planung

2. Betrieb, Wartung und Instandhaltung des Wärmeerzeugers

3. Installation, Wartung und Instandhaltung derMeßeinrichtungen

4. Lieferung von Wärme aus Erdgas

5. Direkte Verbrauchsabrechnung mit den Mietern

6. Versorgung mit Brauchwarmwasser

Stadtwerke Paderborn GmbH

Allgemeine Tarifpreise für die Versorgung
mit Wärme und Warmwasser

gültig ab 1. Januar 1991

Die Stadtwerke Paderborn GmbH stellen gemäß der "Verordnung über Allgemeine Bedingungen für die Versorgung mit Fernwärme (AVB Fernwärme V)" Wärme bzw. Warmwasser zu nachstehenden Preisen zur Verfügung:

I. Nahwärme		**II. Nahwärme Plus**	
1. Preisgruppe		**1. Preisgruppe**	
für Verbrauch von 0–3.000kW/Jahr		für Verbrauch von 0–3.375kW/Jahr	
Grundpreis	0,00 DM	Grundpreis	0,00 DM
Arbeitspreis je kWh	12,86 Pf	Arbeitspreis je kWh	15,86 Pf
2. Preisgruppe		**2. Preisgruppe**	
für Verbrauch von 3.000–7.200 kWh/Jahr		für Verbrauch von 3.375–7.200 kWh/Jahr	
Grundpreis pro Monat	12,50 DM	Grundpreis pro Monat	22,50 DM
Grundpreis jährlich	150,00 DM	Grundpreis jährlich	270,00 DM
Arbeitspreis je kWh	7,86 Pf	Arbeitspreis je kWh	7,86 Pf
3. Preisgruppe		**3. Preisgruppe**	
für Verbrauch von 7.200–12.686 kWh/Jahr		für Verbrauch von 7.200–12.436 kWh/Jahr	
Grundpreis pro Monat	18,50 DM	Grundpreis pro Monat	28,50 DM
Grundpreis jährlich	222,00 DM	Grundpreis jährlich	342,00 DM
Arbeitspreis je kWh	6,86 Pf	Arbeitspreis je kWh	6,86 Pf
4. Preisgruppe		**4. Preisgruppe**	
für Verbrauch über 12.686kWh/Jahr		für Verbrauch über 12.686kWh/Jahr	
und Abrechnung über Verdunster		und Abrechnung über Verdunster	
Grundpreis	0,00 DM	Grundpreis	0,00 DM
Arbeitspreis je kWh	8,61 Pf	Arbeitspreis je kWh	9,61 Pf
Warmwasser		**Warmwasser**	
Grundpreis pro Monat	5,00 DM	Grundpreis pro Monat	5,00 DM
Grundpreis jährlich	60,00 DM	Grundpreis jährlich	60,00 DM
Arbeitspreis je m³	6,10 DM	Arbeitspreis je m³	7,10 DM

III. Allgemeine Tarifbestimmungen

1. Jede Zählereinrichtung gilt als besondere Abnahmestelle. Eine Zusammenfassung mehrerer Abnahmestellen zu einem Gesamtverbrauch findet nicht statt.
2. Zu den in dieser Tarifordnung genannten Beträgen tritt die Umsatzsteuer (Mehrwertsteuer) in der jeweils festgesetzten Höhe.
3. Bei Änderung der Preise während eines Abrechnungszeitraumes kann der Verbrauch zeitanteilig abgerechnet werden.
4. Entsprechend der Verbrauchshöhe wird der Kunde automatisch in die jeweilige Preisgruppe eingestuft.

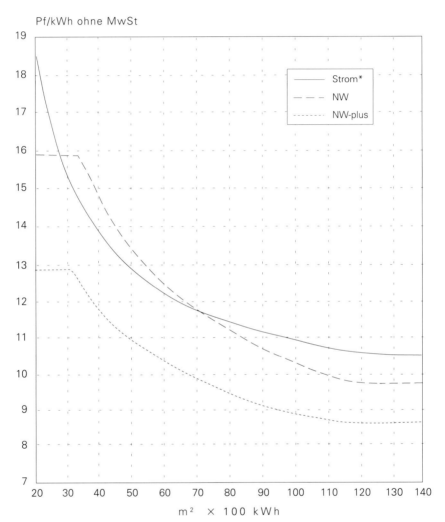

Pf/kWh ohne MwSt

Preisstand 01.01.91
* durchschnittliche Strompreise in OWL

m² × 100 kWh

Wärmepreise für NW, NW-plus und Strom

174

Stadtwerke Paderborn GmbH
Nahwärme – Service Erdgas
– Objekte kum –

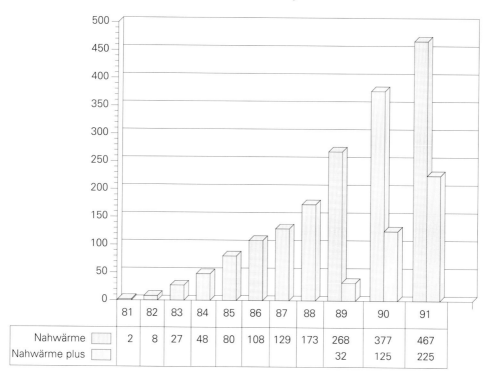

		81	82	83	84	85	86	87	88	89	90	91
Nahwärme		2	8	27	48	80	108	129	173	268	377	467
Nahwärme plus										32	125	225

Stadtwerke Paderborn GmbH
Nahwärme – Service Erdgas
– Wohneinheiten kum –

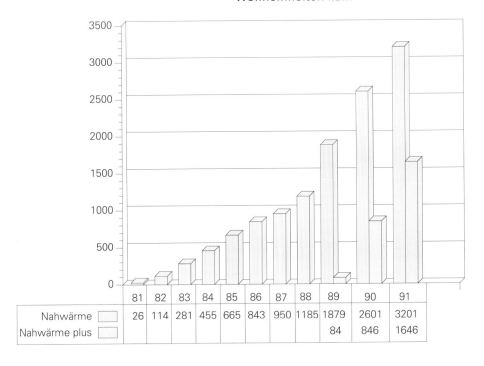

	81	82	83	84	85	86	87	88	89	90	91
Nahwärme	26	114	281	455	665	843	950	1185	1879	2601	3201
Nahwärme plus									84	846	1646

Diskussion zum Vortrag Dr. Behringer

Moderator:

Beim Erdgasservice Plus gehen Sie in einen Bereich hinein, der bisher von den Hauseigentümern abgedeckt wurde, nämlich in den investiven Bereich. Ich kann mir vorstellen, daß sehr viele Hauseigentümer, die eine alte Anlage haben sagen "wunderbar, die Stadtwerke Paderborn bezahlen das, die sollen's mal machen." Die Frage ist, ob Sie alle bedienen können, die möchten.

Behringer:

Zunächst mal ja, also wenn, dann muß dieses System natürlich auch konsequent durchgehalten werden und aus der bisherigen Praxis heraus haben sich sogenannte "faule" Kunden eigentlich überhaupt nicht ergeben. Und dadurch, daß wir uns natürlich eine Grunddienstbarkeit einräumen lassen, ist das Risiko auch nicht allzu groß.

Görg, Stadtwerke Hannover AG:

Mich würde interessieren, in welchem Umfang Sie auch Brennwerttechnik einsetzen und zwar im Altbaubereich, den Sie ja auch sehr stark versorgen.

Behringer:

Zunächstmal ist es so, daß die Stadtwerke Paderborn nach einer Statistik, die ich vor kurzem gelesen habe, in ihrem Gebiet 25% aller Brennwertgeräte haben, die in Nordrhein-Westfalen überhaupt stehen. Also, daraus können Sie ermessen, daß wir diese unter Umweltaspekten sehr gute Technik mit aller Vehemenz schon frühzeitig eingesetzt haben, übrigens ohne daß wir entsprechende Zuschüsse geben. Ob wir in die Verlegenheit kommen werden, demnächst auch Zuschüsse zu geben, das hängt sehr stark von Ihnen allen ab, weil immer mehr Unternehmen dazu übergehen, neben den staatlichen Zuschüssen auch noch Zuschüsse der Unternehmen zu geben, so daß wir da vielleicht in Verlegenheit kommen werden. Nur dadurch, daß wir sehr frühzeitig angefangen haben, den Vorteil dieser Technik klarzumachen, konnten wir bisher ohne entsprechende Zuschüsse auskommen. Nur, es gibt dabei ein Problem, daß natürlich diese Brennwerttechnik für den Investor eine teure Technik ist und deswegen auch unser Konzept. Wir können langfristiger rechnen, einen Investor drückt die entsprechend hohe Investition. Das ist der Vorteil unserer Konzepte, wir können eine solche Technologie wesentlich eher umsetzen.

Bury, Stadtwerke Ludwigsburg GmbH:

Frage zur Kalkulation. Sie haben Nahwärme und sie haben neuerdings Nahwärme Plus. Wenn man die Preisdifferenzen vergleicht, die Sie in Ihren schriftlichen Ausführungen haben, dann ist mir die Differenz unerklärlich klein. Mich würde also interessieren a) Wie kalkulieren Sie den Erdgaseinsatz, also wieviel Prozentpunkte Aufschlag berechnen Sie auf's Erdgas? b) Wie schreiben Sie ab in Ihrer Kalkulation? c) Mit welchem Zins rechnen Sie? d) Wie setzen Sie Ihre zusätzlichen Personalkosten ein? und e) Wie kommen Sie auf die, wie Sie sagen, so hervorragende Wirtschaftlichkeit? Das ist also für mich ein bißchen erstaunlich.

Behringer:

Ja, ich weiß nicht, welche Unternehmensgeheimnisse Sie noch hören wollen? Erdgas wird zu dem ganz normalen Kaufpreis eingesetzt, wie er auch an fremde Dritte gehen würde. Das ist die erste Aussage. Zur Abschreibungsdauer: Ich habe die Jahre nicht genau im Kopf. Wir müssen natürlich eine etwas längere Abschreibungsdauer wählen, das ist völlig klar, sonst kommen wir ja in dieselbe Verlegenheit wie auch die Wohnungseigentümer und ansonsten hatte ich ja am Schluß gesagt, daß diejenigen, die sich dafür interessieren, uns wirklich herzlich willkommen sind und wir öffnen alle Kalkulationsgrundlagen.

Gronwald, Stadtwerke Remscheid GmbH:

Gehört zu Ihrem Paket Nahwärme Plus letztlich auch die Abgasseite? Wer ist dafür zuständig? Wer betreut den Schornsteinfeger und die daraus sich ableitenden Maßnahmen?

Behringer:

Bevor die Technik überhaupt installiert wird, müssen natürlich auch die Stadtwerke darauf achten, daß diese Seite beachtet und von daher auch ein Optimum erreicht wird. Fangen wir bei den Investitionen an. Wir fordern bei Einsatz von Brennwerttechnik entweder bei größeren Objekten, daß ein vollständig unabhängiger Schornstein zur Verfügung gestellt wird, bei kleineren Objekten oder bei Altbauten übernehmen wir teilweise die Sanierung und lassen uns einen Zuschuß, ich glaube, der liegt im Moment bei 2000 oder 2500 DM zu dieser Sanierung zahlen und die laufenden Kosten, Schornsteinfeger, usw., Prüfung, Messung, werden von den Stadtwerken übernommen.

Kerwer, Stadtwerke Merzig GmbH:

Ich komme aus einer eher ländlich geprägten Gegend. Wir interessieren uns aber auch für solche Objekte und wollen auch einen Wärme-Direkt-Service anbieten. Frage: Gibt es bestimmte Merkmale, in welchen Wohnobjekten, Wohnhäusern oder Einzelhäusern sich dieses Angebot am ehesten durchsetzt?

Behringer:

Wir bieten diese beiden Konzepte immer dann an, wenn das Gebäude mehr als drei Wohneinheiten hat. Wir gehen vorläufig auf keinen Fall in den Einfamilienhaus- und Zweifamilienhausbereich, sondern nur in den Mehrfamilienhausbereich und erfahrungsgemäß sind es auch wesentlich mehr als zwei oder drei Wohnungen. Also unsere bevorzugten Partner sind entweder Wohnungsbaugesellschaften, die von vornherein größere Wohnblöcke hinstellen, oder auch private Investoren, die sich im Mietwohnungsbau tummeln.

Zickler, Fa. Ritter, Pforzheim:

Wir sind Hersteller von Brennwertgeräten. Ich habe gerade gehört,daß es unterschiedliche Meinungen gibt über Brennwertfeuerstätten. Es ist also so, daß diese Kesselanlagen mittlerweile preisgleich sind mit konventionellen Kesselanlagen. Eine Abgasleitung wird in der Regel aus Kunststoff ausgeführt und diese Abgasleitungen liegen von der Kostenseite her etwa bei 1200 bis 1300 DM bei einer Länge von etwa 10 Metern, so daß diese Frage von der zusätzlichen Kostenseite also weitgehend geklärt ist. Die Kosten für Kaminkehrermeister liegen also, zumindest in Hessen, momentan bei 62,00 DM für einmal Kohlenmonoxidmessung pro Jahr. Das sind die Gesamtkosten, die bei Brennwertfeuerstätten in der Regel auftreten. Ich glaube, die Chance zur weiteren Preisreduzierung im Bereich der Brennwerttechnik besteht darin, sie mehr einzusetzen. Dann werden die Stückzahlen größer und die Hersteller können günstigere Preise anbieten.

Dr. Ohlms, Stadtwerke Münster GmbH:

Bei Nahwärme-Plus verkaufen Sie praktisch die Wärme. In dem Wärmepreis sind aber dann die Investitionskosten der Brenneranlage enthalten. Was sagen denn dazu die Mieter, die bisher das ja nicht bezahlen mußten?

Behringer:

Es ist eine interessante Frage. Ich hatte das ja an der anderen Kurve dargestellt, wo so der break-even-point liegt und daß sich das verschoben hat, nachdem wir zum 1.1.1991 ja alle die Preiserhöhungen vornehmen konnten. Beim Neubaugeschäft ist es ziemlich unproblematisch. Sie wissen alle, daß Mietwohnungsbau eigentlich nur läuft, wenn entsprechend staatliche Zuschüsse kommen, bis auf Luxuswohnungen, da mag es vielleicht ein bißchen anders sein. Wir erleichtern demjenigen, der da einsteigen möchte, daß er überhaupt investiert, wenn wir ihn von dieser Investition freimachen; so leisten wir mit dem Nahwärme-Plus-Service auch einen Beitrag zur Entlastung des Wohnungsmarktes. Das Problem sind entsprechend der Tabelle diejenigen, die Wohnungen haben unter 60 qm. Da könnten möglicherweise Schwierigkeiten entstehen. Aber aus der tagtäglichen Praxis kann ich Ihnen berichten, daß es vielleicht zwei, drei Anfragen von Mietern gegeben hat, die sich das haben erklären lassen.

Witte, Stadtwerke Witten:

Eine Frage noch zu den Marktpartnern. Aus Gesprächen, die wir in Witten geführt haben, wissen wir, daß insbesondere bei den Schornsteinfegern, aber auch bei der Innung Vorbehalte da sind. Die Schornsteinfeger sind ohnehin nicht so ganz begeistert, bei jeder Umstellung von Öl auf Gas, oder von Kohle auf Gas geht ein Stückchen an Arbeit verloren, und bei der Innung besteht der Vorbehalt darin, daß befürchtet wird, die Stadtwerke würden sich auf einen Lieferanten festlegen. Reicht es wirklich aus, daß sie so wie Sie auch ausgeführt haben - Schulungsmaßnahmen durchführen und Lagervorhaltung betreiben? Wieviel mußte seinerzeit gearbeitet werden, um diese Vorbehalte der Innung zu überwinden? Ist die Verbindung Nahwärme-Service-Plus zu den Temexdiensten nicht eine sinnvolle Verbindung, denn wenn die Heizungsanlage mal ausfällt, müßte einen nicht erst der Hauseigentümer darauf hinweisen, sondern es würde gleich in der Leitzentrale festgestellt.

Behringer:

Was die Vorbehalte der Innung angeht, ich hatte das Wörtchen "heftig" eingefügt. Natürlich haben wir uns sehr stark mit dem Innungsvorstand auseinandersetzen müssen, dann auch mit der gesamten Innung, bis wir dieses System durchbekommen haben, man darf auch die Interessenlage nicht verkennen. In einigen Städten ist das durchaus ein Gebiet, auf dem die Innungsbetriebe sich zusammenschließen und sich selber tummeln. In Paderborn mag eine ganz spezielle Situation gewesen sein, weil die Innungsbetriebe erkannt haben, daß immer mehr Aufträge aus dem Mehrfamilienhausbereich einfach abbröckeln. D.h. es gab einen akuten Handlungsbedarf, und das hat die Reihen vielleicht etwas stärker geschlossen. Außerdem war sicherlich bei der Mehrzahl der Innungsbetriebe auch schon klar, wer bei einer so forcierten Aktion das Geschäft machen wird, wenn man es nicht in Gemeinschaftsaktion durchführt, das sind nämlich wenige Große.

Es hat uns ganz sicherlich in der Argumentation sehr geholfen, daß wir in gemeinschaftlicher Organisation dieses Geschäft auch den kleineren geöffnet haben. Nach einigen Wochen heftiger Diskussionen hat man sich geeinigt und ein Regelwerk aufgestellt, mit dem seit 89 alle Beteiligten zufrieden sind. Dieses Regelwerk würden wir Ihnen natürlich auch gerne präsentieren. Die Frage der Fernsteuerung hatte ich an sich in meinem Referat schon angesprochen. Ich hatte nämlich davon gesprochen, daß neue Aktivitäten u. a. darin bestehen, daß wir uns um das Fernmanagement gebäudetechnischer Anlagen kümmern, und das ist genau damit gemeint. Es ist natürlich der nächste konsequente Schritt in Hinsicht auf die angebotene Dienstleistung. Wir sind im Augenblick dabei, ein neues Unternehmen zu etablieren – übrigens in Zusammenarbeit mit dem örtlichen Stromversorger, das sich gerade um diese Bereiche kümmern wird. Unser derzeitiges Denkmodell ist folgendes: Weil die Elektroinnungsbetriebe auch betroffen sind, soll die gemeinsame Tochter zwischen Stadtwerk und dem Stromversorger zu 50% die Anteile an so einer neuen Gesellschaft halten und zu jeweils 25% die Innungsbetriebe aus der Elektroinnung und aus unserer Innung. Damit wollen wir wieder neu erreichen, daß dieses Geschäft erstens forciert wird und zweitens möglichst vielen Innungsbetrieben offengehalten wird. Wir sind in der Diskussion mit den Innungsbetrieben und haben dieselben Argumente auf dem Tisch wie bei den beiden vorangegangenen Dienstleistungspaketen. Es wird von außen her natürlich sehr stark die Frage aufgeworfen, ob die Innungen damit nicht einen wichtigen Bereich aus der Hand geben, den sie selber auch beackern könnten. Aber wir vertrauen wieder darauf, daß wir überzeugen können, daß es zum Nutzen aller Beteiligten sein wird. Es sind immer die besten Geschäfte, die wirklich zum Nutzen aller sind. In anderen Städten läuft das ja teilweise etwas anders, die Stadtwerke binden sich an ein Unternehmen, möglicherweise auch noch außerhalb des Versorgungsgebiets. Diesen Weg wollten wir absolut nicht einschlagen.

Meier, EWAG, Nürnberg:
Sie sagten, sie machen keine eigenen Marketingmaßnahmen für diesen Direktservice. Frage: Ist das dann ein Selbstläufer geworden? In welchem Maße ersetzt dieser Direktservice das konventionelle Geschäft, und welche Konsequenzen entstehen daraus für das Unternehmen in organisatorischer und personeller Hinsicht bezüglich der Kapazität, aber auch der Qualifikation des Personals? Wie ist der Service organisatorisch eingebettet in den Vertrieb oder in den technischen Bereich?

Behringer:
Zunächst einmal zu den Marketingmaßnahmen. Natürlich haben wir den neuen Service in der Öffentlichkeit bekanntgegeben, natürlich gibt es ein entsprechendes Faltblatt, natürlich gibt es auch schriftliche Informationen und selbstverständlich haben wir diese allen Architekten und Wohnungsbaugesellschaften und privaten Investoren, die vor allem die Zielgruppen sind, zugeschickt. Aber darüber hinaus war eine weitere Akquisition nicht nötig, vor allem auch deswegen nicht, weil sich Vorteilhaftigkeit oder Nutzen von so einem Paket

herumspricht und der Erfahrungsaustausch bei diesen Zielgruppen auch außerordentlich hoch ist. Wie trifft das die konventionellen Geschäfte? Ich hab ja dargestellt, wieviel Wohnungseinheiten und Objekte bisher gemeint sind und das macht in der Relation noch nicht so einen gewaltigen Anteil aus, kann aber noch ausgebaut werden.

Die Ausgangssituation war dadurch gekennzeichnet, daß der Erdgasabsatz in diesem für uns wichtigen Bereich einfach abzubröckeln drohte und uns ein Objekt nach dem anderen nicht zugute kam, sondern der Stromversorger das mitübernehmen konnte. Wir haben dem ein wirkungsvolles Instrument entgegengesetzt und die neuesten Daten bei den Genehmigungen lauten, daß 95% der Baugenehmigungen auf unserer Seite liegen und 5% auf der Stromseite. Die Relation in diesem Bereich war vorher 80:20, also wir haben dem konventionellen Geschäft eher noch gedient. Der Nahwärme-Service obliegt der kaufmännischen Geschäftsführung ebenso wie das Beratungsteam und wir haben die entsprechenden Beratungsaktivitäten natürlich fortgeführt, einige Mitarbeiter auch entsprechend geschult, es mußte auch ein Mitarbeiter mehr eingestellt werden. Auf der technischen Seite war dies ebenfalls notwendig, und das ist auch der augenblickliche Kapazitätsengpaß. Wir müssen personell noch aufstocken, wenn wir den entsprechenden Markt noch stärker bearbeiten wollen.

Dr.-Ing. Roger Weninger
Abteilung Unternehmensplanung, Stadtwerke München
Zur Person:
Dr. Weninger ist bei den Stadtwerken München bisher vor allem befaßt mit der Entwicklung von Grundsatzplanungen und Unternehmenskonzepten. Derzeitige Schwerpunkte sind das Energiesparkonzept für München und das örtliche Versorgungskonzept.
Zum Unternehmen:
Die Stadtwerke München sind der größte kommunale Eigenbetrieb in Deutschland. Sie betreiben im Querverbund die Versorgungssparten sowie Nahverkehr und Bäder.
Schwerpunkte der Unternehmensstrategie sind vor allem: die langfristige wirtschaftliche Konsolidierung des Unternehmens, der energiewirtschaftlich optimierte Ausbau der leitungsgebundenen Energieversorgung, insbesondere der Fernwärme, und die Erschließung weiterer Dienstleistungsangebote für die Kunden.

184

Integrierter Beratungsansatz im Gebäudebereich

Roger Weninger

1. Unternehmensziele der Stadtwerke München

Sparsamer und umweltschonender Umgang mit Energie und Wasser sind als Unternehmensziele in der Betriebssatzung der Stadtwerke München verankert. Diese Ziele werden erzeugungsseitig seit langem durch den Ausbau der Kraft-Wärme-Kopplung verfolgt; im Kundenbereich hat die Bereitstellung von Beratungsdienstleistungen in den letzten Jahren einen immer größeren Raum eingenommen. Darüber wird in diesem Vortrag berichtet.

2. Energiesparkonzept für München

Im Bereich der Landeshauptstadt München wird derzeit ein "Energiesparkonzept" als Grundlagenuntersuchung erarbeitet. Dabei wurden bereits Aussagen getroffen, welches technische und wirtschaftliche Einsparpotential vorhanden ist und welche Handlungsmöglichkeiten technischer, rechtlicher und organisatorisch-betrieblicher Art zur Ausschöpfung des Sparpotentials in einem möglichst engen Zeithorizont gesehen werden. Die Untersuchungen sind i.w. abgeschlossen und werden im Juli dieses Jahres dem Stadtrat vorgelegt.
Einen wesentlichen Schwerpunkt werden bei der Umsetzungsstrategie die Beratungs- und Dienstleistungsaktivitäten der Stadtwerke bilden.

3. Struktur des Endenergiebedarfs

Münchens Endenergiebedarf beträgt derzeit rd. 23 Mrd. kWh pro Jahr (ohne Verkehr). Davon entfallen auf die Industrie 16%, auf die privaten Haushalte 43% und auf den sog. Kleinverbrauch 41% (Abbildung 1). Nach Energieträgern ergibt sich folgende Aufteilung: Rund 31% dieses Bedarfs werden mit Heizöl/Kohle, rd. 32% mit Erdgas, rd. 15% mit Fernwärme und rd. 22% mit Strom gedeckt. Dem leitungsgebundenen Bereich, also den Kunden der Stadtwerke, sind demnach etwa 2/3 zuzurechnen (1).

Gliedert man den Endenergiebedarf weiter nach den Nutzungsarten auf, erhält man die in Abbildung 2 dargestellte Verbrauchsstruktur.

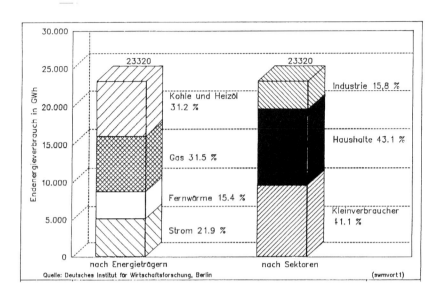

Abbildung 1: Endenergieverbrauch in München (ohne Verkehr)

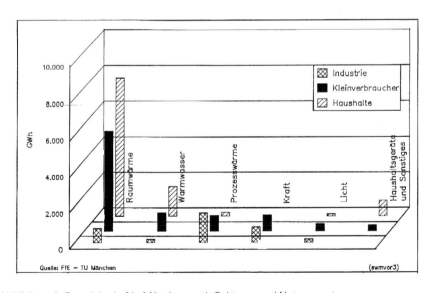

Abbildung 2: Energiebedarf in München nach Sektoren und Nutzungsarten

186

Auffallend ist die herausragende Bedeutung der Nutzungsart Raumwärme. Allein im Haushalts- und Kleinverbrauchssektor (also Wohnen, Dienstleistungen usw.) macht sie mit rd. 13 Mrd. kWh über die Hälfte des Gesamtverbrauchs (ohne Verkehr) aus. Weitere Verbrauchsschwerpunkte sind Warmwasser und – sektorübergreifend – die Stromanwendungen (21%) bei Kraft, Licht, Haushaltsgeräten und Prozeßwärme.

4. Einsparpotentiale im Raumwärmebereich

Die Erschließung von Einsparpotentialen im Raumwärmebereich soll im Mittelpunkt der weiteren Ausführungen stehen. Im Rahmen des Energiesparkonzepts wurden hierzu umfangreiche EDV-Untersuchungen, gestützt auf die städtische Gebäudedatei und Anlagendateien, durchgeführt (2). Auch die Ergebnisse aus exemplarischen Ortsbegehungen verschiedener Gebäudetypen sowie Auswertungen einer Vorstudie über das Energieeinsparpotential bestehender Gebäude in München gingen in die Berechnungen ein.

Die Rechenergebnisse zeigen, daß in München bei der Raumheizung nach Durchführung von Wärmeschutzmaßnahmen am Gebäude auf die Richtwerte der Wärmeschutzverordnung 1984 und nach energetischer Verbesserung der Heizungsanlagen auf den heutigen Stand der Technik (u. a. bei Dimensionierung der Heizungsanlagen auf den durch Wärmeschutzmaßnahmen verringerten Nutzwärmebedarf) ein technisches Einsparpotential von rd. 4.600 GWh/a vorhanden ist. Dies entspricht einer Einsparquote von rd. 38 % gegenüber dem Verbrauch von 1986.

Vergleicht man die Maßnahmenbereiche Anlagentechnik und Wärmeschutz, so zeigt sich, daß durch anlagentechnische Maßnahmen rd. 1.400 GWh/a[1] (Einsparquote rd. 11%) und durch Wärmeschutzmaßnahmen etwa 3.300 GWh/a[2] (Einsparquote rd. 27%) an Energie eingespart werden könnten. Damit ist das technische Einsparpotential durch Wärmeschutzmaßnahmen etwa doppelt so groß wie bei einer Erneuerung der Heizungsanlagen (vgl. Abbildung 3).

Allerdings ist die Realisierung der Einsparpotentiale durch Wärmeschutzmaßnahmen wegen zusätzlicher baulicher Restriktionen oft schwieriger als dies bei der Sanierung der Heizungsanlagen der Fall ist.

Bemerkenswert ist, daß innerhalb der untersuchten Gebäudetypen der größte Anteil des technischen Einsparpotentials (über 80%) auf die überwiegend wohngenutzten Gebäude entfällt. Ein- und Zweifamilienhäuser stellen fast 30% des Gesamt-Einsparpotentials; bezogen auf das einzelne Objekt liegen die technischen Einsparquoten bei etwa 50%.

Diese rechnerischen Ergebnisse können wir im nachhinein auch mit unserem

[1] ohne Durchführung von Wärmeschutzmaßnahmen
[2] ohne Verbesserung der Heizungsanlagen

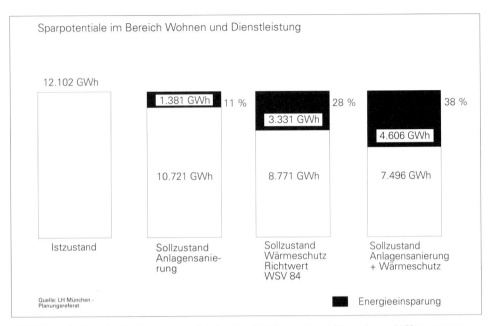

Abbildung 3: Technische Einsparpotentiale im Bereich Raumwärme (überwiegende Nutzungsart des Gebäudes: Wohnen und Dienstleistungen)

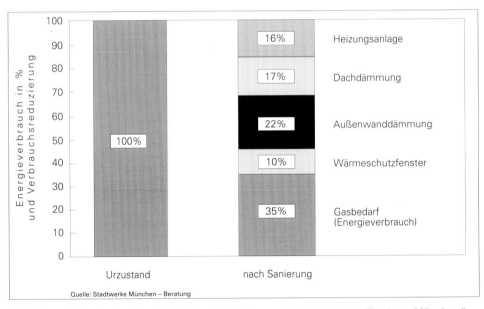

Abbildung 4: Ergebnisse des dreijährigen Modellversuchs "Energiespar-Testhaus München"

3-jährigen Modellversuch "Gesamtenergetische Sanierung eines typischen Münchner Einfamilienhauses" (Baujahr 1937) unter bewohnten Bedingungen untermauern, bei dem durch Anlagen- und Gebäudesanierung zwei Drittel des vorherigen Energiebedarfs eingespart werden konnten (3).

Allerdings ist unter betriebswirtschaftlichen Gesichtspunkten eine Rentabilität von baulichen Maßnahmen zur Energieeinsparung im allgemeinen nur in solchen Fällen gegeben, in denen lediglich die Mehrkosten gegenüber einer ohnehin fälligen Sanierung der Energiesparmaßnahme angelastet werden müssen.

Möglichkeiten der Substitution durch Sonnenenergie bei der Warmwasserbereitung im Haushaltsbereich bestehen, nach den Ergebnissen des Energiesparkonzepts, immerhin in Höhe von rd. 370.000 MWh, entsprechend 17% des Bedarfs (4).

5. Folgerungen für das Beratungskonzept

Aufbauend auf den Ergebnissen unseres Testhaus-Modellversuchs und des Energiesparkonzepts wurde in den letzten Jahren die Energieberatung neu ausgerichtet. Die Stadtwerke bemühen sich hierbei um einen "integrierten Beratungsansatz" in zweierlei Hinsicht:

– Die Beratung ist integriert in ein Gesamtkonzept zur Energieeinsparung, das wiederum Teil des Unternehmenskonzeptes ist.

– Innerhalb des Gebäudebereichs werden die Verflechtungen zwischen Bauphysik, Heizung, Warmwasser (ggf. bis hin zu Stromanwendungen) berücksichtigt. Ziel ist, das Gebäude als Energiesystem zu begreifen und dies dem Beratungswilligen deutlich zu machen.

Unter Beachtung der derzeitigen personellen Möglichkeiten konzentrieren die Stadtwerke München ihre Beratungsaktivitäten auf die Zielgruppen Haushalt/Kleingewerbe mit den fachlichen Schwerpunkten Gebäudebereich (Raumwärme/Warmwasser), Haushaltsgeräte und Licht. Im Gebäudebereich betreffen fast alle Beratungsfälle die Sanierung bestehender Gebäude und Anlagen. Die Erfahrungen aus dem Testhaus-Modellversuch und die Ergebnisse des Energiesparkonzepts zeigen, daß die seit einigen Jahren eingeführte individuelle, auf den Einzelfall zugeschnittene Energieberatung im Gebäudebereich unerläßlich ist.

Bewährt hat sich vor allem die seit einigen Jahren eingeführte Praxis, "vor Ort", d. h. beim Kunden zu beraten. Hierbei stehen zunächst vom Kunden her

– die Sanierung älterer Heizungsanlagen,

– die Umstellung der Heizanlagen von festen/flüssigen Brennstoffen (Kohle/Öl) auf Erdgas/Fernwärme,

– die Warmwassererzeugung mittels Sonnenkollektoren

im Vordergrund. Dies wird auch dadurch bedingt, daß für derartige Maßnahmen in München zwei Förderprogramme mit bis zu 30% Zuschuß bestehen, nämlich das Energiesparprogramm (Zuschußgeber Stadt) und das Heizungsumstellungsprogramm (Zuschußgeber Stadt/Freistaat). Die Stadtwerke haben die technische Begutachtung der Zuschußanträge übernommen.

Aufgabe der Energieberatung ist es, die Zusammenhänge mit den baulichen Maßnahmen im Auge zu behalten. Insbesondere muß das den Fachleuten geläufige interdisziplinäre Vorgehen – nämlich die notwendige Verflechtung der baulichen und heizungstechnischen Sanierungsmaßnahmen – dem Kunden verständlich gemacht werden. Denn einseitige Sofortmaßnahmen, z. B. eine Heizkesselerneuerung und darauf folgende *spätere* bauliche Veränderungen können bereits den eingetretenen Spareffekt wieder teilweise kompensieren. Kurz- und mittelfristige Sanierungen, sei es an Heizanlage oder Baukörper, sind aufeinander abzustimmen und gemeinsam zu planen. Ein derartiges Beratungskonzept für das "Energiesystem Gebäude" zeigt Abbildung 5.

Für die Energieberater bedeutet dies, daß die heizungs- oder auch bauenergetisch beratenden Meister und Ingenieure jeweils Kenntnis vom anderen Fachgebiet besitzen müssen, um bei Sofortmaßnahmen auch mittelfristig anstehende Dinge in das Beratungsanliegen "Energieeinsparung" einfließen zu lassen.

Auch für die Geräteberatung im Beratungszentrum gilt: Der Kunde, der "nur" mit einem bestimmten Anliegen, nämlich z. B. dem Heizkesselersatz zu uns kommt, ist auf die Verflechtungen aufmerksam zu machen und dahingehend zu beraten, auch Alternativmöglichkeiten wie Solarnutzung in Betracht zu ziehen. Die wirtschaftlichen Zusammenhänge sind offen zu erläutern, Darlehens- und Zuschußmöglichkeiten zu nennen.

Somit ergeben sich hohe fachliche Anforderungen an das Beratungspersonal mit der Verflechtung von Aufgabenschwerpunkten wie Heizungstechnik, Bautechnik, Umweltschutz, regenerative Energien, energiewirtschaftliche Zusammenhänge u. a., die nur durch ständige Qualifizierung zu erreichen sind.

Das Beratungsinstrumentarium ist vielfältig:

Vor Ort werden

– Rauchgasanalysecomputer
– Kleinrechner für Energieeinsparberechnungen (resultierend aus heizungstechnischen oder bautechnischen Veränderungen)
– Informationsblätter für Heizung und Bautechnik verwendet.

Im Beratungszentrum erhält der Kunde Auskunft und Hinweise an Hand von ausge-

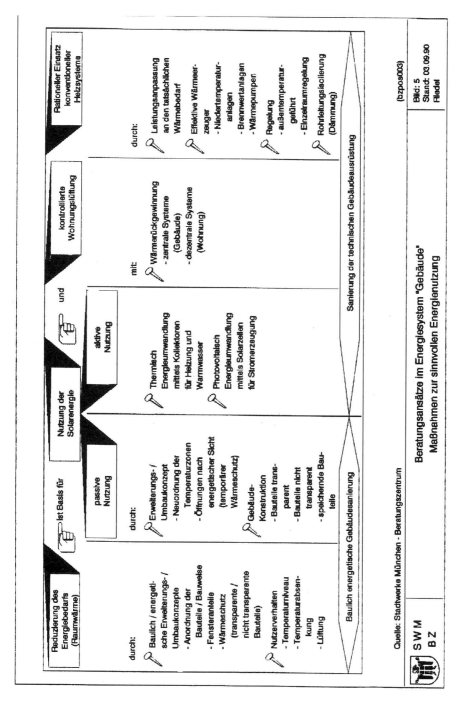

Beratungsansätze im Energiesystem "Gebäude"
Maßnahmen zur sinnvollen Energienutzung

Quelle: Stadtwerke München - Beratungszentrum

S W M
B Z

(bzpos003)

Bild: 5
Stand: 03.09.90
Riedel

191

stellten

- Gerätekombinationen/Einzelgeräten
- Sonnenkollektoranlagen für WW-Bereitung
- Fotovoltaikanlage
- Wärmedämmsystemen,

sowie anhand von Info-Materialien.

Bisherige Erfahrungen und Ergebnisse

Die Ergebnisse unser Energiesparberatung lassen sich anhand einiger Zahlen verdeutlichen; 1990 wurden im Bereich Raumwärme/Warmwasserbereitung über 2.000 Beratungen beim Kunden und über 6.000 im Beratungszentrum durchgeführt. Die erzielte Energieeinsparung ist z. B. anhand folgender Indikatoren abzuleiten:

Allein durch das erwähnte Förderprogramm "Energieeinsparung" der Landeshauptstadt München konnte die Kesselleistung bei Heizanlagenerneuerung im Haushalts- und Gewerbebereich in den Jahren

1989 um 2.660 kW und

1990 um 4.250 kW gesenkt werden.

Die 1990 erreichte Reduzierung entspricht dem Wärmebedarf von ca. 230 Einfamilienhäusern.

Weitere durch Beratungsgespräche ausgelöste Energiesparmaßnahmen, z. B. baulicher Art, sind bisher nicht erfaßbar; stagnierende Absatzzahlen bei Gas und Fernwärme trotz hoher Anschlußtätigkeit sprechen für Sparbemühungen unserer Kunden.

Die Energieberatung im Gebäudebereich wird von den Bürgern erfreulich stark in Anspruch genommen. Die wichtigsten Hemmnisse für die Realisierung energiesparender Maßnahmen sind mangelnde Rentabilität bzw. lange Amortisationszeiten, insbesondere bei baulichen Maßnahmen.

Der Bürger ist aufgrund der hohen Kosten ohne Förderprogramme kaum für derartige Maßnahmen zu gewinnen. Förderprogramme müssen gleichzeitig, um eine kontinuierliche, erfolgreiche Beratung zu ermöglichen, für den Bürger mittelfristig einkalkulierbar und von Engpässen der öffentlichen Haushalte unabhängig sein.

Da sich Bund und Land Bayern weitgehend aus der Breitenförderung in diesem Bereich zurückgezogen haben, kommt dem städtischen Programm "Energieeinsparung" besondere Bedeutung zu. Es ist geplant, dieses Programm auf die Förderung baulicher Maßnahmen zu erweitern.

Die Stadtwerke München werden ihre Energieberatung weiter ausbauen und auch personell dem steigenden Bedarf anpassen. Geplant sind insbesondere Dienstleistungspakete, z. B. für Heizung und solare Warmwasserbereitung, die in Zusammenarbeit mit der ASEW entwickelt werden. Die Energieberatung ist unverzichtbar, um die hohen Einsparpotentiale im Gebäudebereich zu erschließen. Sie ist daher ein wichtiger Bestandteil der zukunftsorientierten Unternehmensstrategie der Stadtwerke München.

Literatur

1) DIW: Weiterentwicklung des Energieprognose-Modells für München, Berlin 1990.

2) Schmidt F., Planungsreferat der Landeshauptstadt München: Energiesparpotentialuntersuchung für die Bereiche Wohnen und Dienstleistung, München 1990.

3) Werner H.: Das Münchner Energiespar-Testhaus, Sonnenenergie & Wärmepumpe Jg 13/1988, Heft 3, S. 33/34

4) Leuchtner I., Schweiger G., Schmalschläger T.: Zukünftige Möglichkeiten der Sonnenenergienutzung in der Stadt München. Tagungsbericht zum 7. Internationalen Sonnenforum, Frankfurt/M 1990, S. 173.

Diskussion zum Vortrag von Dr. Weninger

Ahn, Städtische Werke AG, Kassel:
Kümmern sich die Stadtwerke München hauptsächlich um die Ein- und Zweifamilienhäuser oder haben Sie auch Erfahrungen im Mehrfamilienhausbereich?

Dr. Weninger:
Wir haben jetzt vor, in diesen Bereich einzusteigen, auch mit Förderprogrammen für bauliche Maßnahmen. Im Bereich Anlagensanierung haben wir natürlich auch Beratungen durchgeführt, auch für Wohnungsbaugesellschaften gibt es ja das Förderprogramm in München. D .h. wir haben durchaus Erfahrungen auch in der Beratung von Wohnungsbaugesellschaften. Im Rahmen des Energiesparkonzeptes möchten wir schwerpunktmäßig bei den Städtischen Gesellschaften ansetzen. Abers es ist nicht so, daß wir uns nur auf den Einfamilienhausbereich konzentrieren, nur die KLientel, die von ihrer Anzahl her hauptsächlich zu uns kommt, das sind die Ein- und Zweifamilienhausbesitzer. Es ist auch so, daß in München diese Beratungen alle kostenlos angeboten werden. Vor einigen Jahren gab es ein ähnliches Beratungsprogramm des TÜV Bayern. Vielen wurde zu einem subventionierten Preis von 300,00 DM pro Objekt eine Beratung angeboten,aber diese wurde nicht so gut angenommen, denn der Bürger aus dieser Gruppe scheut für die Beratung offenbar selbst kleine Ausgaben, so daß hier den Stadtwerken eine wichtige Rolle zukommt.

Wies, Stadtwerke Bremen AG:
Ich habe eine Frage zu den Beratungen vor Ort beim Kunden. Sie sprachen von 5000 Beratungen 1990. Erste Frage: Wieviel Berater stehen Ihnen da zur Verfügung? Zweite Frage: Können Sie nochmal kurz skizzieren, worum es im Kern bei solchen Beratungen geht, wie umfangreich sie sind?

Dr. Weninger:
Uns stehen insgesamt für den Baubereich 7 Berater zur Verfügung. Die Beratung kann in ihrer Intensität sehr unterschiedlich sein. Es gibt sicher sehr viele Fälle, die schnell erledigt sind, wo's im wesentlichen nur um die Heizung geht. Wir bieten Wärmebedarfsberechnungen an, überschlägig mit einem Rechenprogramm, Berechnungen zur Rentabilität einer Heizungsanlagensanierung als Grundlage zur Beurteilung, usw.

Eckhard Sauerbaum
Mitglied des Vorstandes der Stadtwerke Kiel AG
Zur Person:
Jurastudium in Marburg, Berlin und Kiel; nach dem II.
Staatsexamen Rechtsanwalt und Notar in Kiel.
Erfolgreiches kommunalpolitisches Engagement in Kiel
(u.a. Mitglied der Ratsversammlung, Stadtpräsident,
Mitglied des Magistrats). Aktive Tätigkeit in verschiede-
nen Gremien des Deutschen Städtetages (u.a. Mitglied
des Hauptausschusses, Vorsitzender des Landesverban-
des Schleswig-Holstein).
Seit 1985 Geschäftsführer der Versorgung und Verkehr
Kiel GmbH und Vorstandsmitglied der Stadtwerke Kiel
AG und der Kieler Verkehrs AG.
Mitarbeit in Fachausschüssen von VKU und VDEW.
Mitglied des Leitausschusses der ASEW.

Zum Unternehmen:
Stadtwerke Kiel AG ein Querverbundunternehmen, eigene Stromerzeugung in Gemein-
schaftskraftwerk, Heizkraftwerken und Wasserkraftwerken.
1990: Abgabe Strom 1.200 GWh, Gas 2.250 GWh, Fernwärme 890 GWh,
Wasser 22 Mio m³.

Finanzielle Anreize im Rahmen des Energiesparens privater Haushalte

Eckhard Sauerbaum

Meine Damen und Herren, da ich mich in der Tat mit den konkreten Auswirkungen einiger Sparmaßnahmen beschäftigen soll und möchte, wäre ich bereit, zunächst einmal mit gutem Beispiel voranzugehen und auf diese Festbeleuchtung zu verzichten, könnte mich also durchaus mit Tageslicht begnügen. Aber wie dem auch sei, ich will uns nicht aufhalten und gleich zum Thema kommen.

Ich glaube, niemand kann verkennen, daß Tschernobyl uns alle aufgeschreckt hat. Anfängliches Entsetzen und/oder eine gewisse Apathie wichen sehr schnell einer zum Teil hektischen Betriebsamkeit. Hin oder zurück zu Kohlekraftwerken war die Devise. Dabei wurde die angelaufene Diskussion über die CO_2-Problematik gerade bei Kohlekraftwerken, zumindest in der Anfangsphase, verschüttet. Erfreulicherweise blieb jedoch die allgemeine Feststellung, daß jede nicht freigesetzte – weil eingesparte – Energie keinerlei Umweltschäden herbeiführen kann, in der Diskussion, ja, hat diese sogar in der Richtung Kraft-Wärme-Kopplung bei Kohlekraftwerken vertieft. Wir, die Kieler Stadtwerke, haben uns sehr schnell in diese Diskussion eingeklinkt und hatten die Chance, von der PreussenElektra ein hälftiges Kohlekraftwerk zu erwerben mit der internen Auflage, daß dieses in der Tat auf Kraft-Wärme-Kopplung umgerüstet werden sollte. Nun, damit konnten wir uns eigentlich Mitte der 80er Jahre bequem zumindest in der zweiten Reihe zurücklehnen und hoffen, die Abschreibungen auch zu erwirtschaften. Doch mit Recht vertiefte sich die Diskussion über CO_2-Ausstoß und die negativen Folgen doch sehr stark, vor allen Dingen auch in die Richtung, daß insbesondere beim Sparen im Endverbrauch Primärenergie zusätzlich eingespart werden kann. Dieser Diskussion konnte sich niemand entziehen und wir haben uns ihr auch sehr schnell gestellt. Dabei stießen wir selber in unserem Unternehmen im Beratungsbereich in kein Vakuum, denn zumindest seit den Ölkrisen hatten wir im gewissen Sinne durchaus eine Sparberatung, wenngleich sie vielleicht auch aus heutiger Sicht noch nicht recht sinnvoll geordnet war und möglicherweise auch nicht mit dem notwendigen Impetus betrieben wurde.

197

Unser Ziel war und ist es, Energie einzusparen, Kampf der Verschwendung ohne Komfortverlust. Ich glaube, das ist schon eine gängige Formel. Als Zielgruppe haben wir uns zunächst einmal mit den Stromkunden im Haushaltsbereich beschäftigt. Ganz einfach, weil wir uns nicht verzetteln wollten. Wir haben uns dabei bewußt und aus guten Gründen nicht eingemischt in die theoretische Diskussion der einzelnen Sparpotentiale. Zum einen gerät diese Diskussion schon deshalb in eine Schieflage, weil man die unterschiedlichen Auffassungen zunächst einmal der doch sehr starken politischen Verpackung entkleiden muß, um auf normale Konturen zu kommen. Zum anderen – und das darf man auch nicht übersehen – trotz aller unterschiedlicher Aussagen ist das Sparpotential, wo auch immer, so groß, daß es sich auf jeden Fall lohnt, das Sparen intensiv und engagiert anzugehen.

Also war die zweite Frage zu entscheiden, welche Mittel wir einsetzen würden. Wir entschieden uns, neben den herkömmlichen pädagogischen Maßnahmen, die ich hier nicht näher schildern möchte, einschließlich des sogenannten erhobenen Zeigefingers, finanzielle Anreize in unser Programm sehr stark einzubauen. Dafür gab es drei Überlegungen. Zum einen war uns klar, daß das Problem viel zu ernst war und ist, um hier mit Alibiaktionen zu arbeiten. Es bringt also nichts, lautere und hehre Gedanken auf Hochglanzpapier zu verteilen in der stillen Hoffnung, es werde ja doch nicht gespart, man könne bei der nächsten Bilanzpressekonferenz erneut möglichst große Zuwächse im Strombereich mitteilen. Zum anderen gab es in den Jahren 1987/88 bundesweit Umfragen, die eigentlich zu niederschmetternden Ergebnissen kamen. Das war in der Zeit, wo nur ca. 6 – 8 % der Abnehmer am Energiesparen interessiert waren, jedenfalls im Kieler Raum. Nun, diese Zahlen haben sich in den letzten Jahren verbessert, aber wir dürfen uns hier nicht blenden lassen, wie unser Ergebnis nachher zeigen wird. Da bekennen sich heute zwar fast 70 % zu dem Gedanken des Energiesparens; aber wenn man sie persönlich fragt, ziehen sie sich sehr oft darauf zurück zu sagen, die anderen können es ja mal versuchen, ich muß es ja nicht unbedingt selber machen.

Und zum dritten waren für unsere Entscheidung, finanzielle Anreize mit einzubauen, Untersuchungen aus Dänemark maßgeblich, in denen festgestellt wurde, daß pädagogische Maßnahmen allein keine hinreichendes Stimulans seien.

Vor diesem Hintergrund haben wir uns entschieden, bei der Umstellung von Öl- oder Elektroheizung auf Gas einen Kredit bis zur Höhe von 10.000 DM zu gewähren, und darüber hinaus bei der Anschaffung neuer energiesparender Geräte Darlehen in Höhe von 2.500 DM, allerdings mit einer Eigenbeteiligung von 30 %. Diese Maßnahmen waren und sind so neu nicht. Die hat es eigentlich auch schon früher in

unserem Unternehmen gegeben. Hier galt es lediglich, die Zielvorstellungen auszu-
tauschen. Wurden früher Kredite gegeben, um Absatz zu steigern, werden sie heute
gegeben in der Hoffnung, der Verschwendung Einhalt zu gebieten. Dabei nimmt man
Absatzrückgang durchaus in Kauf.

Darüber hinaus haben wir uns zu einem Bonussystem bekannt. Das war neu und
ist im wesentlichen in der Bundesrepublik bisher auch neu geblieben, wenngleich
einige unserer Verteilergemeinden nach einem gewissen Zögern jetzt nachgezogen
sind. Jeder Kunde, der im Jahresvergleich mehr als 5 % Strom spart, bekommt von uns
einen Bonus nach einer Staffel: bei mehr als 5 % 30,– DM, bei mehr als 7,5 % 40,– DM,
bei mehr als 10 % 50,– DM. Auf den ersten Blick sehr kleine Beträge, addiert man
jedoch den Betrag zu den ersparten Aufwendungen für den geringeren Verbrauch, so
kommt man immerhin in eine Größenordnung von über 100,– DM, zum Teil 150,–
DM, eine Summe also, die für jedermann heuzutage – wie ich meine – schon in gewissem Sinne attraktiv sein sollte.

Wir haben uns entschlossen, diesen Bonus nur auf Antrag zu gewähren, ganz einfach deshalb, um die Kunden über das Jahr hin mit dem Spargedanken zu beschäftigen. Würde er von Amts wegen ausgeschüttet, hätten die Kunden im Grunde kein lau-
fendes Interesse. Darüber hinaus wollten wir Mitnahmeeffekte soweit wie möglich
minimieren. Deshalb muß der Kunde bei Antragstellung bestätigen, daß sich sein
Haushalt im Jahresvergleich weder in personeller noch in räumlicher Hinsicht geändert hat. Ferner, daß keine allzulange Abwesenheit von der Wohnung vorlag. Der
sogenannte "Mallorca-Effekt" im Winter soll ausgeschlossen werden.

Dieses Programm im Unternehmen durchzusetzen, war, wie Sie sich sicherlich vorstellen können, so einfach nicht. Jeder, der entsprechendes selbst ohne finanzielle
Anreize versucht hat, ist sicher auch auf heftigen Widerstand gestoßen. Ganz einfach
deshalb, weil die Unternehmensphilosophie früher anders ausgelegt war. Geht es doch
darum, den vermeintlichen Zielkonflikt zwischen Energieverkauf und Energiesparen
zu lösen. Überwunden werden mußte das häufige Vorurteil, mehr Absatz sei mehr
Gewinn und zusätzlich aus dem Blickwinkel der Arbeitnehmer – die Chance für mehr
Sozialleistungen. Es war also nicht nur schwierig bei den Anteilseignern den Weg zum
Dienstleistungsunternehmen zu ebnen, sondern im Rahmen der paritätischen Mitbestimmung insbesondere auch bei den Arbeitnehmervertretern.

Hier war sehr viel Überzeugungsarbeit zu leisten. Wir haben dabei darauf hingewiesen, daß der Bonusgedanke lediglich eine besondere Form der allgemeinen Tendenz ist, umweltfreundliches Verhalten zu belohnen. Das beste Beispiel ist die Entscheidung der Bundesregierung, bei Kat-Autos einige Jahre auf Steuern zu verzichten.

Ich weiß nicht, ob im Endergebnis unsere Aufsichtsräte wirklich überzeugt waren – auf jeden Fall haben sie uns die Chance für einen Probelauf gegeben.

Wie nun, meine Damen und Herren, hat sich dieses Konzept wirklich ausgewirkt? Wir haben, wie viele andere Unternehmen, ein rollierendes Abrechnungsverfahren, das natürlich Auswertungen erschwert. Wir haben kein Stichtagsprinzip, so daß wir also erst allmählich Trendmeldungen geben können.

Bis Ende Mai war ein Drittel unserer Haushaltskunden – rund 54.000 – abgerechnet. Dabei zeigte sich folgendes Bild: Von diesen 54.000 Kunden hatten rd. 46% einen zum Teil deutlichen Minderverbrauch zu verzeichnen, dagegen rd. 54% Mehrverbrauch. Danach zeichnet sich ab, daß per Saldo im Haushaltsbereich der Stromverbrauch um rd. 1,7% gestiegen ist bei einer Gesamtsteigerung im Vorjahr von 2,6%. Dieser Wert relativiert sich allerdings zugunsten der Sparer etwas dadurch, daß in den Vergleichszeitraum das 1. Quartal 1991 fällt, das aufgrund der niedrigen Gradtage besonders hohe Absätze ausweist. Auf den ersten Blick mag diese Entwicklung trotzdem enttäuschend sein, auf den zweiten nicht mehr unbedingt. Denn wir alle wissen, daß die Zahl der Stromanwendungen bundesweit weiterhin zunimmt – nicht zuletzt bedingt durch die gute Konjunkturlage. Dabei gibt es sehr unterschiedliche Gründe für einen Mehrverbrauch. Haushalte können sich sowohl in räumlicher als in personeller Hinsicht vergrößert haben. Nachholbedarf an Elektrogeräten mag eingelöst worden sein. Sicherlich haben die Sparbemühungen auch noch nicht alle Kunden erreicht. Gleichgültigkeit, ja, Verschwendung sind wahrscheinlich immer noch relativ stark vorhanden. Letzteres mag man beklagen, aber man würde sich in die Tasche lügen, wenn man versuchen wollte, es wegzudiskutieren.

Immerhin liegen von den 46% Minderverbrauch rd. 27% im Bonusbereich, will heißen, sie haben mehr als 5% gespart. Dabei schneidet die Spargruppe mit Werten von über 10% besonders gut ab.

Bei der Bonusauslegung haben wir im übrigen zunächst nicht die absolute Sparmenge honorieren wollen, sondern prozentuelle Anreize gegeben. Danach haben auch sogenannte Kleinverbraucher eine Chance. A la longue ist natürlich die Bonierung der Menge sinnvoll.

Ob und inwieweit die finanziellen Anreize sich ausgewirkt haben, ist konkret sicher nicht nachweisbar. Über die Akzeptanz der einzelnen Maßnahmen sind jedoch entsprechende Rückschlüsse zulässig. So können wir feststellen, daß bei über 300 Anträgen rund 1,5 Mio DM an Krediten für die Umstellung auf Gasheizung im Unternehmen gebunden wurden. Für die Gerätefinanzierung wurden bei 150 Anträgen rd. 110.000 DM abgerufen. Trotz des allgemein guten Kundenechos ist der Bonusabruf dagegen relativ gering geblieben. Nur rd. 400 = 2,6% der Bonusberechtigten haben den Bonus auch eingelöst. Eine negative Überraschung also? Ein anderes Ergebnis haben wir eigentlich nicht einkalkuliert. Der Bonus war und ist für uns ohnehin kein Selbstzweck, sondern nur Mittel zum Zweck. Denn so töricht, den Kunden Geld hinterher zu werfen, sind wir nicht. Der Bonus soll vielmehr nur Initialzündung für das gewünschte Sparverhalten sein. Eben dies Ziel indes ist nach dem Gesamtkunden-echo durchaus erreicht. Wenn es im übrigen dem einzelnen Kunden vielleicht zu lästig war den Bonus einzulösen, so verübeln wir ihm das unter betriebswirtschaft-lichen Gesichtspunkten ohnehin nicht.

Das Gesamtergebnis ist durchaus ermutigend. Rund 25.000 Kunden sparten ca.6 Mio/kWh Strom. Bei einem unterstellten Einsatz von 1 Kilogramm Kohle für ca. 3 kWh ergibt das eine Ersparnis von ca. 2.000 Tonnen Kohle.

Bei Hochrechnung auf das gesamte Abrechnungsjahr 1990/91 würde das eine Ersparnis von ca. 5.000 Tonnen Kohle bedeuten. Bedenkt man, daß eine Tonne ver-feuerte Steinkohle ca. 2,68 Tonnen CO_2 freisetzt, so dürfte bei einer entsprechenden Hochrechnung auf das Gesamtjahr eine Verminderung des CO_2-Ausstoßes von rd. 14.000 Tonnen stattgefunden haben.

Bei einem jährlichen Gesamtausstoß der öffentlichen Energieversorgung von rd. 1,6 Mio Tonnen CO_2 mag das wenig erscheinen, weniger als 1%.

Mehr haben wir aber im ersten Jahr der Sparbemühungen auch nicht erwartet und vorausgesetzt. Von daher sind wir in der glücklichen Lage, jetzt keine Rückzugs-gefechte führen zu müssen und selber uns nicht in die Tasche gelogen zu haben. Wir wissen, daß jeder Anfang schwer ist und daß das Beeinflussungspotential auf Sicht sehr viel größer ist. Durch die geringe Sparmarge werden wir uns also nicht ent-mutigen lassen. Verteilergemeinden haben bereits unsere Vorstellungen übernommen. Zahlreiche Anfragen selbst aus dem europäischen Ausland erwarten unsere ersten Ergebnisse.

Wenn Sie meine ganz persönliche Erfahrung wissen wollen – es ist gar nicht so schwierig, die Bonusschwelle zu überschreiten. Selbst mir ist es gelungen, im Strombe-reich rd. 11% einzusparen, im Wasserbereich sogar 26%. "Böswillige" Mitarbeiter behaupten nun, ich hätte diese Werte nur deshalb erreicht, weil ich im letzten Winter ständig mit meiner Frau im Dunkeln gesessen und zum Sport nur noch deshalb gegangen sei, um ausgiebig duschen zu können. Nun, so war es wirklich nicht, jeder von Ihnen kann es nachmachen.

Vorrangige Zielgruppe für unsere weiteren Bemühungen ist nunmehr der "ausge-machte" Kundenkreis mit deutlichem Mehrverbrauch. Eine Untersuchung des Psychologischen Instituts der Universität Kiel mit 2.000 Befragten soll dabei helfen, zusätzliche Ansatzpunkte für das weitere Vorgehen zu ermitteln. Auf diese Weise hoffen wir, näher an diese Mehrverbrauchsgruppe heranzukommen.

Weiterhin sind wir natürlich bemüht, unser Sparprogramm auf den gewerblichen Bereich auszudehnen. Uns war von Anfang an klar, daß ein einzelnes Unternehmen bei der Arbeit im Gewerbe- und Industriebereich überfordert ist. Die über die ASEW verfolgte Arbeitsteilung halten wir für sehr sinnvoll. So haben wir uns zunächst den sehr stromintensiven Fleischereibetrieben zugewandt. Meine Mitarbeiter haben im ersten Entwurf eine sehr umfangreiche Studie vorgelegt, die wir später gern auch der ASEW zur Verfügung stellen werden. Entsprechend verhält sich Bremen im Frisörbereich.

Rechtzeitig zur Umstellung auf Kraft-Wärme-Kopplung und der damit ausgelösten Wärmeerzeugung auf Kohlebasis wird das Beratungskonzept auch auf den Wärmebereich fortgeschrieben.

Erklärtes Ziel der nächsten Zeit wird und muß es sein, eine endgültige Trendwende zunächst im Haushaltsbereich herbeizuführen, die Zunahmespitze zu brechen und die Zahl der Kunden mit Mehrverbrauch auf solche "aus vertretbaren Gründen" zurückzuführen [1].

Ob und wie schnell das gelingt, weiß ich auch nicht. Ich habe bereits angemerkt, daß die Zahl der Stromanwendungen gerade im privaten Bereich weiterhin zunimmt, so daß es zunächst immer nur darauf ankommen kann, beim einzelnen Einsatz den Stromverbrauch zu minimieren. Gleichwohl bleibe ich hoffnungsfroh.

Ich bedanke mich für Ihre Aufmerksamkeit und wünsche auch Ihnen viel Erfolg.

[1] Anmerkung:
Der im Vortrag mit 1,7 % angegebene Mehrverbrauch im Haushaltsbereich reduzierte sich bis zum Jahresabschluß 1991 auf Null. Wir haben damit – wahrscheinlich als erstes und einziges Versorgungsunternehmen in Deutschland – in Haushaltsbereich keine Zuwachsraten mehr. Die erhoffte Trendwende ist mithin relativ schnell eingetreten.

Diskussion zum Vortrag Sauerbaum:

Schulz, VDEW:

Habe ich Sie richtig verstanden, daß nur 2,61% der Bonusberechtigten den Bonus von Ihnen abgerufen haben?

Sauerbaum:

Ja.

Schulz, VDEW:

Und Sie lassen das jetzt auf sich beruhen und gehen nicht selbst dem nach und geben dem Kunden dann seinen berechtigt erworbenen Bonus. Ist das nicht psychologisch verheerend? Ich sehe da so eine gewisse Parallele zur Bestabrechnung. Das hat ja auch nicht gerade psychologisch gut auf unsere Kunden gewirkt, daß man so lange sich dagegen gewehrt hat und das erst unter gewissem Druck gemacht hat, und wenn man jetzt mit großen Aktionen den Kunden zum Sparen motivieren will und verspricht ihm einen Bonus, daß man ihm den dann nicht zukommen läßt, das könnte eventuell sehr negativ sich auswirken.

Sauerbaum:

Das habe ich eben nicht gesagt. Ich habe ja angedeutet, wir haben durchaus eine intensive Werbung auf dem Sektor betrieben, die bis in die Rundfunkwerbung hinein ausgestrahlt wurde. Trotzdem haben wir uns entschieden, nicht von Amts wegen den Bonus zu gewähren, aus guten Gründen. Der Bonus ist und darf kein Selbstzweck sein. Wir haben, das ist aus betriebswirtschaftlichem Grunde auch nicht vertretbar, kein Geld zu verschenken. Der Bonus ist nur Mittel zum Zweck. Wenn er jetzt von Amts wegen ausgewiesen worden wäre, hätte das zwei Nachteile gehabt, zum einen, wir hätten bedeutend zusätzliches Personal einstellen müssen, um diese Überprüfung vorzunehmen, wir hätten im Grunde auch den Mitnahmeeffekt nicht so ausschließen können, wie es jetzt der Fall ist, weil jetzt der Kunde auf Antrag hier unterschreiben muß, daß er in etwa gleicher Familien- oder Personen- und Raumgröße gelebt hat und darüber hinaus auch nicht länger abwesend war. Wir haben uns das lange und sorgfältig überlegt. Wir meinen, daß es so vertretbar ist, der Bonus sollte im übrigen auch zunächst mal nur ein Probelauf sein für ein Jahr, weil es gar nicht machbar ist, daß der, der schon einmal kräftig gespart hat, natürlich in den folgenden Jahren wieder sparen kann. Im Grunde gibt es da nur einen Ausweg, daß man die Bonusschwellen absenkt, das wollen wir an sich nicht tun, oder daß wir mit der Bonusidee uns weiter dann an die wenden, die bisher noch nicht gespart haben, aber möglicherweise sparen können. Ich wiederhole, der Bonus ist *kein Selbstzweck, sondern soll im Grunde nur eine gewisse Sympathiewerbung erzeugen mit der Zielrichtung: umweltgerechtes Verhalten wird belohnt.*

Meister, Stadt Taunusstein:
Auf der ersten Seite Ihres Skriptes steht, eine Tonne verfeuerte Steinkohle wirft 2,68 Tonnen CO_2 aus. Ist das so korrekt?

Sauerbaum:
Ja, wir haben diese Zahlen von Jülich übernommen.

Meister, Stadt Taunusstein:
Meine eigentliche Frage war: Können Sie ungefähr den Verwaltungsaufwand, Personalaufwand beziffern, den Sie betreiben müssen, um dieses Programm, was Sie hier dargelegt haben, durchführen zu können?

Sauerbaum:
Das mag für diesen Kreis ein peripheres Thema sein, für unseren Betrieb war es ein wichtiges. Für mich war es, um dieses Konzept durchzusetzen, selbstverständlich, daß wir uns keinen zusätzlichen großen Wasserkopf leisten können an zusätzlichem Personal. Selbstverständliche Voraussetzung war auch, daß wir nicht von außerhalb uns sog. Fachleute holen würden, um sie unseren Mitarbeitern vor die Nase zu setzen. Wir haben also vielmehr aus unserem vorhandenen Mitarbeiterkreis eine Arbeitsgruppe gebildet, diese zusätzlich in den Beratungsbereichen qualifiziert und durch gehaltliche Aufwertung einen entsprechenden Anreiz gegeben. Es ist, wenn Sie so wollen, nur eine einzige Planstelle mehr geschaffen worden, aber das auch nur im Zusammenhang mit personellen Umschichtungen, bewußt also keine neue Abteilung aus dem Boden gestampft, sondern nur durch Umverlegung eine Gruppe gebildet, die sehr stark auch eingesetzt wird in einem mobilen Beratungsbus, den wir fahren und den wir auch den Verteilergemeinden und anderen anbieten.

Schäfer, Engelskirchen:
Sie sagen, durch dieses Bonussystem soll umweltgerechtes Verhalten belohnt werden. Für mich ergibt sich da ein kleines Problem: Diejenigen, die sich bisher schon umweltgerecht verhalten haben, werden ja durch dieses Bonussystem nicht erfaßt, weil sie diese Einsparmöglichkeiten insofern nicht mehr haben. Diejenigen, die bisher Energie verschwendet haben, für die ist es sehr, sehr leicht, diesen Bonus zu bekommen. Wie wird das gerade unter dem umweltbewußten Teil der Bevölkerung aufgenommen?

Sauerbaum:

Als wir das Konzept vorgestellt haben, bekamen wir zwei, drei Zuschriften, insbesondere von Damen, die da sagten, wir haben schon immer gespart, und nun werden wir nicht belohnt. Für diesen haben wir einen anderen Weg der Anerkennung gefunden, jedes System hat seine Schwäche, so auch das Bonussystem. Man kann nicht alle gleich und andere gleicher behandeln. Es geht nicht. Trotzdem haben wir uns dazu entschieden und auch weiterhin keine negativen Äußerungen erfahren. Durch die Bonusschwellen bonieren wir nicht absolute Einsparungen, sondern relatives Sparverhalten, so daß auch derjenige, der nur wenig verbraucht hat, relativ genauso seine 7% sparen kann, wie derjenige, der früher verschwendet hat. Wenn Sie allein Mengen bonieren würden, würden Sie in den Bereich hineinkommen, den Sie angesprochen haben, das wollten wir ausschließen. A la longue ist es vielleicht besser, Mengen zu bonieren, nur am Anfang nicht, um diejenigen, die nur geringe Sparmöglichkeiten von der Menge haben, nicht zu entmutigen.

Prof. Hennicke:

Ich finde diese erste Aktion ausgezeichnet, weil sie einen Einstieg in die Richtung bedeutet, die wirklich dringend notwendig ist, und möchte dazu ermutigen, aus diesen ersten Erfahrungen Schritte abzuleiten, um den möglicherweise vorübergehenden Erfolg zu verstärken. Wir wissen aus Untersuchungen, daß verhaltensbedingte Einsparpotentiale etwa in der Größenordnung von 10% da sind, über alle Gruppen von Verbrauchern, und es könnte sein, daß der Bonus kurzfristig ihr Verhalten beeinflußt, daß aber nicht das Investitionsverhalten grundlegend verändert werden konnte. Dies kann auch in einem Jahr nicht passieren, da braucht man längere Fristen. Um dies nun genau zum Zeitpunkt der Anschaffung neuer Geräte zu tun, empfiehlt es sich doch nach amerikanischen empirischen Untersuchungen, den Bonus an den Verkäufer zu geben. So wird sehr rasch ein Anreiz beim Handel, Kleinhandel und Großhandel da sein, nur marktgerechte Geräte und diese offensiv an die Verbraucher zu bringen, und ich glaube, dies schafft dann auch auf Dauer niedrigere Verbräuche, unabhängig davon, daß Verhalten natürlich nach wie vor in Ihrem Sinne beeinflußt werden soll.

Sauerbaum:

Vielen Dank für diese Anregung. Unser Problem ist es natürlich auch und insbesondere auch meins, als der dafür Zuständige, daß ich als gelernter Jurist im Moment praktizierender Betriebswirt bin, und da sind natürlich solchen Möglichkeiten auch Grenzen gesetzt. Aber wir nehmen die Idee gerne auf.

Noack, Stadtwerke Jena:

Auf diese betriebswirtschaftliche Sicht deutet meine Frage hin, ist es nicht so, daß ein solches Konzept überhaupt nur dadurch tragbar ist, daß der Einfluß auf den Stromverbrauch letztendlich relativ gering ist. Mit einem Stromminderverbrauch von beispielsweise 10% würde ja die betriebswirtschaftliche Auswirkung sehr stark sein und die Verlustträchtigkeit des Unternehmens viel deutlicher ins Blickfeld gerückt werden. Wie hätten Sie in einem solchen Falle das Ganze in Ihrem Unternehmen dargestellt?

Sauerbaum:

Sie haben völlig recht. Das haben wir natürlich auch diskutiert, und was Sie sagen, ist uns von den Gegnern damals im Vorfeld massiv entgegengehalten worden. Wir mußten darauf antworten, wir sind zwar keine Propheten, aber wir nehmen Wetten an, daß im ersten Jahr es nur gering sein wird und leider oder Gott sei dank, haben wir recht behalten. Aber ansonsten kann man das Problem natürlich in diesen Bereich verlagern. Wenn eine Einsparmarge von 10% entstehen könnte, kann das natürlich im Stromsektor ganz empfindliche Einbußen bewirken. Das ist völlig klar. Sie können das ja auch mal hochrechnen, wenn von 154 000 oder 136 000 Haushaltskunden jeder den Bonus beantragen würde, dann können Sie sich ausrechnen mit einem Mittelwert von 40,00 DM, was da für Geld ausgeschüttet würde. Wir sind nicht in der Lotterie. Daran haben wir auch kein Interesse. Ich sage noch einmal, der Bonus ist kein Selbstzweck – wir haben nichts zu verschenken –, sondern Mittel zum Zweck, Transportriemen meiner allgemein gültigen Idee.

Rosemann, Stadtwerke Karlsruhe:

Aber ich glaube, wir als Versorgungsunternehmen dürfen nicht nach Energieeinsparung rufen, und wenn sie dann kommt, Klagen wegen der betriebswirtschaftlichen Umsetzbarkeit führen, das wollen wir sicher nicht. Wir haben gestern gehört, daß die Preisreferenten hier schon dabei sind umzudenken, daß sie bereit sind, eben gerade die durch Einsparung verursachten Ertragsausfälle, die ja für das Unternehmen jetzt da sind, zu kompensieren durch eine Berücksichtigung bei der Preisgenehmigung. Für den Kunden ist interessant, was zahlt er eigentlich per Saldo pro Jahr für seinen Strom, für sein Öl, für sein Gas etc. Wenn er mehr einspart, als wir, die Versorgungsunternehmen, durch moderate Preisanhebungen wieder hereinholen, dann rechnet sich diese Sache für beide Seiten, nämlich für den Verbraucher und für die Versorgungsunternehmen und vor allen Dingen für die Umwelt.

Gesamtdiskussion

Guter, Gewerkschaft ÖTV:

Einige Anmerkungen zu dem, was gesagt worden ist, daß es im Hinblick auf die Umsetzung einer Energieeinsparpolitik u. a. die Arbeitnehmer bzw. die Betriebsräte seien, die Vorbehalte hätten. Es wurde gesagt, daß man sich nicht den Ast absägen wolle, auf dem man sitzt und daß die Arbeitnehmer eher der Logik verhaftet seien, mehr Umsatz gleich mehr Gewinn gleich mehr soziale Leistungen. Ich hoffe, es besteht nicht die Vorstellung, daß die Arbeitnehmer bzw. die Betriebsräte im Bremsehäuschen sitzen, wenn es um die Realisierung einer solchen Politik geht. Das kann aus unserer Sicht nicht sein, es hängt davon ab, ob man die Arbeitnehmer rechtzeitig umfassend informiert und rechtzeitig einbezieht, um vernünftig zu versuchen, die Fragen und Probleme, die damit zusammenhängen, zu regeln und zu lösen. Die Frage ist die Entkopplung von Energieverkauf und Kommunalhaushalt. Die Enquete-Kommission sah vor dem Hintergrund der CO_2-Minderungsdiskussion ein großes Problem darin, daß der Verkehrsbereich, vor allen Dingen aus dem Gewinn der leitungsgebundenen Energien unterstützt würde. Diese Fragen sollten ernsthaft diskutiert werden, weil sonst die Gefahr besteht, daß der eine oder andere Vorstand sich gerne hinter dem Argument versteckt, die Arbeitnehmer wollen es gar nicht. Es gibt schon reale Probleme, die in den Betrieben und in den Vorstandsetagen diskutiert werden müssen, und da darf man es sich nicht so leicht machen.

Es gibt auch positive Erfahrungen, wie Maßnahmen mitgetragen werden, wenn man die Arbeitnehmer rechtzeitig einbezieht. Des weiteren wollte ich einen konstruktiven Vorschlag machen. Wir haben uns 1989 schon mit dieser Frage befaßt, Betriebsräte aus den verschiedenen Sparten eingeladen, aus kommunalen, regionalen, überregionalen EVU's und mit Ihnen unsere Beschlüsse und Positionen im Bereich der Energiedienstleistungen weiterentwickelt. Wir halten die Strategie des Ausbaus der Energiedienstleistungen für sehr wichtig. Wir haben auch eine ganze Palette von Vorschlägen gemacht, die sich mit dem decken, was hier diskutiert worden ist. Um Wettbewerbsnachteile zu vermeiden, sollte sich nicht nur die kommunale Versorgungswirtschaft, sondern die ganze öffentliche Energieversorgung mit diesem Thema befassen.

Diskussionsteilnehmer:

Aus der Sicht eines Kleinunternehmens, nicht der Mitbestimmung unterliegend, soll man sich da keinen Illusionen hingeben. Die Konzepte werden die Unternehmensleitungen ganz alleine machen müssen, da kann von außen eine Hilfestellung kommen; es mag auch sinnvoll sein, Betriebsräte einzuladen. Das Problem sind aber die Mitarbeiter, die eben nicht in

207

den Meinungsbildungsprozeß eingeschaltet wurden, also z. B. der Rohrleger und der Schweißer, die können nicht so richtig begreifen, warum man plötzlich anfängt, sich vom reinen Erdgas-, Wasser- oder Stromlieferanten zum Energiedienstleister-Arbeiter zu entwickeln. Und das ist ein ganz großes Risiko, weil die Aushängeschilder nach draußen, das sind nun mal diese Mitarbeiter. Und wenn die an der Theke, um jetzt mal von so einem kleinen Ort wie dem unseren hier zu sprechen, sagen, "was die da oben machen, das ist völliger Quatsch", das kann ganz verheerende Auswirkungen haben. Wenn man ehrlich ist, wo lassen sich denn unsere Mitarbeiter noch erheblich motivieren. Vom Vergütungssystem im öffentlichen Dienst kann keine so wahnsinnige Motivation herkommen. Gehaltssprünge sind nicht so immens drin. Die einzige Chance ist, auch für die Unternehmensleitung, wenn von da ein Motivationsschub kommt, daß man bereit ist, am Kunden, am Markt, aber auch an der Gesellschaft orientiert zu arbeiten. Wir Stadtwerke sind nicht irgendeinem anonymen Eigentümer verpflichtet, sondern wir sind der öffentlichen Hand verpflichtet. Es kann Motivation genug sein, wenn wir nachweisen, daß wir die Kompetenz haben und die gesellschaftliche Verantwortung voll wahrnehmen, nicht mit Worten, sondern mit Taten.

Dr. Deppe:

Zu diesem Fragenkomplex von mir noch eine vielleicht etwas resümierende Betrachtung. Ich glaube schon, daß in der ASEW die Unternehmen zusammengeschlossen sind, die sensibel sind für Veränderungen in der Gesellschaft und am Energiemarkt, und man kann auch eine besondere Sensibilität feststellen für Mitarbeitermotivation. Nach innen, teilweise aber auch im kritischen Ton als Äußerung einer ungeduldigen Unternehmensleitung, die schneller umsetzen möchte, als es in der Praxis möglich ist, aber ich glaube, wiederum mit Verständnis für die Situation. Es sollte weiterhin ein Thema in der ASEW bleiben, weil Mitarbeiter auch Multiplikatoren nach außen sind, und sie setzen um so besser die Konzepte um, je überzeugter sie sind.

Dr. Bauerschmidt:

Auf dieser Konferenz wurden die wirklichen Zukunftsprobleme angesprochen, nämlich Treibhauseffekt, CO_2-Reduktion. Bisher waren Konferenzen eher so angelegt, daß man sich noch lobt, wie gut man z. B. mit der Entschwefelung der Rauchgase oder anderen Maßnahmen inzwischen vorangekommen sei, was international auch ausgesprochen vorbildlich ist, denn da sind wir viel weiter als in allen anderen Bereichen, aber die CO_2-Problematik blieb weitestgehend außen vor. Ich finde die Ergebnisse ausgesprochen ermutigend, denn wenn man mal die nationale und internationale Szene anguckt, dann erwarten die Prognostiker eher eine Zunahme des CO_2-Ausstoßes weltweit um 20% oder 50% in den nächsten 20 Jahren. National kommt eine Studie von Prognos zum Ergebnis, daß wir bei Null ungefähr bleiben, also Status quo. Und wir sind immerhin schon in der Größenordnung bei minus 15%, was wir uns in den Kommunen selbst zutrauen. Es geht nicht nur um die Darstellung von Potentialen zum Einsparen von Energie und besonders zum Einsparen von CO_2, sondern um konkrete Vorhaben. Es ist sehr viel schwerer, die konkreten Reduktionsziele auch in der Praxis zu erreichen. Die Regierungen in Bund und Ländern sollten sehen, wie konkret wir uns schon bemühen und daß trotz dieser Bemühungen es wahrscheinlich nicht reichen wird, auf die Probleme angemessen reagieren zu können, sondern daß dafür die Rahmenbedingungen geändert werden müssen.

Kram, Ministerium für Bauen und Wohnen in Nordrhein-Westfalen:
Ich wollte auch kurz auf die Mitarbeitermotivation eingehen. Wir haben es viele Jahre, bis vielleicht vor fünf Jahren noch erlebt, daß vor allem in kleineren EVU's eine sehr starke Hörigkeit gegenüber den Vorlieferanten bestanden hat, gerade in bezug auf das Selbstbewußtsein. Man hat in solchen kleineren EVU'S eigentlich kein Selbstvertrauen, auch eigene Wege, die bis dato etwas ungewohnt waren, zu gehen. Das ändert sich langsam. Das finde ich auch gut so, aber es muß tiefergreifen bis in die unteren Unternehmenstrukturen hinein. Man sollte dort nicht so die technologische Nabelschau immer nur auf die Großerzeuger hingerichtet betreiben, vielmehr zeigen, daß gerade die kleinen Unternehmen mit ihrer Diversifizierung nicht nur die reinen Strippenzieher sind, sondern, daß sie in der Lage sind, dynamisch auf sich wechselnde Vorgaben einzugehen und flexibel multidimensional zu denken. In diesem Zusammenhang möchte ich auch noch darauf hinweisen, daß wir nicht wieder den Fehler der Vergangenheit machen sollten, wo man lange – wie das Karnickel auf die Schlange – nur auf den Sektor Strom geguckt hat. Im Bewußtsein der Bevölkerung wurde dieser so überhöht, daß sie durchweg ihren Stromverbrauch am Gesamtenergieverbrauch gemessen mit 80% viel zu hoch einschätzten, in Wirklichkeit machte er ja nur 20% aus, der Rest war Wärme. Diese Aufmerksamkeit für die ganz großen Stromerzeuger hat uns den Blick gerade auf die breite Problematik verstellt.

Dr. Attig:
Wir haben es hier mit der Situation zu tun, das übereinstimmend gesagt wurde, 10% bis 15% Reduzierung sehen wir in den nächsten Jahren mit den herkömmlichen Mitteln unter den gegebenen Randbedingungen als machbar an. Wir hörten, daß 1% schon, um es durchzusetzen, eine ganze Menge ist, 25% und 30% sind aber von politischer Seite gefordert. Das sind einfach Größen, die mal politisch genannt wurden, wenn wir den CO_2-Bereich wirklich in den Griff bekommen wollen. Es ist doch eine ganze Menge zu tun und wir haben uns hier

gegenseitig in dieser Notwendigkeit bestätigt. Es ist gerade jetzt nach außen hin wichtig, eine Meinungsbildung vor Ort vorzunehmen, und wenn ich aus unserem Aufsichtsrat mal berichten darf – ich meine, wir gelten ja so ein bißchen als fortschrittlich in dieser Richtung – wenn wir einmal im Jahr unsere Abschlußbesprechung des Wirtschaftsergebnisses machen, dann wird wirklich zwei Stunden lang intensiv über die Frage gesprochen, wieviel haben wir nun erwirtschaftet, wie war der cash flow, und es wird kein müdes Wort darauf verwandt, welche Einsparbemühungen sind denn hier nun realisiert worden. Es darf in die Unternehmensziele nicht nur auf Glanzpapier hineingeschrieben werden: Neben die Wirtschaftlichkeit muß die Ökologie treten, sondern dieses muß verinnerlicht werden, und dahingehend müssen wir nach außen hin kritisch wirken.

Dr. Deppe:
Dies waren schon teilweise Statements zum Schluß. Ich möchte zum Schluß ein paar Sätze anfügen. Einleitend sagte ich, daß diese Tagung rasch eine gewisse Eigendynamik entwickelt hat, und Rückkopplungen mit Teilnehmern zeigen dies: Die Mischung aus Theorie, Praxis und Ausstellung war eine gute Mischung, die viel hat vermitteln können, insbesondere die Wechselwirkung zwischen theoretischen Ansätzen und Praxis. Es sind viele Fragen aufgeworfen worden und einige Fragen offengeblieben. Ungeduld war auch erkennbar, was machen Sie da konkret? Es ist ein Ausdruck von Ehrlichkeit, nicht von Unvermögen, wenn wir als ASEW nach 1 1/2 Jahren der Arbeit auch sagen, wo bisher unsere Grenzen in den Arbeitsergebnissen sind, und ich glaube, es dient langfristig der Glaubwürdigkeit, übrigens auch jeder Unternehmenspolitik, wenn man ehrlich und selbstbewußt sagt: Wir sind noch nicht soweit, wir betreten alle Neuland und bitte akzeptiert, daß wir zwar die Probleme erkannt haben, aber keine Patentrezepte haben. Patentrezepte gibt es nicht.

Und dabei stellt sich auch so ein bißchen die Frage, was eigentlich von kommunalen Unternehmen in diesem Rahmen erwartet werden kann, was erwartet wird. Ich habe oft den Eindruck, daß gerade die Kommunalunternehmen, die nun an erster Stelle marschieren, besonders kritisch angesprochen haben. Sie haben gesagt, ihr habt's doch nun erkannt, ihr müßt doch das tun und müßt dies tun und die anderen sagen, wartet doch erst mal ab, auf die anderen Versorgungsstufen, die warten erstmal ab und überlassen uns das Risiko, ob sich das bewährt oder um herauszufinden, was sich bewährt und steigen dann ein, wenn die Wege relativ sicher sind.

Wir sollten unsere Grenzen aufzeigen, aber ich meine, daß Grenzen überwunden werden können, wenn der Ordnungsrahmen geändert wird. Auch der überbetriebliche Ordnungsrahmen ist nicht unendlich festgeschrieben, auch Ordnungsrahmen, Verordnungen und Gesetze werden von Politikern und Parlamenten gemacht und sind veränderbar. Bei Prof. Hennicke ist das aktiv angeklungen, bei Herrn Dr. Wagner insofern passiv, als er auch für mein Gefühl in seinen Strategien und in der Einschätzung der Möglichkeiten im jetzigen Ordnungsrahmen als fest unterstellt hat.

Wenn man das Verursacherprinzip ein bißchen weiterdenkt, ohne dramatisieren zu wollen, sei an Überschwemmungen in Bangladesh, an Auswirkungen von Klimakatastrophen oder – was Versicherungsgesellschaften auch melden – an die Zunahme der Schadensfälle erinnert, sollten volkswirtschaftliche Kosten verursachungsgerecht zugeordnet werden. Dann frage ich mich, ob nicht der Ordnungsrahmen so geändert werden könnte, daß solche externen Kosten in das Rechnungswesen einfließen und dann z. B. logisch begründbar die Energiepreise etwas höher sein müßten, als sie heute sind.

Außerdem stellt sich noch die Frage der Endlichkeit der Ressourcen. Bei so einer Strategie würden Effekte sehr viel schneller eintreten. Zunehmend nachdenklich macht mich bei der Diskussion verursachungsgerechter Energiepreise die Rolle der Werbung bei der Motivierung der Öffentlichkeit bzw. bei der Erreichung erhöhter Akzeptanz. Es muß auch überlegt werden, ob denn das wirklich immer ohne Komfortverzicht diskutiert werden kann. Wenn denn eine Krisensituation gegeben ist, ist zumindest die Frage doch erlaubt, ob ein Komfortverzicht vor dem Hintergrund der Bedrohung darin liegen wird, von 21° auf 19° Zimmertemperatur zu reduzieren, daß man nicht jedes Wochenende mit dem Wagen irgend wohin fährt oder den zweiten Kühlschrank im Keller stehen hat, weil er da schön den Wein kühlt usw. Dürfen solche Komfortverzichte nicht zumindest andiskutiert werden? Auch vor dem Hintergrund der Verantwortung für die Dritte Welt, die nun doch auch zwangsläufig Energie braucht, um ihre eigenen Volkswirtschaften aufzubauen und existentielle Bedürfnisse zu decken. Auch dazu könnte ein veränderter Ordnungsrahmen Hinweise liefern. Dies sind Themen, die uns die nächste Zeit beschäftigen werden und die zeigen, daß die ASEW noch genug Arbeitsmaterial und Aufgaben hat, die die Unternehmen lösen werden.

Ausstellung rationeller Energie- und Wasserverwendung

Einen Einblick in die vielfältigen Möglichkeiten zur rationellen Energie- und Wasserverwendung bot die begleitende Ausstellung. Rund 60 Unternehmen präsentierten ihre Produkte und Dienstleistungen den Teilnehmern der Fachtagung und der Öffentlichkeit. Die Marktpartner aus Beratung und Herstellung von Technologien zur Energieeinsparung, Nutzung erneuerbarer Energiequellen sowie von Wasserspartechniken wurden eingebunden in den Dialog mit den Stadtwerken. Aber auch die Endverbraucher als wichtigste Adressaten der Stadtwerke im Zusammenhang mit Energieeinsparung wurden durch die Einladung der Öffentlichkeit angesprochen.

Der Schwerpunkt der Ausstellung lag bei den neuen Technologien zur Nutzung von Wind und Sonne. Im Innenhof der Stadthalle konnte man sich die Gondel einer Windkraftanlage im Original ansehen sowie Solaranlagen zur thermischen und photovoltaischen Nutzung. Das Institut für solare Energieversorgungstechnik (ISET) demonstrierte an einem Modellhaus die Möglichkeit zur Sonnenenergienutzung, ein Solarauto stand zur Fahrt bereit.

Peter Jörg Heinzelmann, Geschäftsführer der ASEW, wies bei der Ausstellungseröffnung darauf hin, daß die Solartechnik für den Verbraucher immer interessanter werde. Die größten Energieeinsparerfolge ließen sich jedoch vorerst durch energiebewußtes Bauen und den Einsatz moderner Heizungstechnik erzielen. Die Hersteller moderner Heizungsanlagen und von Wärmedämmaterialien waren entsprechend breit vetreten. Andere Firmen stellten Blockheizkraftwerke, Anlagen zur Regelungs- und Steuerungstechnik und Wasserkraftanlagen vor.

Auch zehn ASEW-Unternehmen präsentierten ihre Konzepte und Dienstleistungen im Bereich Energiesparen und Umweltschutz. Die Stadtwerke Hannover informierten über ihre Aktivitäten im Baubereich, einem für Stadtwerke neuen aber ebenso wichtigen Aufgabengebiet. Die Stadtwerke Bremen machten die Notwendigkeit des Dialogs und der Zusammenarbeit mit Marktpartnern auch auf ihrem Stand deutlich. Der Bremer Stand umfaßte nicht nur die Stadtwerke sondern auch Ingenieurbüros und Planungsfirmen aus dem Bremer Raum. Die Stadtwerke Lemgo setzten von Zeit zu Zeit ein kleines Blockheizkraftwerk in Gang, um Anwesenden die Funktionsweise vorzuführen. Ein wichtiges Instrument in der Energiesparberatung wurde im Freigelände demonstriert: zwei Beratungsbusse von Kassel und Nürnberg standen einsatzbereit direkt zur Beratung, aber auch zum Fachgespräch mit Kollegen aus anderen Stadtwerken zur Verfügung. Die ASEW zeigte ihre Dienstleistungen auf einem eigenen Stand. Hier sorgte nicht nur eine zur Zeit von den Stadtwerken Bremen angebotene Beleuchtungsausstellung für Licht, sondern Lichtblicke gaben auch die vielfältigen Dienstleistungsangebote vom Computerspiel bis zur Berater- und Informationsmappe, mit denen die ASEW ihre Mitgliedsunternehmen unterstützt.

Im nachfolgenden Teil dieser Veröffentlichung präsentiert sich ein Teil der Unternehmen, die an der Gestaltung der Austellung teilnahmen.

215

Der Energieverbrauch in der Bundesrepublik muß - wegen der mit ihm einher-
gehenden Umweltgefahren, insbesondere der drohenden Klimakatastrophe - rasch und durchgreifend gesenkt werden. Dazu bedarf es
einer Energiepolitik, die sowohl die Energieversorgungswirtschaft als
auch alle privaten und gewerblichen Energieverbraucher zur ratio-
nellenEnergienutzung, insbesondere zu energiesparenden Investitionen motiviert. Diese Energiepolitik muß einerseits auf nationaler
Ebene den ordnungs- und finanzpolitischen Rahmen zielgerecht
gestalten und bedarf andererseits zur Umsetzung vor Ort des kommunalpolitischen Engagements.

Das BIKE wurde 1990 vom Bremer Senat gegründet um zur Entwicklung effektiver energiepolitischer Handlungsperspektiven beizutragen.
Es soll zudem Kommunen und kommunale Unternehmen in Energie-
angelegenheiten konzeptionell beraten und zur Entwicklung effektiver
energiepolitischer Handlungsperspektiven beitragen.
Das BIKE ist interdisziplinär besetzt mit Fachleuten aus den
Bereichen Energietechnik, Architektur, Stadtplanung und Betriebs-
wirtschaft.

Das BIKE bietet einerseits Beratungen unter technischen, organisato-
rischen und wirtschaftlichen Aspekten zur Erstellung kommunaler
Energiekonzepte an, speziell zur
* Nah- und Fernwärmeversorgung auf Basis gekoppelter Erzeugung
von Strom und Wärme mittels Blockheiz- bzw. Heizkraftwerken.
* Energieeinsparung und Nutzung regenerativer Energien in öffent-
lichen Gebäuden und Einrichtungen sowie im öffentlich geförderten
Wohnungsbau.
* Förderung von Energiesparmaßnahmen in ortsansässigen Haus-
halten und Gewerbebetrieben
* Verlängerung von Konzessionsverträgen oder einer Netzübernahme.
Orientierende Initialberatungen sind kostenlos.

BIKE
Bremer Institut für kommunale
Energiewirtschaft und -politik
Leitung: Prof. Dr. Klaus Traube
Fahrenheitstr. 8, 2800 Bremen 33
Telefon: (0421) 21 00 07
Telefax: (0421) 21 99 86

SO SPART MAN ENERGIE
GLEITEN UND ABSCHALTEN

*Buderus
Gußheizkessel GE 105
mit Blaubrenner.*

Wenn das Wetter "nachhilft", stelle■
Motorsegler ihr Triebwerk einfach ab. G■
nau wie der Ecomatic Niedertemperatu■
Kessel von Buderus. Herkömmliche Hei■
kessel dagegen laufen mit hohen Tem■
peraturen weiter, auch wenn keine Ene■
gie benötigt wird. Vergleichen Sie: stufe■
loses Gleiten, To■
talabschaltung un■
automatische Som■
mer/Winter-Umscha■
tung sind bei Bude■■
Standard. Ohne Au■
preis. Nähere Info■

mationen erhalten Sie kostenlos b■
Buderus Heiztechnik GmbH, Postfach 12 2■
6330 Wetzlar 1.

HEIZEN IN HARMONIE MIT DEM WET-TER: JEDER BUDERUS NIEDERTEMPE-RATUR-KESSEL "GLEITET" STUFENLOS BIS 20° C. UND SCHALTET VÖLLIG AB, WENN KEINE ENERGIE GEBRAUCHT WIRD.

Buderus
Heiztechnik

IKU – Institut für Kommunale Wirtschaft und Umweltplanung

Gemeinsame Einrichtung der hessischen Fachhochschulen Darmstadt Frankfurt/M. Fulda Gießen-Friedberg Wiesbaden

SEMINARE

25./26. 3. 92
„Biogastechnik im industriellen, landwirtschaftlichen und kommunalen Bereich", Lollar

8./9. 6. 92
„Konzepte zum Stadtverkehr der Zukunft", Frankfurt/M.

12./13. 10. 92
Kommunale Stadtreinigungsbetriebe erfolgreicher als private Konkurrenz? – Ökologische, wirtschaftliche und politische Aspekte kommunaler Abfallwirtschaft nach Einführung des Dualen Systems", Wiesbaden

19./20. 10. 92
„Rationelle Strom- und Wärmenutzung in mittelständischen Unternehmen", Seeheim-Jugenheim

Handbuch
Hennicke / Alber „Energie-Sparen – Handbuch zur rationellen Energienutzung in Kommune und Industrie", 1991, Verlag Bonner Energie-Report, DM 48,50.

Zum IKU
Das IKU ist auf den Gebieten Energie und Umwelt ein in seiner Art bisher einmaliges Beispiel interdisziplinärer Hochschulkooperation in der Bundesrepublik.
Zentrale Aufgabe des Instituts ist die umwelt- und praxisbezogene Weiterbildung, vor allem für den Bereich Kommunen und kommunale Unternehmen.
Neben Seminaren bietet das IKU interne Fachveranstaltungen an oder vermittelt Experten zu Einzelfragen. Projekte und Veranstaltungen werden in Handbüchern bzw. Materialbänden veröffentlicht.
Die kommunalen Spitzenverbände und der VKU in Hessen unterstützen die Arbeit des Instituts.

Geschäftsstelle:
Schöfferstraße 3
6100 Darmstadt
Telefon:
0 61 51 / 16 - 88 10
Telefax:
0 61 51 / 16 - 89 00

IKU

Informationssystem
Kommunale
EnergieVersorgung
Fachinformationszentrum Karlsruhe
Gesellschaft für wissenschaftlich-
technische Information mbH
Mechenstr. 57 · 5300 Bonn 1
Tel. (02 28) 23 20 86 · Fax (02 28) 23 20 89

in brief...

Im Informationssystem KEV sollen planungsrelevante Daten und Fakten aus Energiekonzepten und anderen Vorhaben aufbereitet und zur Verfügung gestellt werden. Eine wichtige Aufgabe von KEV ist es, bereits vorhandene, aber meist verstreut vorliegende und schwer zugängliche Informationen zu kanalisieren und in einem einheitlichen System aufzubereiten.

KEV besteht aus einer Informationsvermittlungsstelle und einer Datenbank und arbeitet bundesweit mit Schwerpunkt Nordrhein-Westfalen.

KEV soll Hilfestellung geben bei der Einführung neuer Energietechniken im kommunalen Anwendungsbereich. Die Informationsvermittlungsstelle dient als Anlaufstelle für alle individuellen Anfragen. Die Neutralität der bereitgestellten Information ist möglich, da KEV nicht eingebunden ist in betriebswirtschaftliche Strukturen, die anderweitige Zielsetzungen verfolgen, z.B. Lieferinteressen oder Gutachtenaquisition. Zunehmend wird die Arbeit auch von dem z.Zt. entwickelten KEV-Datenbanksystem unterstützt.

Das KEV-Datenbanksystem vereinigt bibliographische Informationen, Daten und Fakten, Freitext und Graphik in einem einheitlichen Gesamtsystem. Das Datenbanksystem befindet sich im Aufbau und besteht z.Zt.aus sieben Datenbanken:

GEBÄUDE	UMFELD	KOMPASS
ADRESS	VORHABEN	BERICHT
	GLOSSAR	

Das Datenbanksystem dient zunächst der Unterstützung der Informationsvermittlungsstelle. Einem Testbenutzerkreis von Kommunen, Ingenieurbüros, Versorgungsunternehmen u.a. wird die Datenbank Anfang 1992 direkt zur Verfügung gestellt, damit sie als kritische Benutzer an der Weiterentwicklung und Verbesserung mitwirken können. Die kontinuierliche Rückkopplung mit den Benutzern soll die Entwicklung eines bedarfsgerechten, benutzerfreund-lichen Datenbanksystems ermöglichen.

Die Informationsvermittlungsstelle von KEV bietet im wesentlichen eine individuelle Fachberatung. Sie bearbeitet Anfragen, vermittelt Kontakte, recherchiert in Datenbanken und leistet Öffentlichkeitsarbeit mittels aufbereiteter Standard-Informationen.

KEV ist ein vom Bundesminister für Forschung und Technologie und dem Minister für Wirtschaft, Mittelstand und Technologie des Landes Nordrhein-Westfalen geförderter Informationsdienst des Fachinformationszentrums Karlsruhe, Gesellschaft für wissenschaftlich-technische Information mbH.

..*mitteilungen...mitteilungen...mitteilungen...mitteilungen...*

ENERMETRIC
Ein Informationssystem für das Energiecontrolling

Der sparsame und rationelle Umgang mit den vorhandenen Energieressourcen ist eine gesellschaftliche Daueraufgabe. Das Stadtwerk erhält damit als kommunales Dienstleistungsunternehmen zusätzliche Marktchancen. Für eine vollständige Ausnutzung der Möglichkeiten zur Reduzierung der Energieverwendung ist die detaillierte Kenntnis aller energetischen, technischen und sozialen Bedingungen notwendig. Die manuellen Erfassungs- und Aufzeichnungsverfahren erlauben es nicht mehr, dezidiert die Ursachen einer zu hohen Energieverwendung zu analysieren.

ENERMETRIC ist ein computergesteuertes Energieverwendungsmeßsystem. Mittels einer umfassenden Meßsensorik und eines automatischen Datenübertragungsverfahrens werden verschiedene Energieverwendungen vor Ort gemessen und zentral in der infas- oder auch beim Kunden installierten Rechenanlage registriert und ausgewertet. Das Konzept des modular aufgebauten Systems wurde primär nach den Gesichtspunkten hoher Meßgenauigkeit, sicherer Datenübertragung und flexibler Auswertungsmöglichkeiten ausgerichtet, wobei die Einbeziehung vorhandener interner und öffentlicher Leitungsnetze (Strom- und Telefonnetz) den Installationsaufwand und damit verbundene Zusatzverkabelungen minimiert und die Akzeptanz beim Anwender erhöht.

Folgende Aufgaben können mit ENERMETRIC bei der Vermessung von Objekten erfüllt werden:

o   Umfassendes Controlling der Energieverwendung betr.:
    - Energieeinsatz
    - Anlagenbetrieb
    - Nutzerverhalten

o   Gezielte Erkennung von Verlusten und Sparpotentialen bei der Energieverwendung

o   Exakte Analyse der Auswirkungen spezieller Einzelmaßnahmen zur Veränderung der Energieverwendung bez. neuer
    - Baustoffe und -formen
    - Anlagentechniken
    - Regelungstechniken
    - Nutzungen

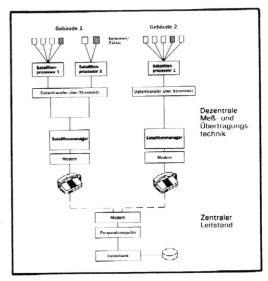

Systemaufbau

Das System kann durch eine von der UECONSULT GmbH speziell entwickelte Analysesoftware ergänzt werden, die in Verbindung mit einer relationalen Datenbank die flexible und anwenderfreundliche Nutzung des Systems auch direkt beim Anlagenbetreiber ermöglicht. Es bestehen darüber hinaus Optionen auf die Integration und Verwendung weiterer Dateien sowie den Einsatz von Simulationsprogrammen.

224

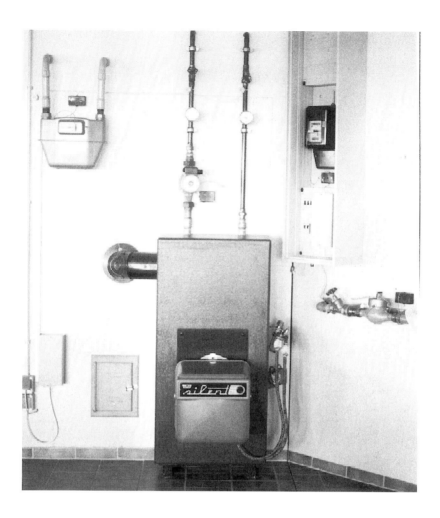

Informationen über **ENERMETRIC**:

infas
Energiemarktforschung
Herr Strübbe
Margaretenstraße 1
5300 Bonn 2

Tel.: (0228) 3822-0
Fax: (0228) 3822-117

infas

Kompetenz in Forschung und Anwendung

225

Energie aus Sonne

Komponenten
Solarmodule, Windenergieanlagen, Laderegler, Warmwasserkollektoren, Speicher, Pumpen

Anlagen
zur Versorgung von Wohnhäusern, Wochenend- und Gartenhäusern, Wohnmobilen, Booten

Systeme
Solar-Wind-Diesel Kombinationen
Blockheizkraftwerke, Elektrofahrzeuge

INES

Energie Systeme GmbH

Fuldatalstraße 12
3 5 0 0 K a s s e l
Tel.: 05 61/87 63 75
Fax: 05 61/87 14 96

INES Energie Systeme GmbH

227

Institut für Solare
Energieversorgungstechnik
Verein an der Universität
Gesamthochschule Kassel e.V.

Königstor 59
D-3500 Kassel
Tel. (05 61) 72 94-0
Fax. (05 61) 72 94-100

ISET Dienstleistungen

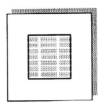

Photovoltaik

■ Anlagenqualifizierungen
■ Standortbewertungen
■ Planung/Bewertung von Energieversorgungssystemen
■ Entwicklung von Energieversorgungskomponenten
■ Anlagen- und Komponentenvermessung
■ Know-How Transfer
■ Schulungen

**Windenergie-
technik**

■ Bewertung des Betriebsverhaltens von Windkraftanlagen
■ Integration von Windkraftanlagen in bestehende Netze
■ Aufbau elektrischer Energieversorgungseinheiten mit
  Windkraftanlagen (Inselnetze)
■ Entwicklung und Aufbau komplexer Meßsysteme (Fernmeß-
  netze) für Windkraftanlagen und Datenfernübertragung
■ Durchführung von Standortbewertungen
■ Schulungen

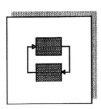

**Regelungs-
technik**

■ Mathematische Analysen und Digitale Simulationen
■ Regelungskonzepte
■ Mikroprozessorregelungen
■ Rekonstruktion nichtmeßbarer Größen
■ Fehlererkennung, Fehlerprognosen
■ Meßdatenerfassung, Datenfernübertragung
■ Digitale Signalanalyse
■ Steuerungs- und Regelungssysteme

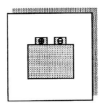

**Elektro-
chemische
Energietechnik-
Speichertechnik**

■ Auslegung und Dimensionierung von Batterieanlagen
■ Analyse und Beurteilung bestehender Batterieeinheiten
■ Entwicklung angepaßter Batteriebetriebsführungen
■ Ladeverfahren, Schutzeinrichtungen, Ladezustandserfassung
■ Integration von Speichereinheiten in elektrische Energieversor-
  gungsanlagen und Elektrofahrzeuge
■ Aufbau und Entwicklung von alkalischen Brennstoffzellen-
  aggregaten und Elektrolyseuren
■ Durchführung von Studien zum Einsatz von Brennstoffzellen
■ Konzeption und Entwicklung von Wasserstoffenergiespeicher-
  systemen
■ Wissenschaftliche Betreuung von Demonstrationsanlagen

228

IST Schornsteintechnik · Postfach 74 01 03 · D-4100 Duisburg 17 (Baerl) · Kohlenstraße 10

Firmenprofil

Informationen zur IST - Innovative Schornsteintechnik GmbH in Duisburg

Das Unternehmen:	Die Innovative Schornsteintechnik wurde 1986 gegründet. Sie liefert Ihre Produkte in der gesamten Bundesrepublik Deutschland aus. Büros in Berlin, Sachsen-Anhalt, Thüringen, Sachsen und 10 Handelsvertreter dokumentieren ständig Kundennähe und garantieren stetigen Service und flexible Produktanwendungen.
Die Mitarbeiter:	Der derzeitige Mitarbeiterstamm beläuft sich auf 32. Geplant ist die Erweiterung des Mitarbeiterstammes auf 40 - 50.
Die Philosophie:	Als Hersteller und Vertreiber modernster Schornsteinanlagen hat die IST - Innovative Schornsteintechnik GmbH ein Image erreicht, das technologisch hochstehendes know-how und höchsten Qualiätsstandard beschreibt. Die IST bietet heute die zukunftssichere Schornsteintechnik an, die keine Baufehler mehr zuläßt, eine optimale Abgasverteilung und damit den Gesundheitsschutz der Betreiber garantiert, CO_2 einsparend wirkt und erstaunlich preiswert ist.
	Kunden-Orientierung ist die wesentliche Voraussetzung für eine echte und anhaltende Kundenbeziehung. Die Innovative bringt dies zum Ausdruck durch die ausführlichen Unterlagen und Computerprogramme und den umfassenden Service für die Beratung kompletter Schornstein- und Abgasanlagen.
	Know how Transfer und Fachinformaitonen werden dem Kunden darüber hinaus in Fachvorträgen geboten, die über den Stand moderner Schornsteintechnologie informieren. Ständige Kundennähe und persönliche Betreuung gewährleisten die IST-Außendienstberater.
Die Produkte:	Das Angebot der Innovativen Schornsteintechnik umfaßt 4 Produktgruppen:

1) ist-O-fix
ein einwandiges Edelstahlrohr im Baukastensystem für die Schornsteinsanierung und die Querschnittsanpassung alter Schornsteine

2) ist-O-flon Kunststoffkamine
für die Querschnittsanpassung und als Abgasleitung für neue Heizkessel der Kennung Brennwertgeräte

3) ist-O-therm Edelstahlkamine
Kamin mit dem fast masselosen Innenrohr für neuzeitige Heizkessel, 3-schalig, werkseitig isoliert, ein Baukastensystem. Neue Schornsteine für Wohn- und Geschäftsbauten, für Hallen usw. baut man heute aus Edelstahl.

4) freistehende Kamine von 6 - 25 m
für die Entsorgung von Gift-, Schad- und Produktionsreststoffen

Telefon: 02 84 1 5 80 06   Telefax: 02 84 1 · 5 80 08   Registergericht Duisburg HRB 4116   Bank: Sparkasse Duisburg Zwgst. Baerl
Telex: 8 121 158 ibs   Geschäftsführer: Erika Schürmann   (BLZ 350 500 00) Konto. 268002524

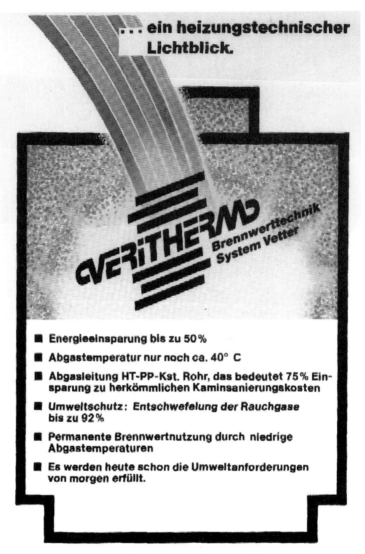

SIGMAGYR RVL 46

... und der Hausmeister hat Pause.

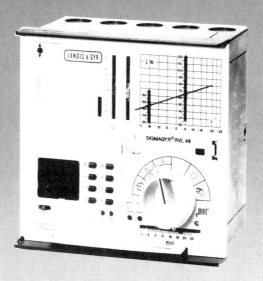

Denn SIGMAGYR RVL 46 kümmert sich als mikroprozessorgesteuerter Heizungsregler in Wohngebäuden jeder Art, in Fabriken, Krankenhäusern, Schulen und Verwaltungsbauten darum, wann geheizt werden soll und wann nicht.

Und das vollautomatisch im Ganzjahresbetrieb. Dabei trägt er mit seiner ECO-Sparautomatik ganz wesentlich zur Energieeinsparung bei.

Aber SIGMAGYR RVL 46 kann noch viel mehr. Er überprüft bei Inbetriebnahme, Service und Unterhalt mittels Diagnosegerät mit Digitalpräzision rationell alle Funktionen. Die patentierte, immer auf einen Blick erfaßbare SIGMAGYR-

Heizkennlinie verhindert Wärmestaus in der Anlage und garantiert selbst bei abgeschalteter Heizung durch Anlagenfrostschutz und periodischem Pumpenlauf ihre Funktionalität. Gleichzeitig reduzieren sich bei Mehrfachnutzung von Signalen der Verdrahtungsaufwand sowie der Hardwarebedarf ganz erheblich.

SIGMAGYR RVL 46 kann in allen Anlagenarten wie Heizgruppen, Siedlungsheizungen, Wärmetauschern, Heizungen mit Fernheizanschluß usw. eingesetzt werden.

Gönnen Sie Ihrem Hausmeister eine Pause. Mit SIGMAGYR RVL 46 von Landis & Gyr.

Landis & Gyr Building Control
(Deutschland) GmbH
Friesstraße 20-24 · 6000 FRANKFURT 60
Telefon (0 69) 40 02-0 · Telex 4 17 164
Fax 4002590

LANDIS & GYR

MICON Windkraftanlagen

**für umweltfreundliche
wirtschaftliche
Stromerzeugung**

Nr.1 in Dänemark

1990 haben die dänischen Windkraftanlagen-
Betreiber – MICON – in Bezug auf Qualität,
Garantie und Service auf den 1. Platz gewählt.

In der Bundesrepublik werden 1992 mehr als
50 MICON Windkraftanlagen zwischen Bayern
und Schleswig Holstein in Betrieb genommen.

Profitieren Sie von unserer Erfahrung aus
weltweit 1.850 in Betrieb befindlichen Anlagen.
Für eine unverbindliche Beratung, welche
Anlagenversion für Sie interessant ist, stehen
wir Ihnen gern zur Verfügung.

**Vertretung für
MICON-Windkraftanlagen
FRIES & PARTNER**
Eschelsweg 27 IV • 2000 Hamburg 50
Telefon 0 40/38 96 85 • Fax 0 40/3 80 03 64

Überspannungsschutz
TRABTECH TRansienten-ABsorptions-TECHnologie

das lückenlose Schutzkonzept von der Netzeinspeisung bis zur Datenschnittstelle

Auftretende Überspannungen und Überspannungsschutz sind Themen, welche in Handwerk, Handel und Industrie bei der Neuinstallation moderner elektrischer und elektronischer Anlagen selbstverständlich auf der Tagesordnung stehen.

Betreiber von derartigen Anlagen wissen, daß diese aufgrund der geringen Spannungsfestigkeit, der in ihnen enthaltenen integrierten Schaltkreise, durch Überspannungen gefährdet sind.

Störungen und Zerstörungen durch eingekoppelte Überspannungen in elektrischen und elektronischen Anlagen und Geräten zu vermeiden, ist eine Aufgabe, die alle Planer und Installateure derartiger Anlagen heute und in Zukunft lösen müssen.

PHOENIX hat das erforderliche Know-how und das umfassende Programm an Überspannungsableitern für den Netzschutz - den MSR-Anlagenschutz - und für den Schutz von Datenverarbeitungs-Einrichtungen. Noch Fragen?

Fordern Sie das Informationsmaterial zum Thema "Überspannungsschutz-TRABTECH" an,
Telefon: 0 52 35 / 55 11 12.

Postfach 13 41 • 4933 Blomberg

233

➜ Ökologische Inhalte
darstellen.
➜ Energie-und Wasserspar-
programme erklären.

Zum Thema Energiesparen.

➜ Zum Denken anregen.
➜ Handlungsmöglichkeiten
aufzeigen.

**Das PraxisInstitut ist eine
Agentur für
Öffentlichkeitsarbeit.**

Wir arbeiten für
kommunale Unternehmen
an der Entwicklung von
Konzepten mit
ökologischen Inhalten.

Zum Thema Treibhauseffekt.

Wir realisieren sie
und machen auch die
Werbung dafür.

Zum Thema Beleuchtung.

Unsere Qualität:
umfassender Service von
Beratung über Gestaltung
bis zur Produktion.

Vereinbaren Sie einen
Termin mit uns.
Oder fordern Sie unseren
Prospekt an:
»Stadtwerke der Zukunft«.

*Zum Thema
Wärmedämmung.*

Praxis Institut

Agentur für Öffentlichkeit

Richard-Wagner-Straße 11-13
D 2800 Bremen 1

Telefon 0421-34 00 91
Telefax 0421-34992 67

**Mit den richtigen
Konzepten.**

*Vier Headlines aus
unserem umfassenden
Themenangebot. Sie
können eine komplette
Ausstellung für Ihre
Werbung von uns be-
kommen.*

VALENTIN SCHNITZER, DIPL.-ING.

Pumpenanlagen
Kleinwasserkraftanlagen
Neue Energiesysteme

Ingenieurbüro
Industriestraße 100
D-6919 Bammental
Telefon (0 62 23) 4 75 32
Telefax (0 62 23) 4 81 59

REAKTIVIERUNG VON ALTEN WASSERRAD- UND TURBINENANLAGEN

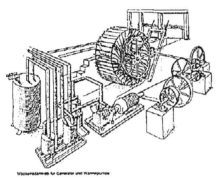

Wasserraddamm für Generator und Wärmepumpe

Für jede Wasserkraftanlage gibt
es eine individuelle Lösung !
Wir gehen darauf ein !

> Beratung
>
> Planung
>
> Neue Konzepte
>
> Entwicklungen
>
> Ausbaubetreuung

ENERGIERÜCKGEWINNUNG IN BESTEHENDEN ANLAGEN

Trinkwasserversorgung

Talsperren u. Rückhaltebecken

Fernwasserleitungen

Kraftwerksbau

Verfahrenstechnik

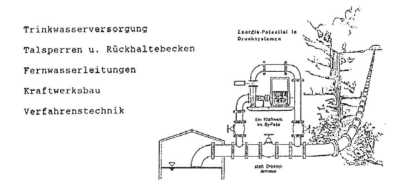

Energie-Potential in
Drucksystemen

Ein Kraftwerk
im By-Pass

statt Drossel-
Armatur

235

Netzferne Stromversorgung mit SolaVent

- Strom aus Wind und Sonne -

Photovoltaik oder Windkraft allein können bei netzfernen Anlagen kaum die Versorgungssicherheit bieten, die beim Betrieb von Warnsystemen, Meßgeräten etc. notwendig ist.

Standardisierte SolaVent-Energiestation mit 300 Wp Solarleistung und 300 Watt Windleistung, typische Baugröße zur Versorgung netzferner Meßstationen

Sowohl die solare Einstrahlung als auch die Windhäufigkeit unterliegt starken tageszeitlichen, monatlichen und sogar jahreszeitlichen Schwankungen. Sonne und Wind weisen jedoch hinsichtlich ihres Auftretens stark gegenläufige Tendenz auf, die eine Überlagerung beider Komponenten zur Stromerzeugung sinnvoll erscheinen läßt.

SolaVent-Energiestationen nutzen Sonne und Wind, einzeln oder zusammen. Vorgefertigte, einbaufertige Module sorgen für einheitliche Standards.

Sonne und Wind für sonst nicht übliche Versorgungssicherheit. Eine spezielle Zweikanalregelung läßt den aus Solardecks fließenden Strom genauso kontrolliert zu den Akkus gelangen wie den Strom aus einer Vertikalachsen-Windturbine, die geräuschfrei und orkanfest arbeitet.

Geregelte Abwassernutzung

Zur Verminderung des Wasserverbrauchs wurde eine Hauswasseranlage entwickelt, bei der das verbrauchte Wasser aufgefangen und für die Klosettspülung wiederverwendet werden kann. Das Kernstück der Anlage wird zur Herstellung angeboten.

Suche Hersteller und Vertreiber

Interessenten wenden sich bitte an:

Günther Steckhan
Ilsenburger Str. 25
D-3388 Bad Harzburg
Tel.: 05322 / 3258

Kreativität:

Der Versuch, aus Vorgegebenem, aus scheinbar Unverän-
derlichem Neues zu schöpfen; das Bemühen, für Standard-
probleme nichtstandardisierte Lösungen anzubieten . . .

Die realen Herausforderungen der heutigen Zeit sind geprägt von ökonomischen Vorgaben und ökologischen Anforderungen. Wir, die Ingenieure der UTEC GmbH, fassen diese Konstellation nicht als unumstößlichen Widerspruch auf. Wir arbeiten an Lösungen, die auf einen Ausgleich mittels machbarer und umweltfreundlicher Technik abzielen. Und das seit mittlerweile 12 Jahren. In den Bereichen Energie, Abwasser und Abfall.

In unserem Team arbeiten Ingenieure der Fachrichtungen Maschinenbau, Bauingenieurswesen und Elektrotechnik zusammen. Gleichberechtigt und interdisziplinär. Und auch bei Standardproblemen mit manchmal durchaus unkonventionellen Methoden.

Voraussetzung ist für uns aber immer der Dialog mit dem Kunden und die umfassende Datenerhebung. Nur auf Grundlage einer konkreten Analyse lassen sich sowohl Einzelmaßnahmen anbieten als auch Konzeptionen, bei denen Kreativität, Fortschrittlichkeit und kostengünstige Realisierung gleichwertige Größen sind.

Unsere Auftraggeber, die derartige Anforderungen an uns stellen, sind Bund, Länder und Gemeinden, gewerbliche und private Kunden.

Unsere Arbeitsgebiete

Zukünftige Energieversorgung

Energieeinsparung

Rationelle Energieverwendung

Regenerative Energiequellen

Biogas für Industrie und Landwirtschaft

Behandlung und Verwertung von Reststoffen

Unsere Leistungen

Energie- und Entsorgungskonzepte

Beratung

Ingenieursplanung

Forschung und Entwicklung

Gutachten

Ingenieurbüro für Entwicklung und Anwendung umweltfreundlicher Technik GmbH

Mitglied der Arbeitsgemeinschaft Ökologischer Forschungsinstitute (AGÖF)

Schiffbauerweg 4
2800 Bremen 21
Tel.: 0421 / 61 70 21
Fax.: 0421 / 61 59 41

238

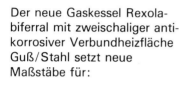

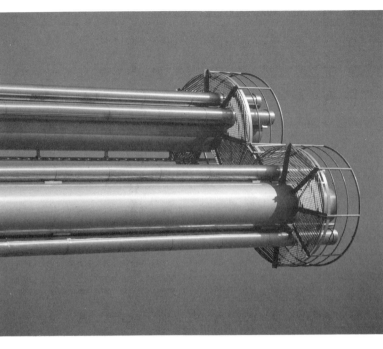

Wagner & Co - eine gute Verbindung zu Sonne und Regen

Die Idee, die Nutzung der Sonnenenergie für die Warmwasserbereitung mit preiswerten Bausystemen zu fördern, stand vor über 10 Jahren am Anfang unserer Firma. Heute arbeiten wir in einem Team von 40 MitarbeiterInnen, und unsere Produkte erfreuen sich sehr großer Nachfrage bei umweltbewußten Anwendern. Allein 1991 verkauften wir über 18.000 m² Solarabsorber.

In langjähriger praktischer Erfahrung und mit fachlichem Know-how haben wir Systeme entwickelt, die sich auszeichnen durch hohe Effizienz, Montagefreundlichkeit und günstigen Preis. So bescheinigte beispielsweise der TÜV Bayern unserer Solaranlage das mit Abstand günstigste Preis-Leistungsverhältnis.

Die Wirtschaftlichkeit läßt sich bei Großanlagen mit unseren 12,5 m² großen Megakollektoreinheiten und einer optimierten Installationstechnik noch wesentlich steigern. Sonnenkollektorfelder aus diesen Einheiten können Solarwärme für 10 Pf/kWh bereitstellen! Das zeigt die schwedische Praxis, wo die Solarwärme großer Anlagen im Verbund mit Nahwärmenetzen optimal genutzt wird. In Deutschland sind erste Anlagen mit Megakollektoren für die Freiaufstellung sowie für die "In-Dach-Montage" (anstatt Dacheindeckung) in Planung.

Außer dem umfangreichen Sonnenkollektorprogramm für die Warmwasserbereitung und die Freibaderwärmung liefern wir Solarstromanlagen für autarke Systeme und Netzparallel-Betrieb sowie ausgereifte Systeme zur Regenwassernutzung.

Wenn Sie an kleineren oder größeren Lösungen interessiert sind, beraten wie Sie gerne.

Wagner & Co Solartechnik GmbH
Ringstr. 14
D-3553 Cölbe/Marburg
Tel. 06421/8007-0
Fax 06421/8007-22

241

Wasserkraft Volk GmbH · Turbinenfabrik und Ingenieurbüro · Gefäll 45

D-7809 Simonswald · Telefon (07683) 844
Telex 772668iraim d · Telefax (07683) 805

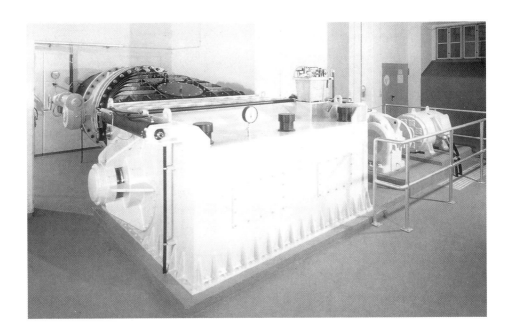

Innovation und Erfahrung:

Die neuen Zweiflügler von LAGERWEY

Neben der bekannten und sehr erfolgreichen LW 15, gibt es jetzt die konsequenten Weiterentwicklungen dieses Typs.

Die LW 18/80 mit einem Rotordurchmesser von 18 Metern und einer überstrichenen Fläche von 254 m², liefert mit einem 80 kW-Generator eine Mehrleistung von 35 % gegenüber der LW 15/75.

Auch die LW 27/250, die im Frühjahr 1993 auf den Markt kommt und in den neuen Bundesländern produziert werden wird, arbeitet bei variabler Drehzahl mit einer ausgeklügelten Blattverstellmechanik, die sich schon seit nunmehr 12 Jahren bewährt hat. Über den mit 27 m Spannweite ausgerüsteten Rotor, was einer Rotorkreisfläche von 572 m² entspricht, wird eine elektrische Leistung von 250 kW erzeugt.

LW 15 ab 124.000,- DM*

LW 18 ab 166.800,- DM*

LW 27 ab 360.000,- DM*

es sind Masthöhen zwischen 25 m und 40 m verfügbar.

* alle Preise verstehen sich inkl. Anlieferung und Montage ohne Mehrwertsteuer.

Vertrieb in Deutschland durch:

Laggenbecker Straße 210
4530 Ibbenbüren
Telefon 0 54 51 / 30 78 + 72 10
Telefax 0 54 51 / 72 11

Beratungs- und
Handelsgesellschaft mbH

WISTRA

Windstromanlagen

243

Bild 1: Ausstellungseröffnung durch Dr. Erich Deppe, Vorsitzender der Stadtwerke Hannover AG, Obmann des ASEW Leitausschusses

Bild 2 und folgende Seite (Bild 3,4): Ausstellung in der Stadthalle Kassel

244

Bild 5 und 6: Ausstellung, Außengelände

246